I0832265

Yd² 1250
8°

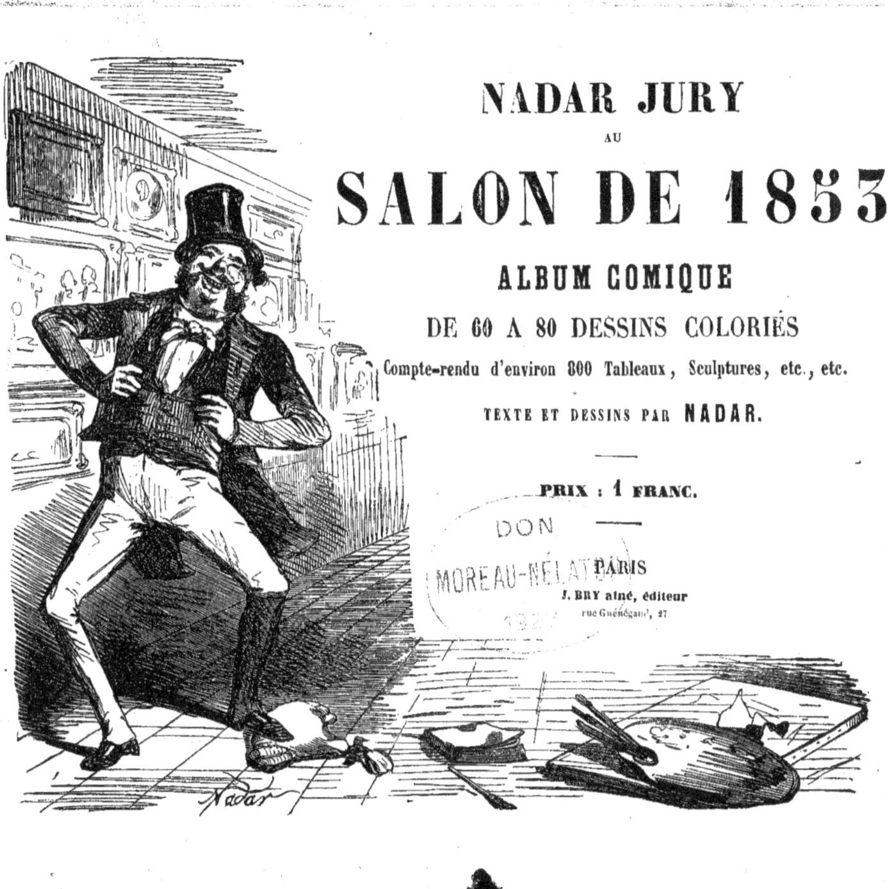
NADAR JURY
AU
SALON DE 1853
ALBUM COMIQUE
DE 60 A 80 DESSINS COLORIÉS
Compte-rendu d'environ 800 Tableaux, Sculptures, etc., etc.
TEXTE ET DESSINS PAR NADAR.
PRIX : 1 FRANC.
PARIS
J. BRY aîné, éditeur
rue Guénégaud, 27
Nadar

. . . . . . . . .

A mon bon ami Th. Gautier,
Bonjour cordial et dédicace.

Rivarol disait :

« Le critique a besoin d'avoir le jugement et le goût. Le goût « est au jugement ce que l'honneur est à la probité. Le juge- « ment approuve et condamne. Le goût jouit et souffre. »

D'accord.

J'ajouterai à cet axiome de l'écrivain spirituel et pointu que le critique, comme je le comprends, doit avoir autre chose et un peu plus que le goût.

Certains vocables, qui ont eu leur raison d'être, se démodent et pâlissent comme les vieux pastels et les vieilles étoffes.

Aujourd'hui, après toutes nos querelles d'écoles et de toutes les écoles en toutes choses, le goût s'efface derrière ses deux manifestations les plus accentuées, et qui ne sont qu'une à vrai dire : l'enthousiasme et l'indignation, — cet enthousiasme retourné. Il n'est pas besoin d'avoir beaucoup regardé derrière soi ni d'annoncer au monde que l'on prépare un grand livre (qui serait peut-être réellement à faire) : *l'Histoire des Tempéraments*, pour reconnaître la prédominance excessive et ascensionnelle du système nerveux. En histoire, en politique, en morale, dans les arts et jusque dans les usages privés de ce que nous appelons avec une fatuité si niaise notre civilisation moderne, cette invasion du système nerveux éclate comme le soleil. Regardez-le, en une des faces seulement et par ses phases, depuis la sublimité tranquille de l'art grec jusqu'aux inquiétudes et aux déchirements de notre art moderne, et écoutez si vous n'entendez pas dans votre oreille un crescendo bien autrement violent que celui de *la calomnia*. Où nous mène cet enragé-là, peu retenus que nous sommes par son frère ennemi le sanguin, mal défendus par le bilieux et le lympathique qui se font un peu ses alliés! Je n'en ai pas affaire, mais je sais bien qu'il faut tenir compte de lui, quoi qu'on en ait, et de ses exigences, et ce n'est pas moi qui m'en plaindrai !

Partant, à bas l'impartialité! De vrai, je me suis souvent demandé ce que certaines gens veulent attendre du critique sous ce mot impartialité.

Le critique, s'il vaut, doit être convaincu et partial comme l'artiste même qui *voit* comme il *fait*. Pour s'élever à l'art, il faut que le critique puisse se transporter ou s'irriter comme l'artiste. Que lui laisserez-vous donc au malheureux, si vous lui enlevez la partialité? Est-ce pour le traiter ensuite d'eunuque plus à votre aise? Il n'a pas à s'inquiéter de savoir si vous serez ou non de son avis : il n'a qu'à vous le donner. Tant pis ou tant mieux pour lui et pour vous, selon ce que vous êtes et ce qu'il est, si vous êtes d'accord.

Reste la façon de donner cet avis. Je suis pour la plus nette et la plus crue. La grosse question avant tout pour le critique, et c'est la condition de cette absolue liberté, est de chasser et exécrer sous toutes ses formes le MENSONGE, cette bête apocalyptique, bête effroyable à gueules, à cornes, à griffes d'hydre, à tentacules de polype, horrible, éternelle? et ubiquiste comme cet autre monstre qui a nom *le Malentendu*.

Si vous parlez, c'est que vous croyez avoir quelque chose à dire : dites donc vite, haut et dru et avec foi; pour mieux convaincre. *Si vis me flere.*

Dans les conditions d'une brochure comme celle-ci surtout, on a à peine le temps de voir et de dire. C'est une manière de conversation où l'interlocuteur serait empêché et qu'il faut abréger le plus possible, ne fût-ce que par politesse. Et la conversation entre gens d'un certain ordre ne procède guère que par une suite d'exagérations et de sous-entendus. Quand on se quitte, on fait à froid la part des deux, et la calme réflexion, en gardant ce qu'elle s'assimile, a su réduire aux justes proportions ce qu'elle repousse.

Il n'est que temps de m'apercevoir que voilà de bien grands mots et que je me donne des airs pas mal pédants et dogmati-



BIBLIOTHÈQUE NATIONALE EST.

ques (que je hais tant!) pour un méchant petit livre de passage, broché en huit jours et signé par un caricaturiste. Il faut que je me dépêche de m'en excuser de tout mon cœur, car, —

— Voici qu'on ouvre les portes :

Bien vite !

— L'aspect général du Salon est bon. Si la plupart des maîtres s'obstinent à manquer — par quelle crainte? — d'autres — et le plus grand de tous — restent sur les brèches, sentinelles acharnées. — Voici des œuvres, dignes des premières galeries du monde, signées de noms connus et aimés; voici des noms nouveaux qui éclatent tout d'abord comme des casques neufs aux rayons de ce brave soleil, admis lui aussi, à peu près pour la première fois, à voir le Salon avec nous.

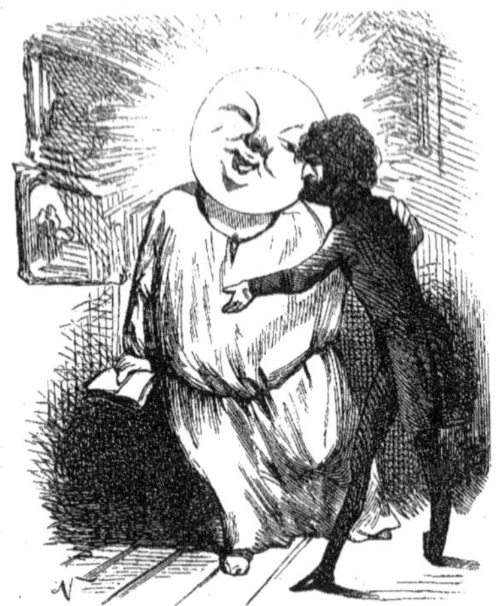

C'est bien. La lumière verticale tombe d'à plomb sur ces œuvres, hier si impatientes du grand jour, et si elle frise cruellement sur quelques sacrifiés, il y a pourtant une amélioration générale incontestable. La sculpture a été choyée : jour d'atelier presque pour tous.

Je comprends si bien tout ce qu'il faut d'intelligence, d'activité, de sollicitude, de patience et d'urbanité longanime pour satisfaire en pareille affaire le juge désintéressé et même à peu près tout le monde , pour ne pas s'être trouvé, au milieu de la besogne, entre les dix-huit cents exigences de dix-huit cents œuvres exposées, tout à fait étranglé, idiot ou fou, que je félicite bien volontiers — et sans qu'on pense à mal, j'espère — la direction du Musée et M. de Chennevières. Et quand on examine que M. de Chennevières fait ce terrible métier là depuis deux ans, ce cas de longévité mérite une mention d'autant plus spéciale.

Je ne le taquinerai donc pas sur la rédaction du livret qui a fait pousser de terribles cris — que j'ai entendus — à plusieurs artistes auxquels il impose le patronage nominal de maîtres qu'ils n'ont jamais vus. (Je ne dis pas cela pour tout le monde; à bientôt, monsieur Courbet!) Si c'est par une mesure générale, je ne la comprends pas et je la crois en tout cas au moins inutile. Il me semble qu'il est de leur dignité réciproque que l'administration respecte la légende dont l'artiste accompagne son œuvre et qu'il signe en acceptant toute responsabilité.

Si le jeu des ventilateurs n'est peut être pas assez énergique dans les premiers jours, les fleurs des corbeilles font compensation. Ces corbeilles n'abondent pas encore comme je voudrais; en fait de fleurs, trop est tout juste assez. Les bouquetières me sont aussi des exposants très-précieux, et je n'aurais pas eu le courage d'en refuser une.

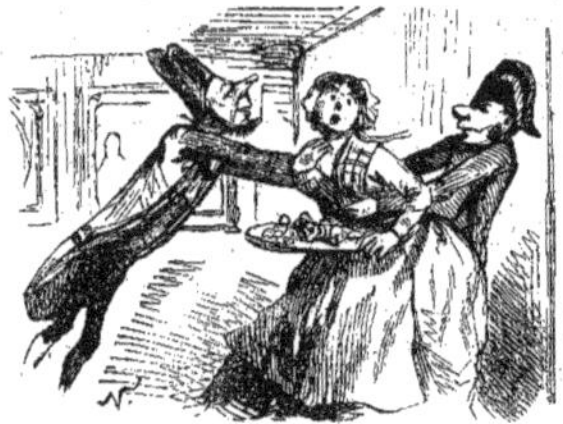

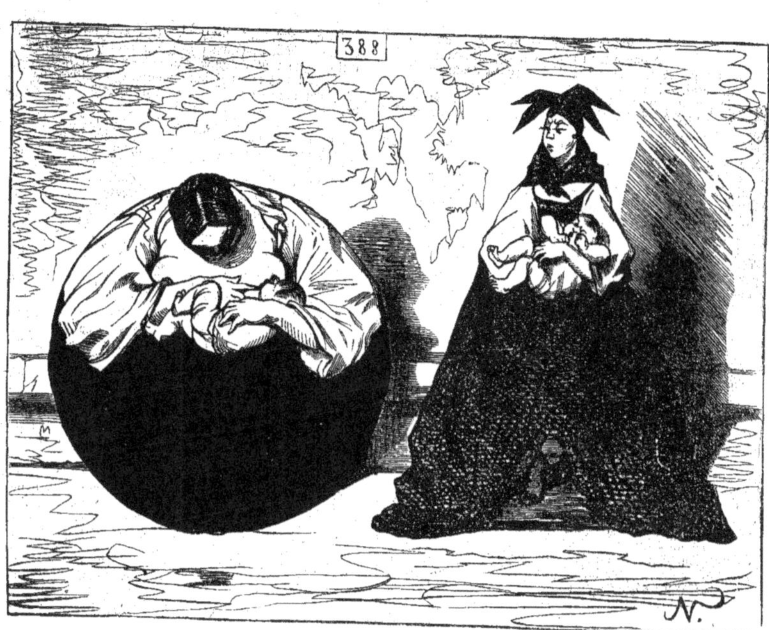


couleur éclatante attire invinciblement l'œil. — Deux mères alsaciennes sur un banc contre un mur : l'une, forte et bien portante, allaite, courbée, un petit enfant qui tête avec vaillance; l'autre, maigre et longue, vêtue de noir, tient entre ses bras son enfant chétif et crispé — et regarde l'autre enfant. Il y a là toute l'éloquente simplicité d'une élégie, ce que je ne blâme pas, moi, qui ai la faiblesse de m'inquiéter encore du sujet d'un tableau, et même de lui chercher querelle sur son pourquoi. Robe rouge, robe noire, tons de linge et de chair, banc et mur gris; la gamme n'est pas longue, et M. Gustave Doré a fait avec ces éléments, sur cette grande toile où les deux figures ont plutôt six pieds que cinq, une peinture d'un effet merveilleux, bien qu'elle ne soit pas assez poussée comme faire. Les oppositions de noir et de rouge sont accusées avec une énergie incroyable et rappellent certains Titiens, et l'harmonie entière et parfaite n'est achetée par aucun sacrifice. On dit beaucoup qu'en art le temps ne fait rien à l'affaire : c'est assurément très-vrai pour celui qui regarde une œuvre et qui n'a pas eu à l'exécuter. Je pense pourtant qu'il n'est pas sans intérêt de dire que ce tableau a été fait littéralement en sept jours par un jeune homme de vingt et un ans.

J'aime singulièrement le talent de M. Gustave Doré, mon confrère, et le meilleur de tous, au *Journal pour rire*, où il signe les dessins au trait que les amateurs connaissent bien. Je suis convaincu qu'il y a en lui un très-grand peintre, s'il ne s'abandonne pas à cette facilité miraculeuse et perfide qui me fait un effet de monstre, — et, en histoire naturelle, les monstres ne produisent pas. Couvrir en une semaine, sans le moindre carton préalable, des toiles de vingt pieds, les abandonner à l'état d'ébauche pour entreprendre de nouveaux sujets, ne me paraît pas une méthode sûre. Je crois qu'à ce jeu-là on peut fort bien perdre de deux à cinq années, sans se constater d'une façon définitive et victorieuse, pour revenir ensuite sur ses pas et recommencer plus péniblement. — L'effet général qu'a produit au Salon, malgré les circonstances mauvaises, l'œuvre de M. Doré, garantit en lui une bien remarquable organisation artistique : qu'il se rappelle, pour Dieu ! que le temps n'épargne pas ceux qui se sont passés de lui.

299 300 301 J'ai dit que je haïssais surtout les torts de ceux que j'aime le plus. A ce compte, j'en veux terriblement à M. Courbet. Pendant deux ans, l'apparition de ces grandes figures d'Ornans m'émut d'une façon tout à fait enthousiaste et fraternelle. L'*Enterrement* reste surtout, pour moi, une admirable toile, pleine d'impression et de sentiment. Courbet se montrait là bon peintre et psychologue, ce qui ne gâte jamais rien, et ne se fût-il montré ni l'un ni l'autre, il lui restait encore une très-sérieuse raison d'être : si par ces essais il n'ouvrait pas précisément une voie nouvelle, car Goya et autres avaient passé déjà bien près de là, au moins indiquait-il qu'il y avait à chercher des inspirations, une manière et des types à côté et au delà des habitudes actuelles.

L'année dernière, M. Courbet s'était comme reposé. Le paysage des *Demoiselles de village* était sans grande signification. Je ne lui ferai pas cette querelle de dire que Courbet avait choisi pour site un de ces endroits où on ne va pas précisément pour rêver. Je m'inquiète peu de ce que ces figures venaient faire là, et je vois seulement qu'elles étaient sans valeur, indifférentes et hors des proportions. Le paysage, bien peint et bien compris, démontrait simplement que Courbet tenait honorablement sa place dans ce bataillon de vingt à trente artistes qui poussent à des hauteurs non encore atteintes la gloire de notre splendide école française de paysage.

Cette fois voici trois toiles, dont deux, d'importante dimension, qui semblent vouloir poser la question.

La couleur, dans toutes les trois, est terne, triste, boueuse. Je ne reproche pas à sa *Baigneuse* l'exagération des formes, qui choque tant de gens. J'accepte volontiers, dans leurs amplifications et leurs débordements, ces natures de femmes-là. C'est comme une espèce percheronne, et je n'y vois rien à dire. Si, maintenant, ceux que la Baigneuse de Courbet irrite à ce point de vue, acceptent, sans y faire même attention, les natures de Rubens en leurs chairs bourreletées, Courbet doit comprendre que toute la question est dans la peinture proprement dite. Ce n'est pas une hymne à la laideur qu'il nous donne, c'est un état de malpropreté. Ce gros derrière capitonné, qu'on ne dirait guère sortir du bain, la créature, sans portée aucune, assise auprès, tout, jusqu'à ce feuillage en zinc peinturluré vert, auquel j'ai vu quelques indulgents vouloir se rattraper, tout cela est noir et terreux. On dirait que Courbet peint dans une boutique de charbonnier, au milieu de la poussière et des scories. Je ne sais pas si le bras de sa baigneuse est trop long, mais le geste des deux femmes est niais et poncif, à l'usage du corps de ballet des funambules.

Les *Lutteurs* sont au-dessous encore. Je croyais que Courbet nous rappellerait le public ordinaire de ces luttes, et je comprenais alors le tableau. Il y a, dans cette salle Montesquieu, une galerie ordinaire de personnages étranges, généralement pervers et brutaux, types accentués des profondeurs parisiennes, race bien distincte et tranchée en dehors des habitudes générales, et qui n'en tiennent pas moins leur place, comme une espèce d'Etat dans l'Etat.

Il y avait peut-être une raison pour un homme qui s'appelle Courbet en si grosses lettres de constater sur la toile cet échantillon assez terrible d'un des côtés de notre société moderne. Au lieu de cela, deux bons hommes d'un dessin douteux, et qui me touchent tout juste autant que l'œuvre d'un jeune élève de Suisse ou Dupuis. La couleur est fausse en tous points et abominable. Je connais l'un des deux modèles, et cette carnation verdâtre à peine dorée par le ciel marseillais, je ne la retrouve guère dans cette débauche de bitume. Les articulations ne sont pas lourdes ni écrasées comme cela. Voyez donc ce même *coup de hanche* que le hasard indiquait en même temps à M. Ottin — un sculpteur, à la bonne heure ! Ses lutteurs ont une élégance de formes dont il n'y avait pas à se passer ici ; ceux de M. Courbet sont patauds et issus des flancs de sa baigneuse. Je ne puis voir dans cette toile autre chose que deux bons hommes en pain d'épice variqueux, — et la peste soit de la varice !

***La Fileuse***, dont j'avais vu une très-belle préparation, est obscure encore et terne. Les mains sont à faire, la figure à débarbouiller. L'harmonie de couleur que l'on voudrait trouver dans l'ensemble ne coûte pas cher, et elle n'est pas achetée au prix d'oppositions bien violentes. Les dessins à la sépia des pensionnats de jeunes demoiselles sont harmonieux aussi. M. Courbet s'est posé en peintre du Danube : à la bonne heure, mais il

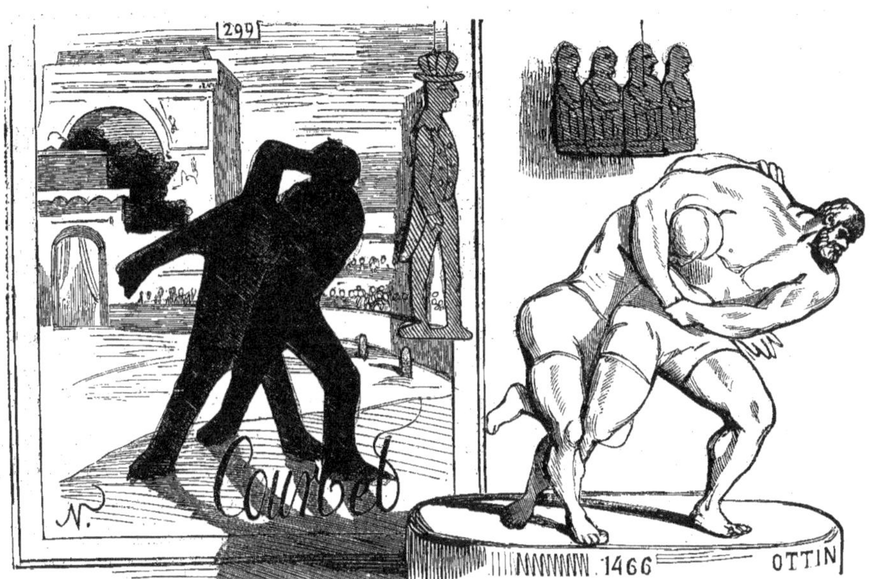


ne faut pas qu'il s'y trompe : la grossièreté n'est pas la force, non plus que la brutalité n'est la franchise, ni le scandale la réputation. Il ne faut pas non plus se frotter les mains et dire : Vous voyez bien que je suis le plus grand peintre, puisque c'est moi qu'on attaque le plus. C'est tomber dans un lieu commun qui a toujours été faux et bête, comme un vrai lieu commun qu'il est. Jamais les attaques, surtout générales et sincères, n'ont servi l'homme attaqué : ce n'est pas pour avoir été nié que M. Delacroix a prévalu, c'est parce qu'il était Delacroix.

Somme toute, voilà un vilain Salon. Ces trois tableaux, banaux par leurs qualités, ne se distinguent que par leurs défauts. Le choix de la manière de M. Courbet, qui paraît assez décidée, est-il définitivement symptomatique, et M. Courbet ne serait-il qu'un Antigna mâle ?

Si la superbe de M. Courbet tient bon après que ses vrais amis, les ennemis de cette année, vont lui en dire, il est mort. Il n'est que temps qu'il se ravise, car déjà j'ai entendu dire : le préjugé Courbet. Il ne suffit pas de couper la queue à son chien, il faut aussi gagner des batailles Que M. Courbet nous en gagne bien vite, s'il le peut encore ; qu'il se défie de croire trop à lui, aux louanges forcenées et aux gens qui s'appliquent à se gargariser avec son nom pour éblouir les gens de la table voisine au café. S'il est vrai qu'il ait eu un instant la pensée d'intituler sa baigneuse *la Vénus Courbet*, il faut qu'il soit perfidement et cruellement conseillé. Sa lettre à propos de M. Hesse semblerait un indice de ces conseils dangereux, et puisqu'il a eu l'imprudence d'appeler la publicité sur son étrange protestation, il faut bien que je lui dise aussi que cette lettre forfante a produit généralement une impression pénible. Il a eu tort de renier avec cette impolitesse et ce dédain un homme dont il ne nie pas en somme avoir été chercher les avis, un homme qui a consenti autrefois — avant *la nature* — à le patronner de son nom, un homme de mérite enfin, — M. Courbet peut revoir le tableau de M. Hesse au Luxembourg — et qui, à tout prendre d'ailleurs, n'a pas dû se trouver bien marri de renoncer, en ces circonstances, à l'élève qui montrait si déplorablement cette année qu'il avait pu se passer de maître.

851
852
853 Je n'aime pas plus la peinture à l'huile de M. Mottez que ses fresques, et j'ai encore sur le cœur celles de Saint-Germain-l'Auxerrois. Sa grisaille de *Judith* est mauvaise en tous points. — Le portrait de M. Guizot a dû lui donner bien du mal, si froid et terne qu'il soit. Bien décidément, au diable le dessin des Ingristes! de cent à deux cents séances du modèle pour ne pas arriver, en somme, à la reproduction mathématique que le daguerréotype vulgaire vous donne en une minute, et le procédé instantané des frères Macaire en un millième de seconde!

548
549
550 M. A. Giroux est un vrai peintre et de plus il est anatomiste comme un vétérinaire. C'est plein de mouvement de vie, de force et de santé. Voyez son étalon! Je voudrais voir M. Giroux devant une toile blanche, grande comme celle de Mlle Bonheur.

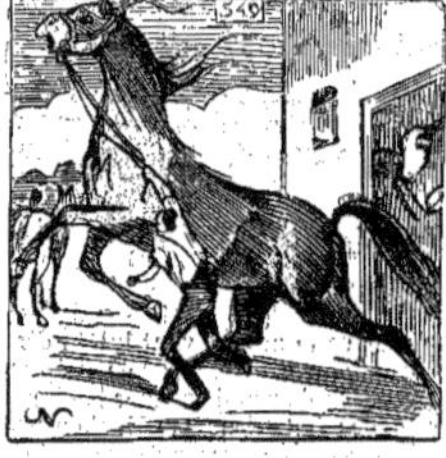


137
138
139 Les peintures de M. Michel Bouquet ne sont pas heureuses. C'est bon pour mettre dans les chambres de domestiques.

1038 1039 1040 M. Salmon. Du vrai soleil, de vraies poules, de la vraie peinture!

1067 1068 M. Signol — Rossignol!

1077 Pâturage par M. Souplet. Effet assez tranquille; un peu maigre de facture; fonds assez agréables, mais c'est loin d'être complet.

1071
1072 Les toiles de M. Soldé sont assez savantes et la mise en scène est bonne; mais c'est un peu triste de couleur.

595
596
597 Trois bonnes toiles de M. Hédouin. Dans ses *Batteurs de colza*, le terrain est excellent, les figures sérieusement faites. Ce n'est pas encore du soleil. — J'aime moins les *Faucheurs de sainfoin*, quoiqu'on y voie mieux quelle heure il est. — *La Vacherie* a été écorchée brutalement par quelque angle. Est-ce le fait des séides de M. de Chennevières?

153
154 Des *Intérieurs de cuisine*, 154 est le meilleur : bon effet de lumière, accessoires assez heureux; mais M. Boulard aime tant sa cuisinière, qu'il finira par l'épouser.

167 *Une page de Pigault-Lebrun*. M. Bouton est depuis assez longtemps passé maître dans son métier pour se dispenser de ces facéties et de baigneuses aussi laides que celle-là.

172 Plein de vérité comme intérieur de forêt, monsieur Brest, et très-bon tableau; mais pourquoi nous dire que c'est un bois de Provence, lorsque vous nous donnez à peine un soleil d'Alsace?

187 Une bonne petite toile, mademoiselle Browne!

202 Portrait assez bien dessiné pour que M. Callot se passât de l'innocente ficelle du col blanc.

206 Quand en finirons-nous, ô monsieur Caminade, avec la peinture de style et les *Pieta !*

210 211
212 Pour M. Caraud, mon avis serait de l'exterminer sans délai. Les morts ne repeignent pas!

215 *Un ménétrier* par M. Caudron. Pigal-Biard mâtiné de Meissonnier; le tout dans les prix doux.

217 *Paysage* de M. Chaigneau. Facilité, — un peu cherchée peut-être.

1034 *Paysage* de M. St-Marcel Cabin. D'un très-bon effet général, bien que les branches soient un peu trop uniformément silhouettées Et puis, des vagues dans une mare?.. Quel drôle de petit chasseur échassier dans le fond.

345 *Les Bohémiens espagnols* de M. Dehodencq m'ont bien rappelé la touche serrée et savante de certains portraits signés du même nom; mais il semble que leur auteur cherche une autre manière. Dans le doute qu'il en trouve une meilleure que l'ancienne, je l'engage à revenir à Paris.

628 J'ai cherché sur le cadre la rubrique *Ex*. Ceci est un *rocher* de restaurateur, une charlotte russe sans biscuits. Renvoyer M. Hugard aux glaciers de Gustave Doré.

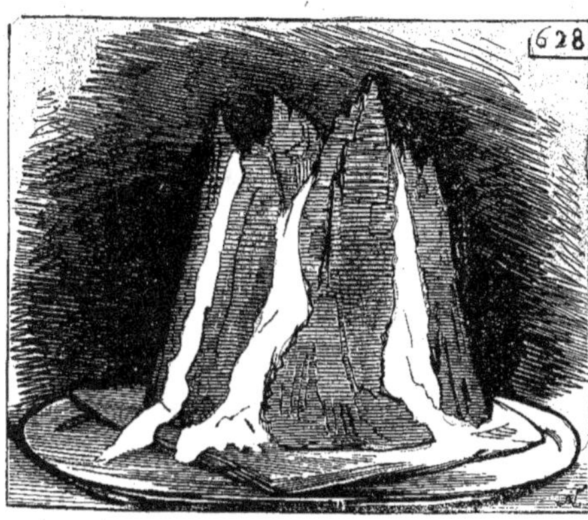


567 Deux bons portraits de M. Guérin: M. Salinis et M. Ré-
568 camier. Harmonieux, bien que d'apparence un peu timide.

832 L'*Avril*, paysage qui m'a fait regretter de n'avoir pu
833 trouver les deux autres toiles envoyées par M. Michel. Ce
834 que j'aime dans celle-ci, c'est qu'elle est bien individuelle, et sans réminiscences de personne.

287 Saluez! voici M. Corot! — C'est toujours et éternelle-
288 ment le maître, parce qu'il est le créateur — *il Genitore!*
289 J'aime peut-être moins son exposition cette année que d'ordinaire (mais mon avis importe peu en cette affaire), et je préfère la *Matinée* au *Saint Sébastien*, et même au *Coucher du soleil*, un peu sombres tous deux.

670 671 *Paysages* de M. Gaspard Lacroix. — Bien, — bien.

685 Une très-jolie aquarelle de M. Lami. C'est une orgie sous la régence. Le « 1793 » escorté de ses deux démons, en manière de Mané Tekel Pharès, arrive là un peu comme cheveu sur la soupe. Je sais des gens qui ne l'ont pas même aperçu malgré la place qu'il tient.

1012 1013 1014 Trois portraits de M. Toller. Peinture propre.

1044 M. Sibour, M. Orfila, M. Glandaz, par M. H. Scheffer.
1045 C'est toujours cette touche facile et d'une élégante sim-
1046 plicité. Les carnations un peu rosées, peut-être. Je crois que je préfère le portrait de M. Orfila.

1147 M. Van Moer. Intérieurs excellents. C'est d'un rendu
1148 parfait et peint sans sécheresse, qualité rare dans ce genre. L'*Atelier* est le meilleur des deux: les fonds vus par les vitres sont admirables.

1149 Renvoyé à M. Millet.

1178 *Deux Vues* de l'Indre, par M. Villevieille. Bonne fac-
1179 ture, mais trop terne. La nature est faite de tons plus crus et plus aigres que cela.

537 Une très-jolie miniature de M. Angelon Girard, grande comme un grand Meissonnier, jolie de couleur, bien dessinée et tranquille.

275 Portrait d'un chêne, par M. Coignard. Il y a certaines plaisanteries qui ne finiront qu'avec certaines peintures, hélas! — Donc, M. Coignard nous a servi cette année un plat d'épinards. Rien n'y manque, pas même les croûtons sous le pseudonyme de vaches.

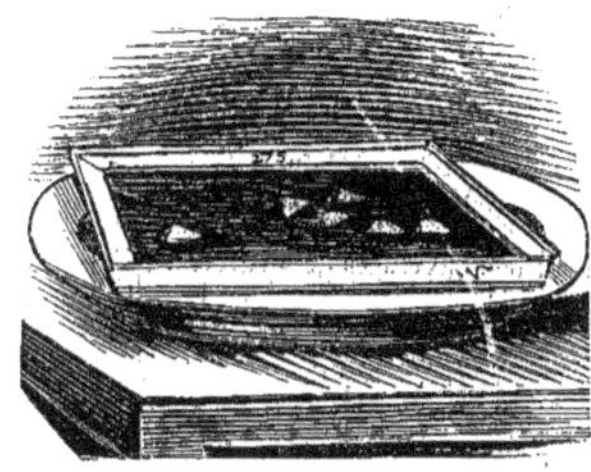

69 70 71 Monsieur Bellel, qu'est-ce que vous venez faire dans le salon carré?...

83 84 85 Trois tableaux d'*enfant*, par M. Béranger.

86 Autre Béranger, mais fils. Ceci vaut mieux. Mais prenez donc des brosses moins maigres et regardez les Rousseau!

812 Portrait par M. Matet. Grandes qualités, bien qu'un peu plat.

902 Penguilly-l'Haridon, un grand talent, bien vigoureux, bien personnel, bien d'impression. Son paysage est d'un effet bizarre et difficile à croire. Cela attire singulièrement l'œil. Je regrette bien que M. Penguilly ne nous ait pas réjouis par une exposition plus complète.

997 Oh! oh! monsieur Rivoulon! voici un vilain monsieur et une peinture qui n'est pas belle.

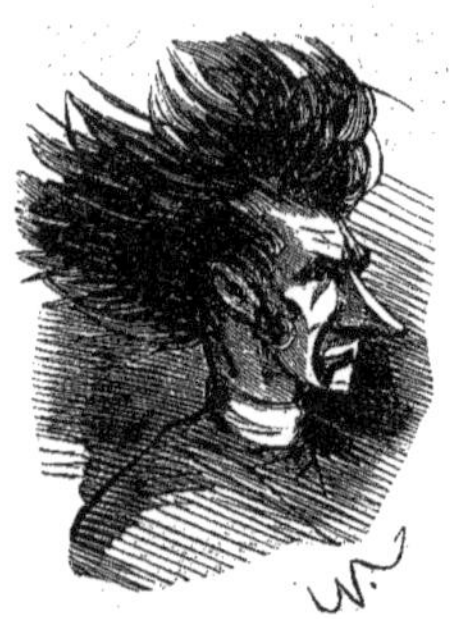

1064 Deux bons paysages de M. Servin. J'aime mieux le premier que le second, où le Diaz est peut-être trop cherché pour n'être pas plus trouvé.

1196 *Ruth, Nohami, Horpa*, par M. de Winne. Laquelle des trois vaut le moins ou le mieux? « *De Winne* si tu peux, et choisis si tu l'oses! »

772 Il est certain que M. Lessore a un charmant et sympathique talent. Mais pourquoi toujours ce genre de peinture à la colle, gouachée, sans transparence?

807 *L'Enlèvement*, par M. Marlet. J'ai mémoire d'un Delacroix, sur lequel ceci semblerait assez calqué. J'y retrouve même une certaine souvenance du coloris, sinon de la couleur.

863 M. Muller. *Lever d'une prima donna*. Jamais ça ne s'est passé comme ça, mais qu'importe? voilà un bon petit genre pour pincer son bourgeois, et la dynastie Duval le Camus a dû jalouser le jeune homme rêveur qui se tient debout au milieu de la toile. Ce lever d'actrice est un hôpital: rien n'y manque, pas même la section des vieillards; neuf hommes en tout, dont un chien. Tirez, tirez, tirez!...

872 *Panorama de Paris*, cuit au four, par M. Navlet.

882 883 884 M. Jules Noël. Bonnes toiles, mais cela manque encore de soleil.

1018 *Schiovani et Giacinta*, par madame Rougemont. — Peinture distinguée, bien qu'un peu molle.

1004 1005 Deux ravissantes petites batailles de M. Rochussen. Mise en scène pleine d'action et de vérité. Si M. Rochussen avait donné un mois de plus à chacune de ces petites toiles, il faisait deux chefs-d'œuvre. Mais l'aurait-il pu?

1008 Roehn fils. *La Lettre d'adieu*. Renvoyé à M. Van Schendel.

1402 1403 M. Lechesne de Caen. Deux échantillons de deux manières tout à fait distinctes. Je donnerais, pour ma part, dix *Chien au serpent*, comme celui qui a tant de succès de public, pour la *Chasse au sanglier*. Voici bien un vrai sanglier et de vrais chiens. Variété remarquable de composition dans tous ces mouvements dont le but est un; science très-réelle de la musculature canine; œuvre, en somme, d'une grande vigueur, où la fougue ne perd rien pour être réglée par l'étude et la science.

1079 1080 1081 Le meilleur des trois tableaux de M. Stevens-Alfred est pour moi *le Découragement*. La figure maternelle, morne et d'une tendresse sévère, est excellente. — Je préfère aussi l'*Homme assassiné* au *Mercredi des cendres*. Ces *Chicards* à la mode du Brabant manquent de l'humeur parisienne. La couleur générale de M. Stevens est très-harmonieuse, mais un peu noire, et je trouve aussi ses types un peu uniformes. Mais il est certain qu'il y a là un peintre.

869 La *Vigne*, de M. Célestin Nanteuil. Une peinture luxuriante, pleine de vie, de soleil, de poésie comme un chant de Gustave Matthieu ou de Pierre Dupont. Trop de pétards peut-être dans les jeux de lumière.

1069 Paysages doux et calmes, par M. Simon. Il semble que
1970 l'auteur ait laissé là une affection.....

251 M. Chevandier de Valdrome. Exécution monotone. Ces
252 mers bleues doivent coûter gros au peintre.

146 *Saint Sébastien*, par M. Bouet. Types modernes. Qualités de couleur. Un peu de sécheresse souvent.

715 Courage, monsieur Lauret. Vous voyez bien et juste!

798 M. Marandon de Monthyel. — Refaire encore ici la plaisanterie des épinards et des croûtons. Ce n'est pas ma faute!

188 *La Sainte Catherine* de M. Brune a lutté de son mieux
189 contre les inconvénients de la peinture à la cire. Qualités
190 de composition et dessin sans grand effet.

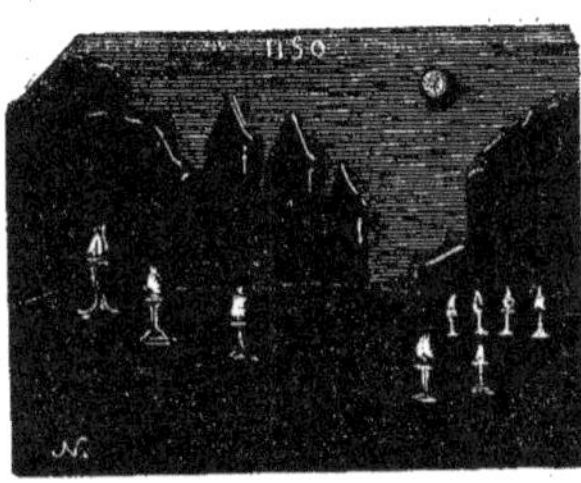


1150 Encore M. Van Schendel! (Les six à la livre!)

700 M. Lapierre. Trois bonnes toiles. Un printemps avec ses
701 verts tendres étoilés de boules de neige; figures Watteau
702 soignées, mais de paysagiste. — *Le Coucher de soleil* est d'un magnifique effet, plein de lumière et de chaleur.

705 Peinture à l'usage de l'armée. « J'ai vu, » — comme disait
706 Laclos, — « les peintures de M. Larivière au Musée de Ver-
707 « sailles, et j'ai écrit ce *Nadar Jury.* » Regardez beaucoup les Van Dyck, — si c'est la peine.

711 C'est bien, monsieur Laugée. Il y a dans votre *Guil-*
712 *laume le Conquérant* des parties magistralement touchées. *Perseverando!*

721 Encore des *Pieta!* A moins d'une supériorité absolue,
722 il est bien difficile de sortir du banal, même quand on s'appelle M. Lazerges. *La Mort de la Vierge* est une bonne composition, mais un peu molle de facture, et c'est dommage, car avec une donnée de ce style, il y avait un grand succès de salon.

731 Un peu plus de petits nuages et ce paysage se trouverait parfaitement plat, ce qu'a voulu sans doute M. Lefman.

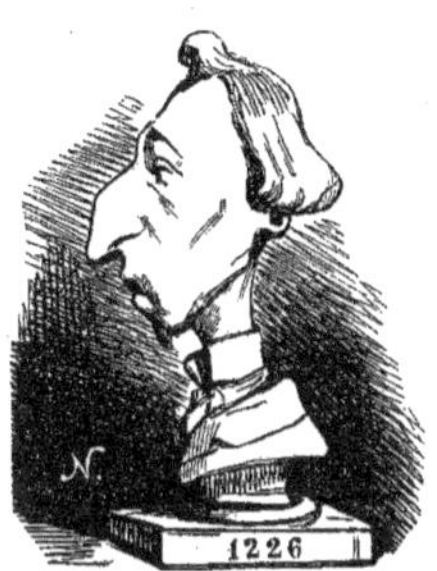


1226 Oh! c'te tête! (vieux style) par M. Becquet.

143 Portrait de l'ami Chateau. M. Borione connaît son pastel assurément, et il n'y a rien à dire ici, bien que la ligne du nez soit trop durement indiquée.

347 348 349 M. Auguste Delacroix. Genre Le Poittevin. Brosse un peu trop facile.

356 *Le Conteur*, par M. Delfosse. Tableau de genre. Spirituelle préoccupation des Baron. Manque de certitude dans le dessin.

362. *L'Estacade* est une fort jolie chose de cet infatigable M. Eug. Deshayes, qui a su faire la fortune de tant de marchands de tableaux et la sienne. Facilité élégante et finesse de touche remarquable; d'autant mieux que M. Deshayes se sert de moins en moins tous les jours du genre de gris qu'il a inventé, et qui porte son nom.

379 *Le Cosaque*, par M. Devilly. Genre Caucase. C'est bien, et j'engage M. Yvon à regarder cela.

396 M. Dubuffe fils.— Voir, aux premiers Salons de Théo-
397 398 phile Gautier, les appréciations sur Dubuffe père

336 *ter* M. Maxime David n'a pu envoyer, comme tout le monde, que trois tableaux. C'est Abd-el-Kader pendant la prière, puis, Abd-el-Kader avant le combat et, enfin, pour changer, Abd-el-Kader au repos. Nous, qui ne sommes pas gêné par le règlement, nous allons compléter l'œuvre de M. David, bien sûr de tomber d'accord avec lui.

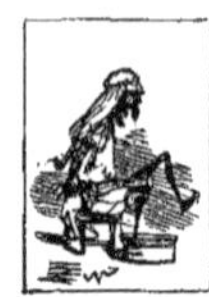

Abd-el-Kader prenant un bain de pieds.

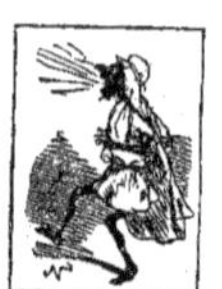

Abd-el-Kader éternuant.

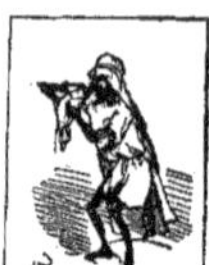

Abd-el-Kader se mouchant.

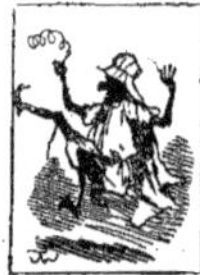

Abd-el-Kader essayant une chimique.

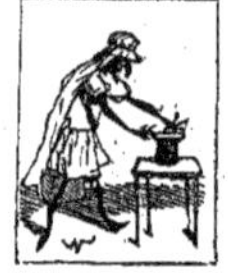

Abd-el-Kader faisant tourner le chapeau.

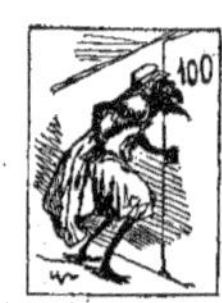


Abd-el-Kader pressé.

974 Votre tableau est bien près de la porte, monsieur Regnier!

892
893 Un très-joli pastel de mademoiselle Paigné, et bien plus coloré, plus vigoureux et mieux dessiné que ce que fait maintenant M. Borione. — Le *Dragon* n'est pas moins virilement fait.

137 M. Boniface. Portrait bien bourgeois, quoique l'original se nomme M. de ......

623 Le tableau de M. Housez a de grandes qualités de dessin et de clair obscur. Mais qui s'en douterait à le voir si haut placé?

688 Ah! le beau cadre! ah! le beau cadre! Monsieur Lamothe, pour un beau cadre, voilà un beau cadre.

244
245 M. Chenavard a pris au hasard, m'a-t-on dit, dans les cinquante-trois cartons destinés à la décoration du Panthéon. Il y a bien réellement de l'ampleur michel-angesque et une science très-grande dans ces compositions, dont l'effet est pourtant un peu froid. Ah! si M. Chenavard connaissait un certain immense carton de Kaulback sur ce même Attila!

154 *Deux Enfants regardant les images*, par M. Lafond, sont assurément une très-remarquable chose. C'est peint avec une naïveté et une franchise singulières. Très-bien!

310 C'est dur, sec et gris, monsieur Crauk. Et ce geste du Christ?...

139 Le tableau de M. Bonnegrâce fait assez piteuse mine.

258 M. Cibot. Par trop naïf et pas Cibot (pour *si beau*) que ça!...

220 *Une Vue d'Auvergne*, de M. J. Chandelier, est d'un assez bon effet, quoiqu'un peu blond.

147 *Une Idylle*, par M. Bouguereau. Cela m'a l'air de représenter un polisson arrivant du boulevard du Temple aux pieds d'une femme qui ressemble à un boulanger. Défiez-vous, monsieur Bouguereau! Vous m'avez tout l'air d'être de ceux dont on fait des EX.

338
339 Peintures à la pommade sur porcelaine par M. A. de Dreux. Et pourtant il y avait là quelque chose; mais cela s'est perdu, à jamais peut-être, dans la cohabitation avec l'*High life* et les lavis prismatiques de l'école anglaise.

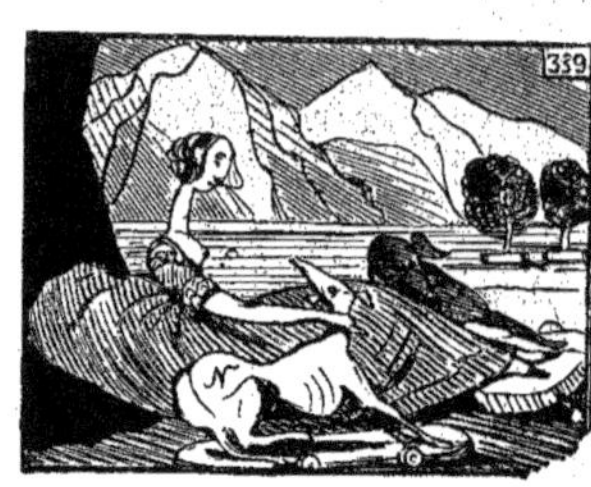

504 C'est, si je ne me trompe, la première exposition de
505 M. Galletti, et il débute par un coup de maître. Ses deux
506 petites toiles : *la Mare aux fées* et *le Long Rocher* suffiraient seules pour mériter une mention très-honorable, et son grand tableau de l'*Ile de Ténériffe* attire l'œil d'une incroyable façon. Le bleu, profond jusqu'au noir, du ciel tranche avec la lumière violente, âcre, que reflète la chaux des maisons et des murs. L'effet produit par ce contraste est étrange et trouble les gens qui n'ont connu que le soleil français.

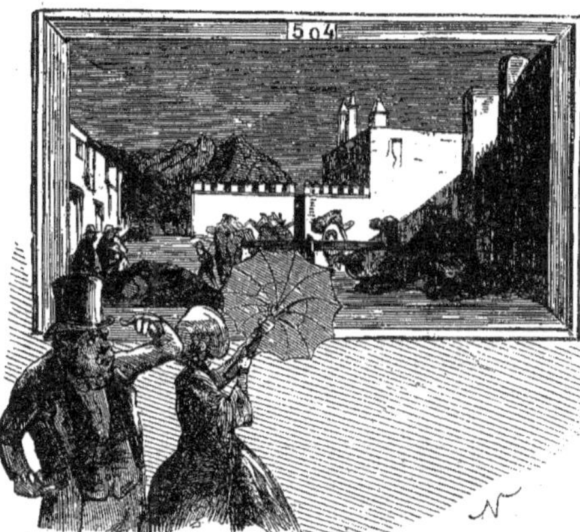


1130 M. Traviès a un talent qui m'a toujours été essentiellement sympathique. Il est observateur comme peu de gens savent l'être ; beaucoup de ses études sur les types populaires resteront comme matériaux précieux pour l'histoire des physionomies de ce siècle. Personne ne sait mieux que lui draper et plisser le chétif costume moderne, et j'ai regretté souvent que M. Traviès ait renoncé aux moyens vulgarisateurs de la lithographie et du dessin sur bois. Son tableau est assez bon, quoique j'aie cru d'abord que Jésus reprochait à la Samaritaine d'avoir une robe d'un pareil vert.

692 Deux très-jolies choses de Lanfant de Metz. Touche
693 spirituelle et bon dessin.

1151 Eug. de Varennes. C'est bien le matin. Fonds tendres et mouillés ; les premiers plans sont crus et peu lumineux. Décidément M. de Varennes, qui était sur le point de se faire un grand nom au barreau, dit adieu à la littérature, et c'est un peintre !

1158 L'*Ours* de M. Verlat est grand comme un éléphant et
1159 manque un peu de gaieté. — Le *Buffle surpris par un*
1160 *tigre* vaut mieux. Beaucoup d'élan, bien peint et d'une bonne couleur.

1161 M. Alfred Vernet est décidément le plus grand miniaturiste de l'époque.

541 Le portrait pastel de M. Eugène Giraud est le plus res-
542 semblant, m'a-t-on dit, de tous les portraits de madame
543 la princesse Mathilde. — *La Danse dans la posada*, la page importante de M. Giraud, constate toutes les qualités de ce peintre. Tableau plein d'allure et de mouvement, brillant et d'une patte de diable !... Les types sont vrais, comme les Espagnols de Dehodencq. — Je n'aime pas l'*Incendie à Constantinople*, et je parierais que ce tableau a beaucoup perdu en passant de l'atelier au salon. N'est-ce pas, monsieur Giraud ?...

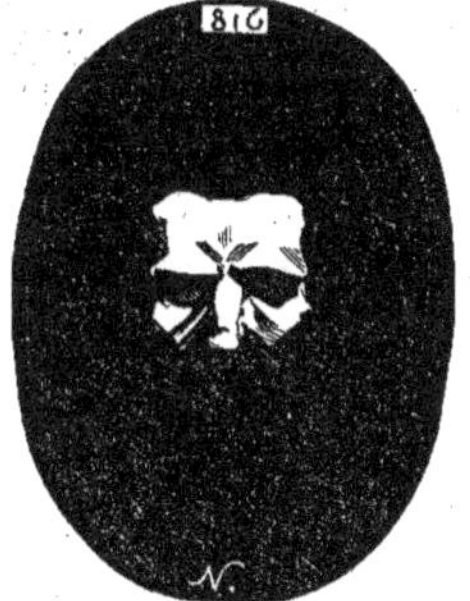


815 Deux portraits par M. Maugey. Tudieu ! en voilà de
816 l'effet pour ceux qui n'en ont pas. Je ne dis pas cela pour M. Vinchon !

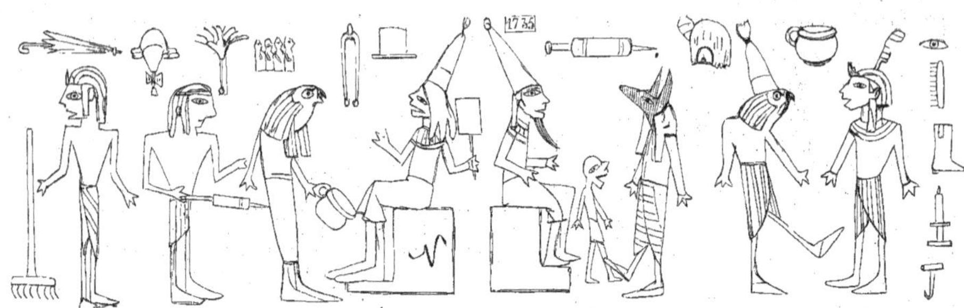


1735 M. Joret. C'est fort curieux assurément et très-consciencieusement reproduit ; mais en quoi cela a-t-il rapport à de la peinture ou même à de l'architecture?

131 M. Auguste Bonheur porte dignement un nom difficile.
132 Ses trois paysages sont remarquables, bien que je préfère
133 son Salon dernier. Le 131 est d'un bon effet, mais le pre-
908 mier plan manque un peu d'élévation et de vertige. — Il y a de l'air et des tons verts dans l'ombre très-distingués, dans les *Ruines* d'Apchou. — J'ai regretté de n'avoir pu découvrir l'envoi de madame Peyrol (Juliette Bonheur).

130 Un homme patient, O. M. Boisselier (Antoine-Félix), « né à Paris, élève de votre frère et de Bertin, médailliste « de 1824; ✻ de 1842, et tout ce qu'il y a de plus *Ex.* » — Un homme patient pourrait compter, sans en oublier un, les 374 roseaux qui ornent votre tableau peigné, léché, lustré.

127 M. Aug. Bohm. — Cela ressemble à ces expositions que
128 les sergents de ville contrarient sur les trottoirs de coin de rue : Occasion, les deux tableaux avec les cadres, 15 fr.

1053 M. Schützenberger est un Hédouin strasbourgeois. Ses
1054 *Faucheurs* sont excellents ; ses *Charbonniers* sont bien en
1055 action; la femme noire couchée dans les *Enfants* ressemble un peu à une tache. Bonne exposition.

1086 1887 1088 Mme Sturel a trois excellents pastels ; — et je ne suis pas galant d'ordinaire.

123 Le 123 est un modèle de nouveau ruban offert à la bou-
124 tonnière de l'honorable M. Ach. Jubinal. Ces trois ta-
125 bleaux italiens sont estampillés de l'EX. et signés Bodinier. « O l'Italie ! Venezia la bella ! Romani, Romano ! » comme dit Cornuchet dans *un Monsieur qui prend la mouche*. — O le paysage de style italien ! (Voir M. Bertin.)

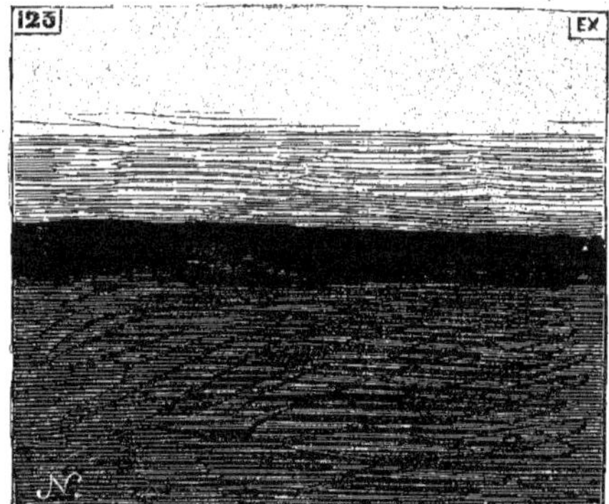

97 98 99 M. Bertin. (Voir M. Bodinier.) — 377 *Un Christ*, par Mme Guizard. Hélas!

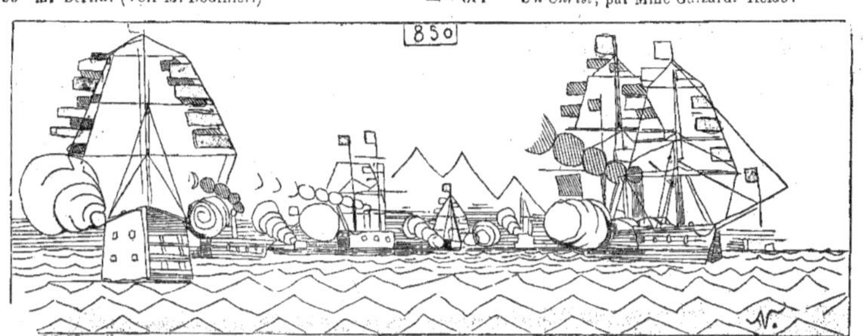


850 Les plaisanteries de M. Morel Fatio fatiguent comme toutes les choses trop prolongées. Je ne dis pas que son envoi de cette année ne soit pas tout aussi comique que celui de l'année dernière, mais, vrai! c'est assez! — Et remarquez-vous que M. Durand Brager a la perfidie de ne rien envoyer depuis longtemps, comme pour mieux regarder de loin ce pauvre M. Fatio s'embourber tout à son aise!...

648 M. Jeanron. Très-beau! Voyez ce portrait de M. Odier.
649 Largeur et sûreté de touche. Admirable peinture au pre-
650 mier coup. — Un peu d'incertitude dans la flaque d'eau où boivent les porcs; ces porcs vrais comme s'ils sortaient de la bauge ou de l'atelier de Jacques. — Les sables secs et mouillés du troisième plan sont parfaits.

657 Pourquoi laisse-t-on entrer ces choses-là ici?

25 Très-joli tableau de nature morte de M. Appert : très-harmonieux.

48 M. Baron est toujours un charmant peintre. La vieille
49 du *Repaire* est superbe.

42 *Sainte Cécile* de M. Balze. Attendons autre chose!

51 Auguste Barbier a dit que le Dante était vert et M. Barrias fait un Dante vert. Ne pas trop aimer ces tons-là.

54 *La lettre*, par M. Bataille. Petit panneau assez agréable, genre Wattier.

58 *La prise de Laghouat*, par M. Beaucé, vaut assurément les meilleurs Horace Vernet, ce qui n'est pas un grand éloge pour moi. Encore de la peinture de bataille! Je voudrais bien voir enterrer ce genre-là.

562 M. Grenaud. Oh! oh! voici l'école Bonvin, Edouard Frère. Bon pour les maîtres, mais arrêtons les frais!

566 Mme Grün nous représente un Persan « *faisant kief*. » D'accord! — Section des petits fours.

588 M. Harpignies : *Un Chemin creux*. Vert Corot, vert La-
589 fage, vert Harpignies, vert gris. C'est bien assurément, mais sans individualité assez marquée; se défier des couleurs à la mode, quand on peut ce que vous pouvez.

516 *La Promenade du jeudi*, de M. A. Gautier. Petit tableau de genre, d'un excellent effet. Ciel, paysage et figures s'entendent le plus harmonieusement du monde. — Faites-nous en d'autres!...

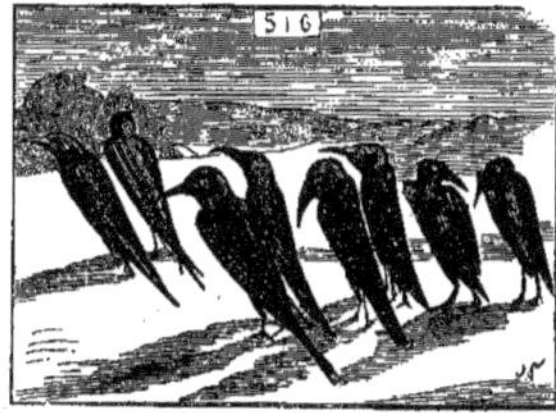

844 Portrait de Mosieu Claveau et portrait de M'ame Cla-
845 veau, dit le Livret. C'est M. Montvoisin qui nous envoie ça du Brésil. A quoi sert la douane, grand Dieu! Quelles figures! Ne dirait-on pas des épiciers ou des marchands de papiers peints retirés des affaires? Peinture digne des modèles et réciproquement.

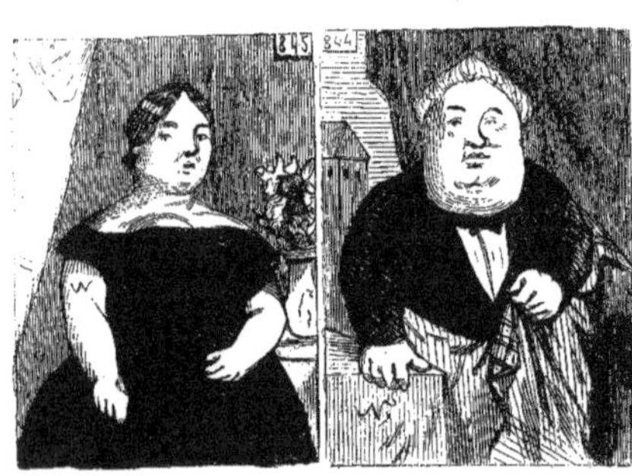


1447 M. Monchanin a dit au chien : « Te voilà sur la table avec un rude canard. Empêche le canard de se donner de l'air, — ou des coups! » — Le chien a tourné la tête, le canard s'est poussé une course, mais le chien l'a repincé à temps. Voilà la chose!

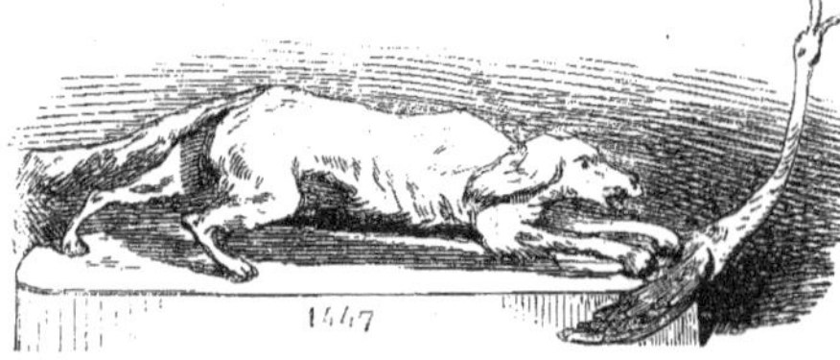


371 372 373 Trois portraits bien peints par M. Devedeux. J'ai reconnu un fier original!

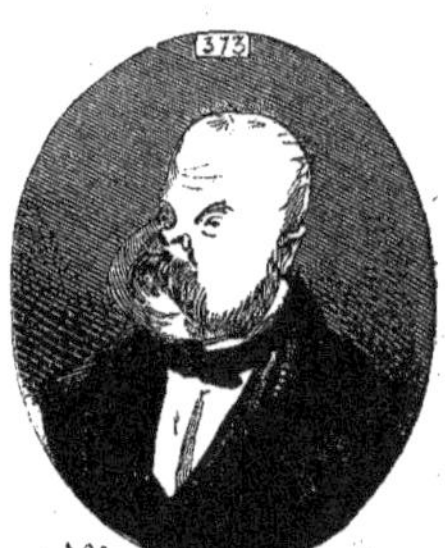


1383 De fiers cheveux et un fier collet d'habit, monsieur Iselin!

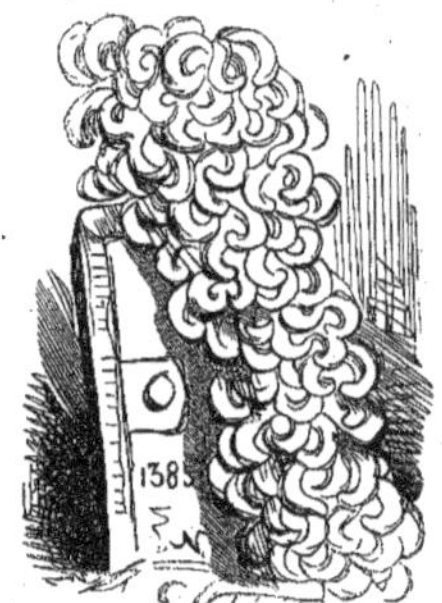


633 J'ai su découvrir les deux envois de M. Yongkind, quel-
635 que mal placés qu'ils fussent. Peinture solide et de bon effet, bien que poussant peut-être un peu trop au noir. M. Yongkind est un digne représentant de l'école hollandaise.

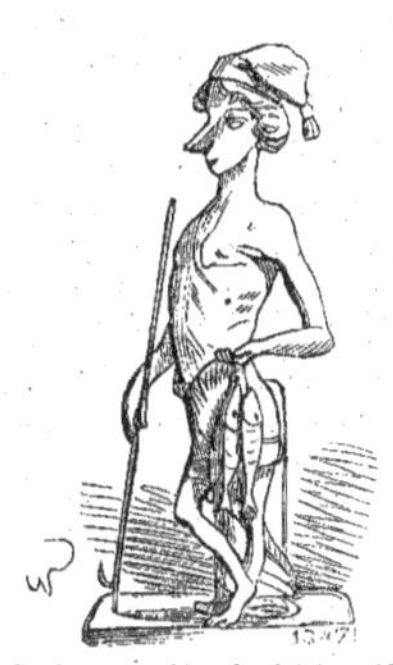

1347 *Le Petit Pêcheur.* — Grand péché de M. Forceville Duvette.

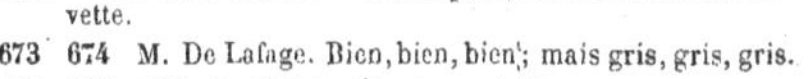

673 674 M. De Lafage. Bien, bien, bien; mais gris, gris, gris.

115 116 117 M. Billote. Absolument *idem.*

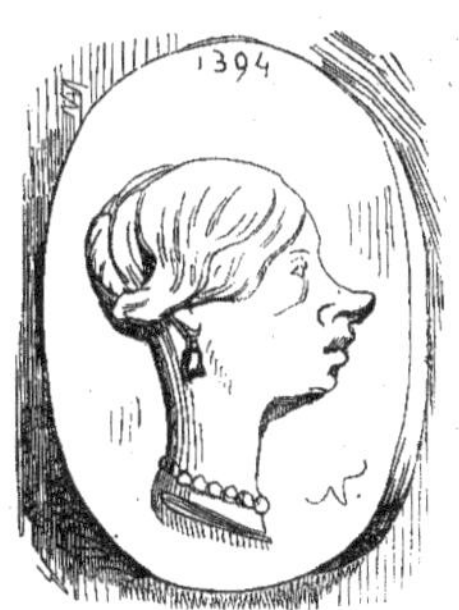


1394 Quelle drôle de tête vous avez été choisir là, monsieur Juiliot !

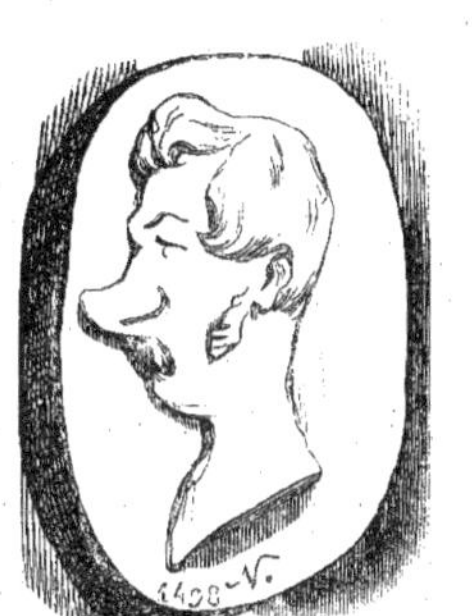

1498 Et vous aussi, monsieur Sanzel ! Vous auriez peut-être fait mieux, — sans elle ?

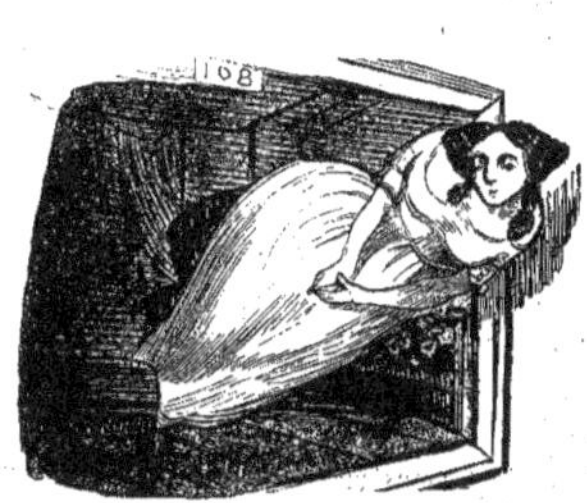


106 M. Biard. Cerveau desséché. Quand M. Biard secoue la
107 tête, ça doit faire : clac ! clac ! clac ! — Et pourtant en
108 regardant en arrière, rappelez-vous ce que M. Biard a laissé au Luxembourg ! Voilà où l'on va par la facilité, et de concession en concession au bourgeois, vous arrivez au *delirium tremens,* — où vous êtes.

1496 M. Santiago est un sculpteur en paysages qui exécute
1497 des tours de force très-difficiles et intéressants. Sa *Ferme* a un grand succès de public. Son *Braconnier*, que je préfère peut-être, mérite une bonne entorse à la jambe qu'il porte si longue.

1494 Les deux envois de M. Rouillard sont meilleurs que
1495 ses lapins de l'an dernier. Le *Médor* ne vaut guère, mais l'*Hallali* est d'un artiste et d'un naturaliste.

1491 Les bustes de M. Roubaud méritent une mention sé-
1492 rieuse. Il a parfaitement rendu la physionomie char-
1493 mante de bienveillance et de finesse du célèbre docteur Ricord.

867 M. Mussini, encore un peu plus de sécheresse et de dureté dans les contours, et vous serez rudement mauvais!

837 Je veux enfin dire à M. Millet ce que j'ai depuis long-
838 temps sur le cœur, et j'aime assez son talent pour cela.
839 Cette affectation des procédés simples, empoignante aux premières fois, fatigue dès qu'il est bien constaté que ce n'est plus décidément qu'affaire de ficelles et de chic. M. Millet vaut mieux que cela, et ne doit pas être entraîné par des admirations bienveillantes et aveugles. Il en est arrivé à ceci que ses personnages semblent être peints d'après des maquettes en glaise grossièrement construites et coloriées. Qu'est-ce que ça me fait, devant cette monochromie de parti pris, que vous n'ayez pas encore perdu cette harmonie et ce sentiment profond que j'aime tant chez vous? — Voilà ce que je pense devant vos *Moissonneurs* et votre genre hollandais. Il y a bien du soleil assurément dans le premier, et c'est bien agreste, mais les fonds sont par trop indécis, le chien est absurde, et je persiste plus que jamais quant aux figures. — Le berger, *effet de soir*, est excellent, parce que, là, le personnage s'efface dans la profonde impression de l'œuvre. Tenez, monsieur Millet, défiez-vous d'un certain peintre africain qui se nomme Fromentin, qui s'est mis à faire des Millet en Normandie!...

843 *La Madone des grâces*, par M. Montessuy, François, « élève de MM. Hersent et Ingres, médaille de 2e classe, » (genre historique, 1849), et né à Lyon. » J'étais sûr de tout cela.

898 C'est bien, monsieur Pascal. Je préfère vos fleurs au
899 paysage, qui est un peu trop ébauché.

933 Beaucoup de science pour pas assez d'effet, monsieur Pils.
934 — Les deux aquarelles, l'homme à la veste verte surtout, sont stupéfiantes de couleur et de fermeté.

1 M. Achard. Deux paysages, d'allure un peu timide, mais
2 vrais, et qui gagnent à l'inspection.

110 Les portraits de M. Bida valent les Vidal. Etudes con-
111 sciencieuses, pleines de délicatesse et de charme; mais je
112 préfère encore ses ravissants dessins algériens.

119 Allez toujours, monsieur Blin! Vous avez une patte
120 d'enfer. Regardez bien et regardez toujours!

199 200 201 M. Cabat. *Per omnia sæcula sæculorum!*

125 *Les Feuilles sèches*, par M. Bodmer, un peintre que j'aime bien depuis deux ans, sans le connaître. Vous rappelez-vous sa *Lisière de forêt?* Ce talent, qui faiblissait un peu l'été dernier, se relève admirablement cette année. Pas assez accusés, les premiers plans.

744 Les frères Leleux ne déméritent ni l'un ni l'autre cette
745 année de leurs Salons précédents, *Arcades ambo*. Les trois
746 toiles de M. Armand, *la Manola*, *l'Ouvrier*, *los Arrieros*,
747 me paraissent rangées ainsi par ordre de mérite. C'est tou-
748 jours cette peinture sérieuse et solide, pleine de chaleur
749 et de force que vous connaissez. — *Les Terrassiers*, *l'Arrivée au champ de foire*, de M. Adolphe, sont de ces bons tableaux que les amateurs se disputent. Il est peut-être fâcheux, pour le *Depicage des blés en Algérie*, d'être placé au-dessous d'un effet de soleil beaucoup plus âcre de M. Galetti.

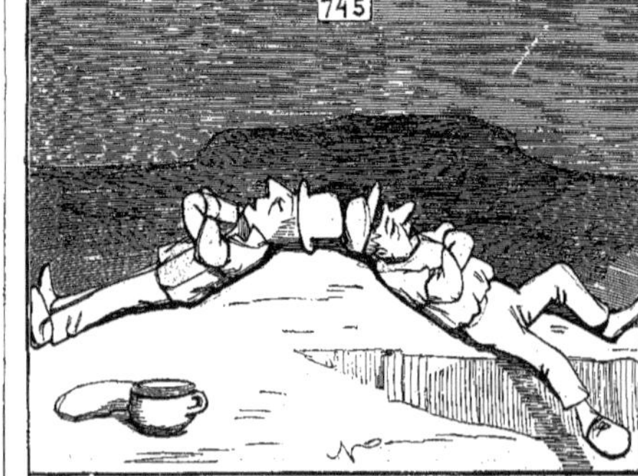

1180 Je n'ai pas d'enthousiasme pour les martyrs de M. Vinchon, non plus que pour ses enrôlés de l'an passé.

1185 M. Wagrez. L'eau est bonne, les seconds plans aussi ;
1186 mais les premiers plans trop détaillés et chatoyants.

1100 Très-bien, monsieur Ternante! voilà deux toiles qui
1101 ne retourneront pas à votre atelier, j'en suis sûr.

1052 *Saül et David*, par M. Schopin. David joue d'une harpe à ventre gras, qui ressemble à un barbillon. Saül a l'air de se demander dans quel but ce jeune homme s'obstine ainsi à jouer du barbillon. Enfin!...

430 On ne peut rien dire de M. Etex, assure l'illustre
431 Commerson dans le *Tintamarre*. A l'index, puisque
1330 M. Etex est EX.
1332

1295 Deux bustes, par M. Debay, et *la Pudeur cède à l'A-*
1296 *mour*. C'est l'Amour qui aurait dû céder à la Pudeur cette
1297 fois et rester chez lui avec elle.

1327 Le groupe et la jeune fille, de M. Elmerich, sculpteur,
1328 sont deux bonnes choses. J'aime pourtant encore mieux
422 M. Elmerich, peintre, sacrifié dans un coin ; son *Mur de*
423 *ferme*, surtout, attire l'œil comme une vraie peinture sérieuse et tranquille.

1322 Une très-jolie petite statuette de Deburau, par M. P. Duboy. Très-finement ressemblante.

1208 Je regrette de n'avoir pu apprécier, haut placée comme elle est, la peinture de M. Zuber Buhler. Mais est-ce que ça ne rentre pas un peu dans l'école des peintres finisseurs, polisseurs et lécheurs? Je vois sur le Livret élève de Gros Claude : c'est grave.

1049 M. Schlesinger. Ce que les portiers appellent *peint*
1050 *avec des couleurs fines*. — Trois toiles dignes *des loges*.

472 C'est un peu trop fort d'épinards, monsieur Fontaine !

476 Je n'aimerais pas du tout, — et il ne s'en faut que de
477 la moitié, — la peinture de M. Fortin, que je lui pardon-
478 nerais ses tartines de bitume Robert-Fleury en faveur de ce curé du tableau des Chouans. L'homme qui a trouvé cela peut peindre imparfaitement, mais c'est un psychologue, — *rara avis in pictoribus*, — qui doit savoir lire Balzac. Ce n'est pas le moins important : le métier viendra toujours.

495 M. Edouard Frère nous console autant qu'il peut de
496 l'absence de son frère Théodore. Ses trois tableaux sont,
497 comme tous ceux qu'il fait, d'un sentiment d'intimité exquise. Peinture sans fracas, toujours bonne à voir et sympathique.

498 *Une Bergerie* de M. Frolich. Genre Millet, assez réussi.

9 C'est à recommencer, monsieur Berthélemy. Vos personnages et vos épaves sont découpés. Veuillez regarder tout simplement *le Naufrage de la Méduse*, s'il vous plaît!

171 Femme de bombeur de verres, surprise dans un costume léger par un petit amour couleur homard. Elle en rougit ; très-bien. — Et M. Bremond, lui?...

192 Portrait d'une robe de taffetas cerise, par Mme Brune.

203 *Un Amateur*, par M. Cals ; en trouvera-t-il? *Cur non?*

228 Voici une bonne exposition, monsieur Chasseriau ! Le
229 *Tepidarium* est une belle chose ; c'est assurément une des
230 toiles les plus remarquables de l'œuvre du peintre. M. Chasseriau prouve là ce que je croyais savoir déjà, qu'il est peintre de style plutôt que fantaisiste. Les qualités de ce pinceau sévère bien plus qu'il n'en a voulu avoir l'air quelquefois, surabondent jusque dans une petite toile, *l'Etalon arabe*, qui, toute petite qu'elle est, provoque l'œil et sait se faire voir comme un Delacroix, — un peu trop même comme un Delacroix.

260 261 263 Trois modèles pour devants de cheminée, par M. Eug. Ciceri. Décidément, trop de facilité!

265 Un bon portrait de M. Richard Clague.

281 M. Comte Calix est né Lyonnais, partant délicat. Ceci
282 explique les titres qu'il donne à ses œuvres dans le Livret : *Fortune et Bonheur. — Comme on fait son lit on se couche*, etc. C'est joli, mais que ça doit donner du mal à trouver! *Comme on fait son lit on se couche*, puisque *comme on fait son lit on se couche* il y a, est pourtant une peinture d'un joli sentiment. Je n'ai rien compris du tout au sujet ni à la légende ; mais, quoiqu'un peu peinture de modes et sentant son école lyonnaise, c'est fin, — et j'allais presque dire en la regardant, que j'ai pensé un peu aux Tassaert.

284 J'ai retrouvé, si épars qu'ils soient, les trois tableaux
285 d'un autre M. Comte, non moins né à Lyon que M. Calix.
286 Le meilleur des trois est assurément le *Charles IX* : c'est étudié et cherché et trouvé même par bien des endroits. Les étoffes, les accessoires ne seraient pas mieux tenus par un bon élève de l'école belge. Je ne sais si la tête cochon-d'indinée de Catherine de Médicis est historique ; elle est en tout cas de bon aspect. Pourquoi ce cavalier de la tapisserie, qui y a cependant fort bon air, semble-t-il donc avoir si fort envie de venir au premier plan? — La figure du Coligny est heureuse, bien que le cheval ait le derrière d'une portée de fusil plus loin que la tête. — La *Mezzana* a les qualités et les défauts des autres. En somme, M. Comte doit être satisfait de son exposition et il n'a pas tort.

1391 Statue équestre du duc Charles de Lorraine, par M. Jaquet. Si la statue de M. Jaquet se voyait de niveau, la charge en eût été plus difficile assurément; car c'est une belle chose, et ce cheval du temps est ample et vigoureux comme un Van der Meulen.

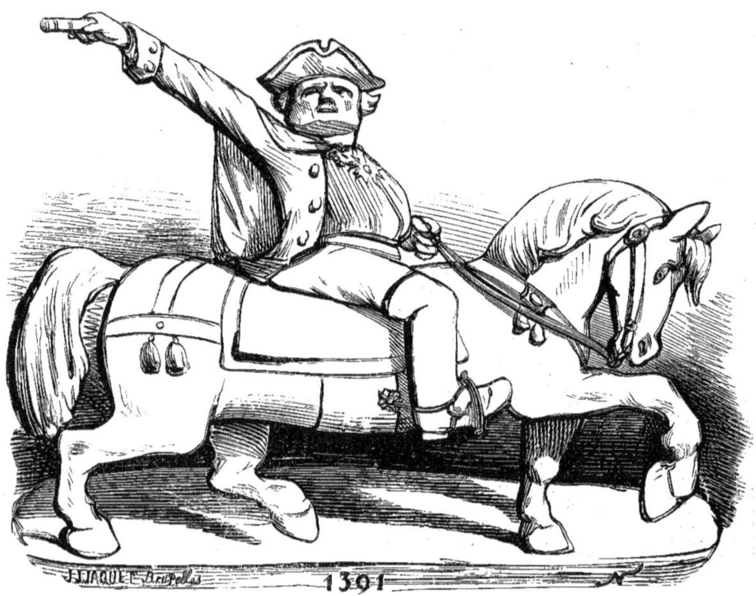


1168 M. Vidal. Art de patience, art qui transporte bien des
1169 gens, et qui a certainement son charme pour tous, quoi
1170 qu'aucuns en disent. M. Vidal procède par une application successive de fils d'une ténuité extrême, si bien qu'à la rigueur on pourrait dévider ses petits portraits...

738 M. Fr. Legrip. *Un effet d'automne.* C'est assez bien,
153 (ter.) mais je préfère encore les trois lithographies du même artiste.

307 308 ·309 Peinture de M. Couturier. Vraie, blonde, jeune et habile Ces rats sont-ils assez jolis!...

367 Un bon paysage de M. Desjobert, *l'Automne dans les bois.*

79 Un saint François d'Assise et deux portraits, par
80 M. Benouville. C'est bien, monsieur, vous savez peindre
81 assurément, mais vous pouvez faire encore autrement que cela.

1026 M. Théodore Rousseau a épuisé depuis longtemps l'éloge. Ce n'est pas ma faute si ce maître ne m'a plus rien laissé à dire sur son très-beau tableau de cette année.

1486 Deux bustes de M. Robert. Maigreur et sécheresse d'exé-
1487 cution.

1278 Les tentatives heureuses de M. Charles Cordier en sculp-
1279 ture polychrôme attirent toujours une vive attention. Ses
1280 deux types mogols sont d'une grande vérité, mais tombent un peu par le sujet même dans le poncif des boîtes à thé. Je préférais de beaucoup l'admirable négresse de l'an dernier.

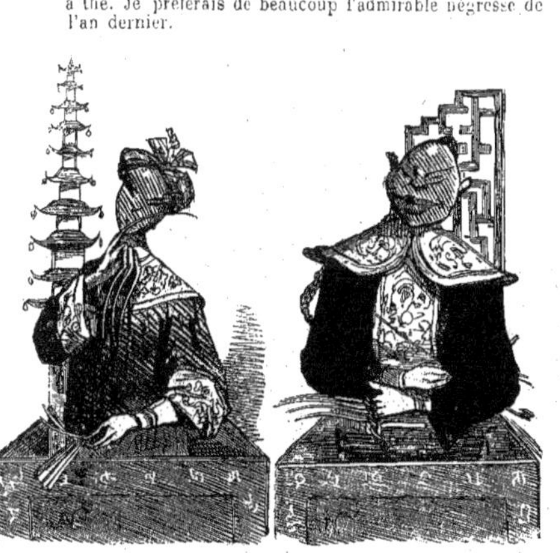

1228 M. Berger. *Combat de cailles.* Bien.

1235 Un bon médaillon bronze de M. Blavier, qui s'était fait connaître l'an dernier par le meilleur buste du Salon.

1274 M. Clesinger ne nous donne cette année que deux bus-
1275 tes. C'est toujours ce ciseau élégant qui semble fondre le marbre plutôt que le tailler, c'est toujours cette vérité des chairs, cette morbidesse incomparable! A la bonne heure, ceci, monsieur Clesinger! Sculptez toujours et ne dessinez.... que rarement, et personne ne se plaindra!

1213 *Le Bénitier* en poirier de M. Anquetin est une œuvre de bonne exécution. Il faut savoir gré à M. Anquetin d'avoir presque fait exception en exposant une sculpture sur bois et de ne pas désespérer de cet art à peu près perdu de nos jours, depuis les chefs-d'œuvre de la renaissance.

1202 J'aime mieux les dessins de M. Yvon que ses peintures.

1198 Les types de M. Winterhalter sont toujours ravissants. Les lignes sont pures et suaves; mais dans quel jour d'atelier ce tableau a-t-il été peint? C'est cireux comme un Albane!

1193 M. Willems a trois excellents tableaux. *L'Atelier* et *la Veuve* sont d'un faire très-précieux, d'un bon sentiment, et ne perdent rien devant l'œuvre capitale des trois, *la Vente de tableaux* : — touche serrée et savante, jeux de lumière rendus avec un profond respect de la vérité et une connaissance parfaite des ressources de l'art. Ce tableau, un des meilleurs du Salon, — le meilleur même ai-je entendu dire à des gens qui s'y entendent, — avait déjà fait, m'a-t-on appris, l'honneur d'une exposition belge. M. Willems a eu très-grandement raison de nous le faire apprécier, car voici un succès de maître.

**1631 1632 1622 1623 1627 1615 1616 1601 1597 1592 1561 1558 1559 1552 1553 1540 1541 1542.** Le bref espace, comme place et comme temps, accordé à ce petit livre, me force à ne passer qu'une revue bien succincte de la gravure. J'ai à citer, parmi les premiers, M. Desjardins, pour un Decamps à quatre planches et un paysage. Voilà de l'aquarelle et de la meilleure, rendue par le burin! — Viennent ensuite MM. Pollet, Cornilliet, Blery, Louis Leroy, Johannes, de Mare, etc. La gravure sur bois fournit des chefs-d'œuvre de Dujardin et d'Adrien Lavieille. MM. Sotain et Rouget occupent aussi une place honorable.

**1674 1675 1676 1663 1664 1665 1670 1671 1635.** Célestin Nanteuil, Eug. Leroux, Ad. Mouilleron, tiennent comme tous les ans la tête de l'exposition lithographique. Recommandé le Delacroix de M. Leroux — M. Aubry Lecomte : un Fauvelet, joli grain et main sûre; mais le tout un peu pâle, comme le modèle d'ailleurs.

1349 C'est très-bien, monsieur Franceschi! Progrès énorme.
1350 Votre *Napolitain* est plein de verve et d'allure.

623 L'exposition de M. Paul Huet est excellente. J'aime bien
626 mieux cela que ses anciennes toiles, trop huileuses. Ses
627 *Marais salants* sont d'un très-bel effet. Un peu de manque de netteté peut-être dans les plans de gauche. — *Les Brisants* : voyez-moi cette mer-là, monsieur Morel Fatio — *L'Intérieur de forêt*. Profondeurs ombrées ou lumineuses comme la nature. Le frisson du *lucus* vous prend au dos devant cette admirable peinture.

652 653 Un bon tableau et un bon portrait de M. Jobbé Duval.

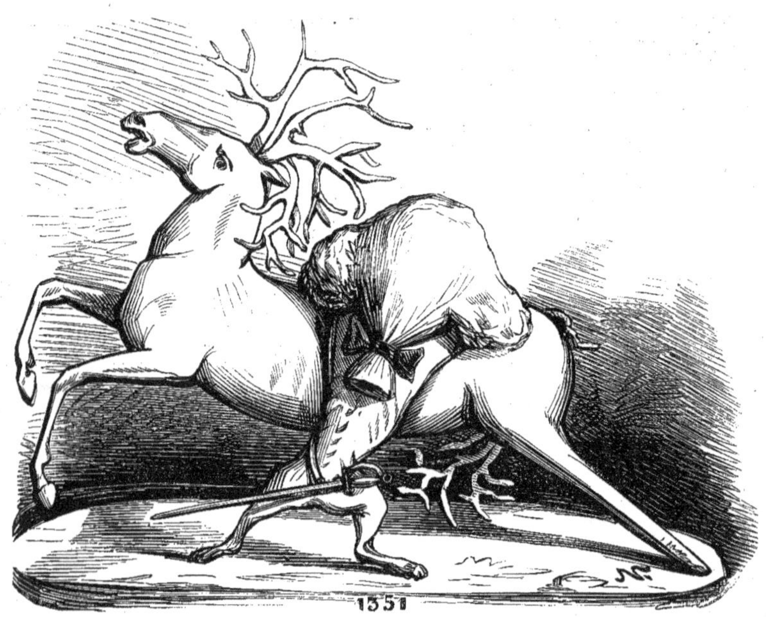


1351 M. Fratin.

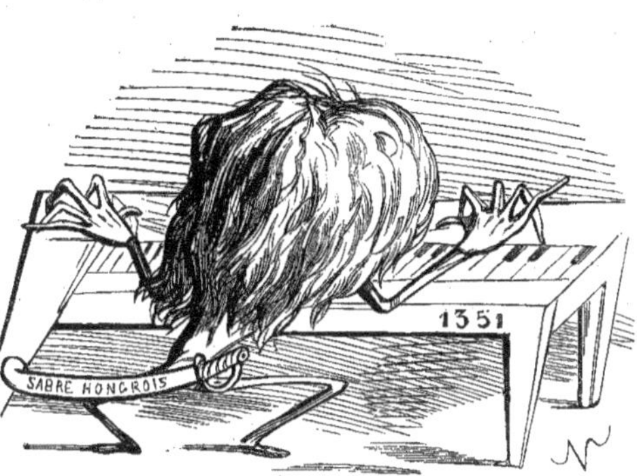


1351 Encore M. Fratin.

1131 1132 1133 Charmants petits tableaux de M. Trayer, bien peints, bien dessinés et d'un joli sentiment.

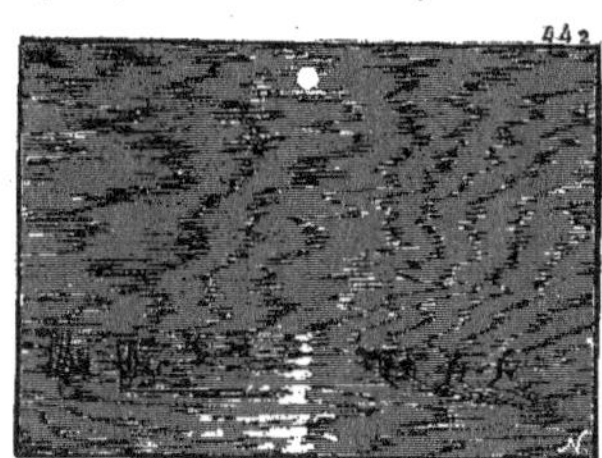


442 Un effet de nuit par Mme Fauchier, née Herminie Gudin. Un beau nom (Gudin, j'entends!) qu'il est difficile de soutenir, madame!

1509 M. Emile Thomas. Une statue du Christ, banal au possible. La sculpture facile et médiocre n'est pas un art, c'est un métier primitif et à la portée des bergers. M. Thomas n'a jamais été un artiste.

1126 M. Toulmouche a du talent, un talent fin et distingué;
1127 mais là, encore, c'est Ingres, c'est Hamon, c'est Gérôme. La nature n'est pas sèche comme cela sur les bords. Ce n'est pas par des lignes qu'il faut dessiner en peinture, c'est par des valeurs. Combien de fois cela a été dit! Voici sa table tournante.

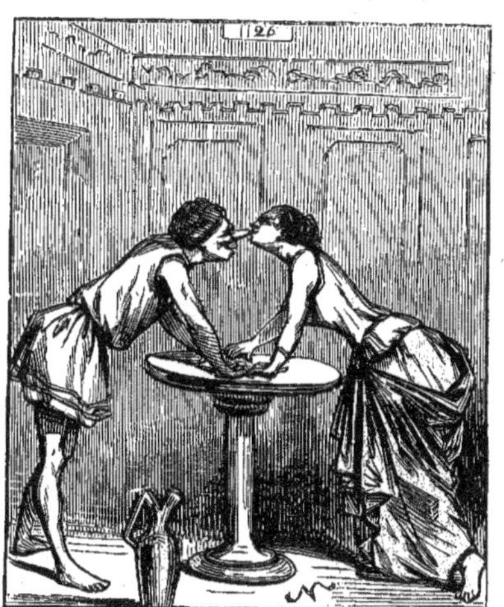


585 Un peu *idem*. et pourtant quel charme indéfinissable il y a dans cette toile! Un bien grand pas, monsieur Hamon, depuis l'an dernier! Vous tenez cette année la tête de la secte Gérome.

267 268 269 Trois bons portraits de M. Clerc. L'un rappelle beaucoup l'admirable homme grêlé de Prudhon.

551 Deux remarquables portraits de M. Glaize, celui de l'au-
552 teur surtout. *L'Ecole asile* est bien — et se rapproche assez
553 curieusement, comme effet d'ensemble, du même sujet par M. Fils.

723 Une très-bonne marine par un ancien grand prix d'histoire, M. Lebouys. Mer très-bien peinte, quoiqu'un peu lourde.

984 Le nº 985, de M. Teynaud, a l'air de dénoter une cer-
985 taine préoccupation de Léonard de Vinci, mâtiné de Robert Fleury, et croisé de M. Hornung, de funeste mémoire. Quant au nº 984, le voici dans toute sa splendeur :

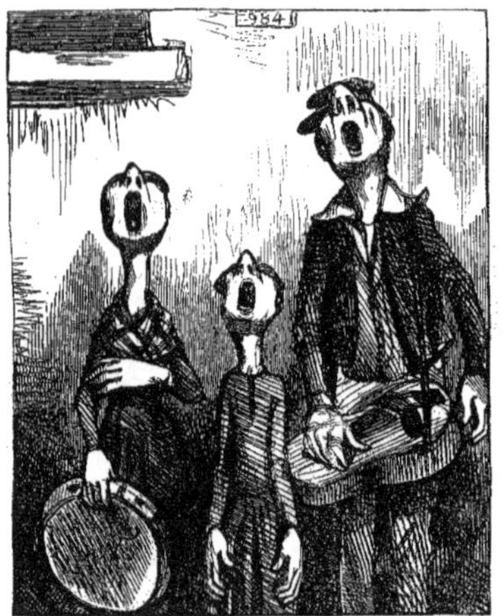


539 M. Charles Giraud. *Chevaux et levrettes;* genre Dedreux,
540 mais je préfère ceci.—*Le Souvenir de Tahiti* n'est pas aussi heureusement traité.

827 M. Meuson. Genre hollandais, dans les cordes douces : sentiment profond du mouvement acheté aux dépens de la couleur.

333 *L'Escurial* est sans contredit le meilleur des trois ta-
334 bleaux envoyés par M. Dauzats. Les figures de la coupole,
335 un peu restées à l'état vague de l'ébauche, sont touchées avec une naïveté habile et du meilleur effet. Le lustre est bien en avancement. — *Les Bibans,* le moins bon, selon moi, quoique le plus grand. Il y a de bonnes qualités dans cette étude de rochers, mais les figures, comme généralement chez M. Dauzats, sont faibles.

412 Dynastie Duval le Camus. *Qui pater est is, est filius.*—
413 Je connaissais déjà l'Ours des *deux Chasseurs* : je le pos-
414 sède sur le seul pot de pommade que j'aie acheté dem
415 vie. — Le portrait de M. Achille Jubinal m'a fait faire une
416 remarque : pourquoi n'y a-t-il, cette année, qu'un seul portrait de cet honorable ?...

293 Intérieur, poissons et gibiers, fleurs et fruits, par
294 M. Alex. Couder. Bonne couleur, finesse de touche re-
295 marquable.

296 297 298 M. Louis Coulon. *La Piqûre d'abeille* est le meilleur. Peinture soignée, — un peu trop soignée.

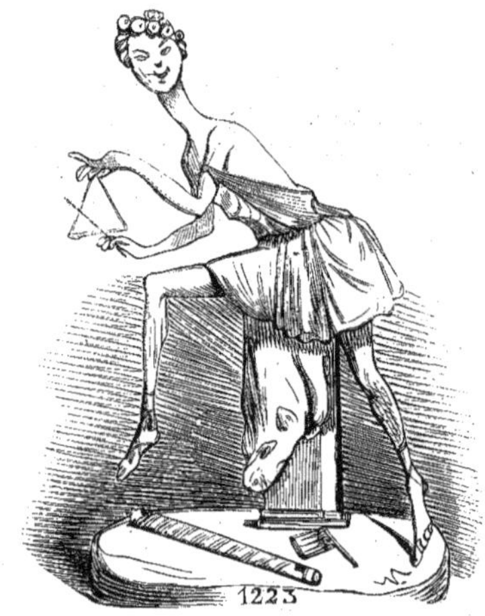


1223 Bacchante pour rire. J'ai la chance que M. Baruzzi s'ap-
1224 pelle Cincinnatus : quelle occasion pour le renvoyer à sa charrue.

1380 Regardez et ne touchez pas!

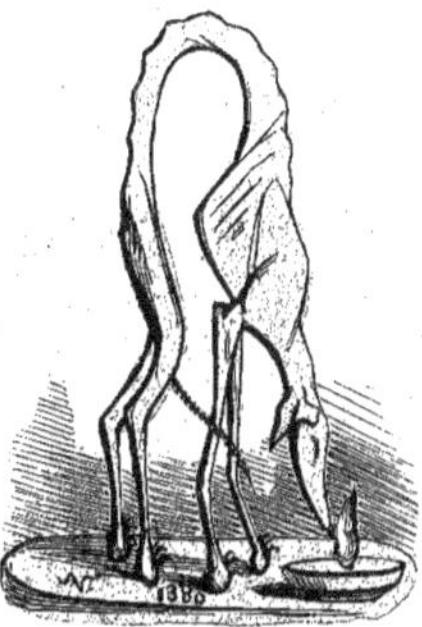

808 M. Marquis. Tableau d'église départementale. Pauvre église!

**1481 1482 1273** Je crois que les honneurs de l'exposition de sculpture sont pour M. Préault d'abord, quoique son envoi (principal selon moi) n'ait pas les proportions épiques. Les œuvres de Préault révèlent toujours, au premier regard, l'individualité accentuée qui les a conçues. C'est toujours, et avant tout, l'idée sculptée, et vous sentez l'ardeur inquiète et âcre, et la recherche sans trêve d'un penseur. Celle-ci, je pense, est la vraie sculpture qui procède du cerveau d'abord et pour laquelle les distractions de la mise en œuvre s'effacent devant la grande, égoïste et permanente préoccupation du point de départ et de l'impression d'ensemble. Hors de ces conditions, la sculpture n'est plus, comme je le disais tout à l'heure à M. Thomas, qui ne l'a pas volé, qu'un métier quelconque et facile, un métier de berger, primitif et accessible à tous Je tâche d'oublier ma sympathie pour le génie si profondément personnel de M. Préault, et je ne puis m'empêcher de trouver un charme si singulier jusque dans les heurts et cahots de son exécution tourmentée et bousculée, que je ne sais si je me priverais volontiers de ses défauts. Ce sentiment profond du maître éclate sourdement dans l'amertume, la lassitude, l'angoisse, le désespoir de *la Femme au masque*. Le bronze fond en pleurs dans une immense tristesse. Ces fouets de cheveux collés, malgré leur étrangeté et leur inaccoutumance, sont pour moi d'une vérité absolue et concordante, et, ce qui me choque dans la disposition de la draperie, impossible à quelque étoffe qu'elle appartienne, je le trouve bien supérieurement compensé par les parties magistrales de la gorge (chef-d'œuvre), du col et des bras. Je place après cette admirable élégie les deux masques de Virgile et de Dante. C'est bien toujours du Préault, et c'est dire que je n'ai plus d'éloge à en faire, mais ils me saisissent moins, par la simple raison des préférences de sujet, variables suivant chacun.

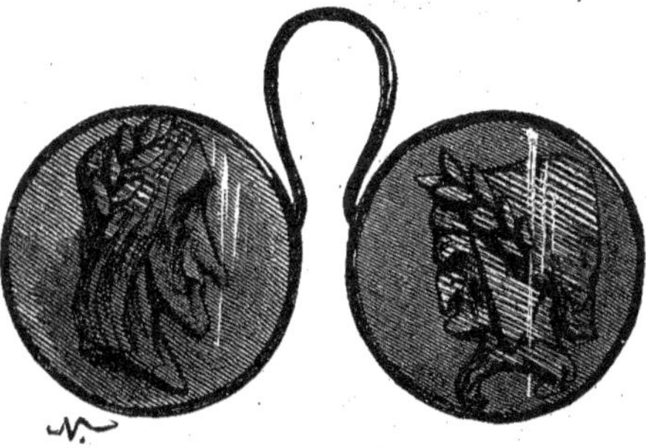

**1273** Ce que je pense de M. Préault devait me faire aimer l'œuvre de M. Clere. Dans cette œuvre capitale, si désastreusement exposée, je retrouve ce que j'aime et ce que je recherche avant tout. M. Clere ne s'est pas concentré dans un bronze de cabinet comme M. Préault : sa grande statue désolée est d'un sentiment bien ossianesque. Le torse est d'une élégance large; mais, puisque M. Clere s'inquiétait davantage de l'exécution, il aurait dû pousser un peu plus la chevelure, assez incompréhensible. J'ai regardé plus d'une fois, et longtemps, cette œuvre réellement remarquable, dont j'ai su très-bon gré à M. Clere, et qui serait l'expression la plus complète de l'idée sculptée, si l'admirable bronze de tout à l'heure n'était pas là.

1375 Voici un *Méphistophelès* qui fait honneur à M. Hébert fils. C'est élégant et plein de pensée.

**1250 1336 1337 1339 1360 1361 1263** De fort bons points à MM. Garraud, Gayrard, Dantan jeune, Cabet, Barre, — et à M. Cavelier surtout, — qui n'ont guère besoin de mon avis, et que leurs œuvres ont déjà bien constatés.

764 M. Charles Leroux, de Nantes, est un des maîtres du
765 paysage français. Il a bien l'inquiétude fervente et con-
766 tinue qui tourmente le véritable artiste. Sa manière dénote la recherche perpétuelle et le souci du vrai. Il me donnerait des arbres en cobalt pur et un ciel Véronèse que j'y croirais, tant ce talent profond et convaincu a su inspirer la foi. Son ***Souvenir de Pornic***, sa ***Prairie***, témoignent de cette préoccupation constante de la nature. Mais ces deux toiles sont écrasées par un chef-d'œuvre, *le Vallon*. Voilà un des meilleurs paysages que j'aie jamais regardés, et il n'y a qu'un inconvénient, c'est que cette eau de M. Leroux est si bien de l'eau, qu'elle tente au-delà des bornes par ce temps de canicule les baigneurs intempestifs.

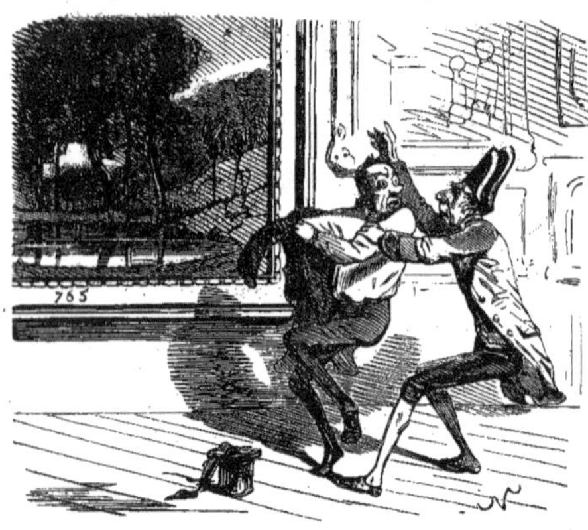


769 *Plaine de Montrouge*. Bonne toile de M. Louis Leroy.

758 M. Lepoittevin. C'est toujours cette éblouissante facilité
759 que vous savez : pinceau accoutumé aux arpéges de la
760 palette et qui se joue avec un laisser-aller spirituel et plein d'élégance au milieu des tons les plus divers. Son ***Heure du Berger*** est bien peu gazée!...

502 On a dit que M. Gallais était le Delaroche belge. M. Gal-
503 lais vaut au moins cela. Peinture très-estimable, sage, consciencieuse et propre, mais sans individualité assez prononcée. Fruits greffés et doux au goût, auxquels on voudrait parfois trouver l'âcre saveur des sauvageons ; — je m'empresse de dire, pour dire tout, qu'en n'approuvant pas absolument cette peinture-là, on met contre soi neuf lecteurs sur dix.

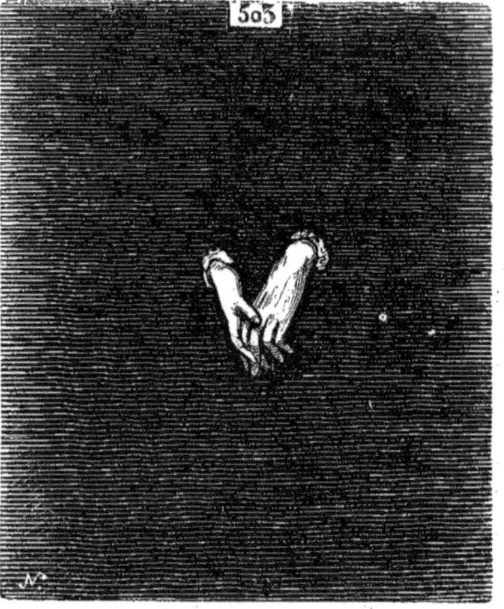


65 Hippolyte Bellangé. Toujours cette merveilleuse agilité
66 de brosse, toujours cette même tête de grognard dont on ne
67 pourrait se lasser cependant!

809 810 Bien, bien ! monsieur Martin !

1410 Il n'y a pas besoin de voir la signature pour reconnaî-
1411 tre dans son groupe et ses deux bustes le talent magistral
1412 de M. Lequesne. Sculpture sérieuse.

141 142 M. Bonvin est bien toujours le premier dans ce genre qui portera son nom. C'est toujours ce sentiment spirituellement naïf et tranquille, et cette peinture solide sans embarras ni tumulte. Son *Ecole* fait fureur. Elle est d'une bonne lo-

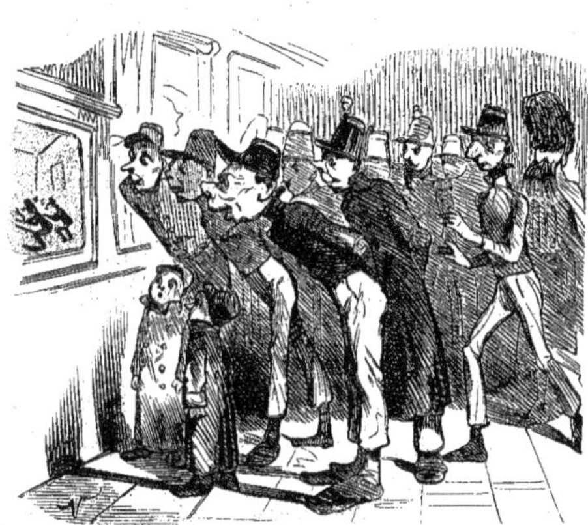

calité, quoiqu'un peu cuite, — défaut général dont il est peut-être temps d'avertir M. Bonvin : les figures sont indiquées avec un esprit inouï. La *Femme lisant*, qui ne fait pas émeute, et est de moindre importance, vaut cependant autant.

887 Trois portraits : Mlle Rachel, M. Romieu et enfin
888 Mme O'Connell, par elle-même. Le début de Mme O'Con-
889 nell avait fait l'année dernière une vive sensation. Cette manière blonde et chaude, en bon souvenir de Van Dyck et procédant en pleine pâte, avait valu à l'auteur une ovation méritée. Le Salon de cette année n'est pas au-dessous de ce premier succès, bien qu'on commence à s'habituer un peu au faire de Mme O'Connell. Mme O'Connell est un vrai peintre, et elle saura bien trouver de quoi renouveler l'attention qui voudrait ne pas s'éloigner d'elle.

435 Défiez-vous, monsieur E. Lorsay, défiez-vous du séide Durando!

894 M. Palizzi, dans son très-beau tableau de *la Rentrée des vaches*, s'est posé volontairement une difficulté effroyable dont il est sorti à son honneur : différencier en valeurs réciproques les tons uniformes de cette immense bande de pâturages qui coupe le tableau en deux. M. Palizzi nous donne là la meilleure toile qu'il ait encore faite. Les vaches sont magistralement peintes comme le reste, par un homme qui sait bien évidemment regarder et voir. L'ensemble est d'une harmonie agreste, douce, vraie, tranquille et profonde. L'impression produite par cette toile importante est générale comme elle devait l'être, et je ne sais rien de mieux traité que ce magnifique vert d'herbages, vrais comme la nature elle-même.

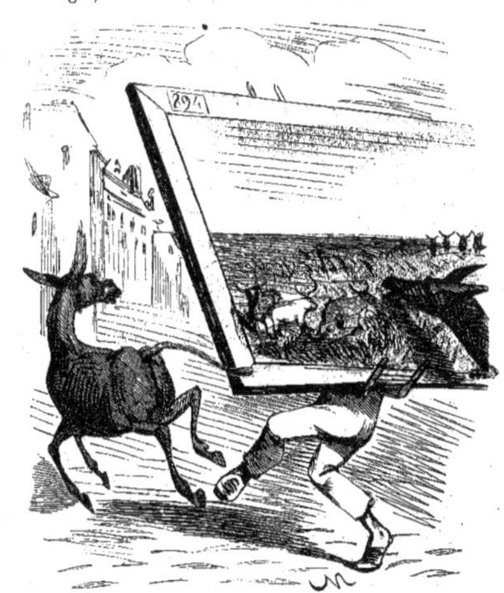


756 M. Lepaulle. Mauvais, monsieur! Qui dirait depuis
757 quelque temps que jadis vous avez su au moins votre métier?

751 M. Lemmens. *Une mare dans le bois de Bondy*. Bien!

521 Il y a toujours un sentiment mélancolique et doux dans
522 ce que fait M. Gendron, bien que ce soit un peu trop uni-
523 formément de la peinture clair de lune. Les qualités très-sérieuses de M. Gendron empêchent trop de voir ses défauts.

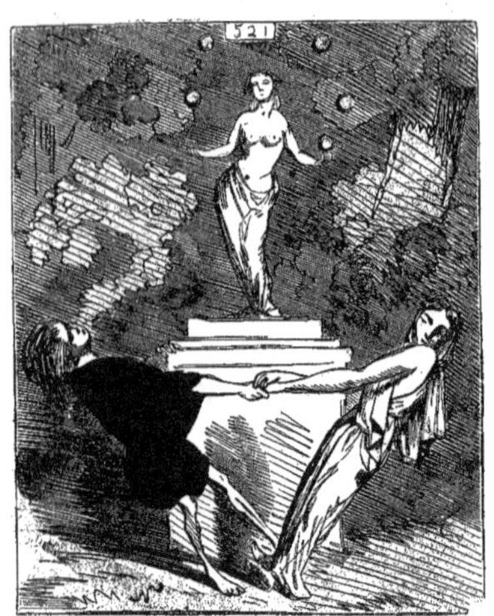


509 Voyons, papa Garneray! avouez-nous que ces marines-
510 là ont déjà figuré à quelque exposition de 1807 ou 1811.
511 Ça se voit tout d'abord, ainsi!

499 On s'arrête beaucoup devant les petits *Pawnies* de M. Froment Delormel.

500 Un seul tableau de M. Fromentin, plein de vie, de force et de soleil, comme toujours.

682 683 684 466 467 468 463 464 465 MM. Lambinet, Flandrin, Flers. Très-honorable mention, à défaut d'un examen mérité que l'espace empêche.

870 M. Charles Nanteuil. *Carrière aux environs de Paris* Très-bien.

179 Le talent de M. Brion m'est très-sympathique, et son
180 ravissant petit *Chemin de halage* de l'an dernier m'a-
181 vait singulièrement tenté. M. Brion a changé de proportions et presque de manière cette année, et personne n'y perd rien. Ses *Bûcherons*, ses *Batteurs en grange* et sa *Récolte* sont d'une touche sûre et large. Tout porte et porte bien.

169 Portrait à la Holbein, de M. Bracquemond. Sincérité naïve et un peu sèche qui trouve sa valeur et sa grâce en elle-même.

60 M. Beaume. Du soleil, bonne entente de la couleur : sentiment du clair obscur.

87 Mais c'est dans M. Berchère que le soleil déborde et ruis-
88 selle, rutilant, aveuglant comme la fonte qui coule dans la fournaise. Cette admirable toile, qui est un des chefs-d'œuvre du Salon, a dû nécessiter quelques précautions pour les spectateurs qui ont la vue faible.

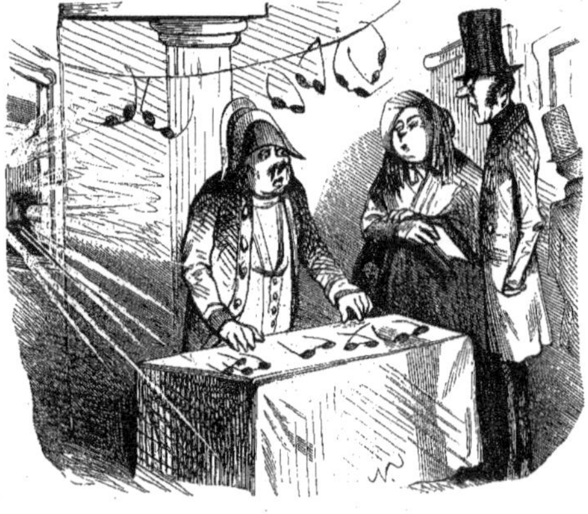

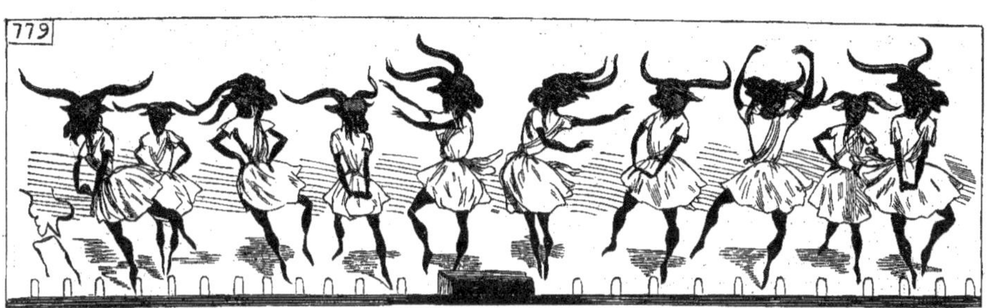


779 M. Loubon se plaît aux ciels d'un bleu profond d'où le
780 soleil cuit et recuit les terrains crayeux et arides. M. Lou-
781 bon animalier est à la hauteur de M. Loubon paysagiste, et c'est ce que je puis lui dire de plus agréable.

958 *La Buvette bretonne*, par M. Poussin. Bretonnerie quelconque sans grande signification.

101 102 Peinture Louis XV, élégante s'il en fut, bien troussée, chamarrée, mordorée et poudrée jusque dans le paysage. J'ai nommé M. Faustin Besson. C'est bien lui qui devait nous peindre Boucher. — Il nous donne en outre le portrait de feu M. Amédée Achard. C'est bien cela; on suit sur ce visage livide et qui sent déjà la tombe, ces tons verdâtres et symptomatiques de la maladie qui devait nous enlever le spirituel écrivain.

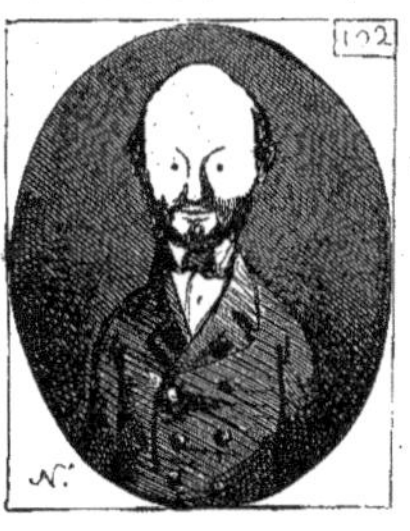


846 M. Gustave Moreau est un peintre sérieux. Ses deux tableaux de cette année seraient là, s'il était encore besoin, pour le démontrer. Sa préoccupation bien évidente de Delacroix n'empêche ni le dessin ni l'individualité.

820 M. Messonier envoie trois cartes de visite. C'est d'un
821 fini moins précieux que l'an dernier et aux années précé-
822 dentes, comme il peut arriver à un homme qui n'a plus besoin de se constater. Dans son *Paysage*, il y a, comme toujours, des détails charmants, mais c'est un peu trop ébauché, ainsi que le nº 821, et M. Meissonier a habitué son public à autre chose. Le *Déjeuner* est un peu gris.

814 Cette toile immense de M. Matout (*Ambroise Paré au siége de Danvilliers*) a de très-grandes qualités et de grands défauts aussi. L'unité manque. Pastichage Delaroche — Devéria. Excellentes parties à côté d'autres très-faibles (comme le défilé des casques par exemple). Tenir compte en tous cas et bien largement à M. Matout de s'être ainsi tiré d'un semblable sujet et d'une telle dimension.

937 L'Histoire d'Angleterre sert bien M. Pottin. Progrès réel sur l'année dernière, quoique moins à flafla.

939 Paysage amiénois, par M. Préaux, d'un bon effet, quoique — ou parce que — placé bien haut.

943 944 945 Trois portraits aquarelles de M. Pollet. C'est aussi bien que les Vidal.

929 Est-ce ce même M. Pigal qui lithographiait si bien jadis
930 les buveurs des barrières, qui fait aujourd'hui des *Pieta* à l'usage des gens petitement logés. Hélas! cet homme a eu du talent.

935 936 937 Madame Piot. Fleurs et fruits. — L'aquarelle des *Roses* est solide comme une peinture à l'huile.

1119 Comment, monsieur A. Tessier, faire une peinture aussi
1120 indifférente avec un pareil modèle (je parle, bien entendu,
1121 du n° 1119)! Peinture huileuse et flasque comme cet ancien portrait, par M. Signol, d'une magnifique danseuse espagnole, qu'on ne pouvait s'empêcher de regarder malgré l'exécrable peinture. Regardez les Ricard, regardez même les O'Connel!...

1156 Il y a quelque chose de remarquable dans ce tableau :
1157 la signature, au lieu d'être en bas, se trouve en haut.

1163 *La Plaine Saint-Denis*, de M. Veyrassat, est un très-
1164 joli petit panneau. Les terrains, un peu brouillés et comme détrempés, sont d'un bon effet.

567 M. Aligny. Quand on pense qu'il a eu du talent!...

923 Les portraits de M. Pichon ont la conscience du da-
924 guerréotype, mais ils sont plus froids que lui, et fort en-
925 nuyeux.

573 M. Guillemin a du talent. Voilà des petits tableaux de
574 genre d'un excellent effet, bien en scène et spirituellement
575 peints. On sent que M. Guillemin a regardé et a su voir les Gérard Dow.

583 *La Visite du doge.* — *La Famille du supplicié.* M. Ed.
584 Hamman. — Qualités de couleur. Talent assez original.

1269 M. Chenillon. Une pomme de canne et une manière de
1270 parapluie — sans doute pour faire pendant au

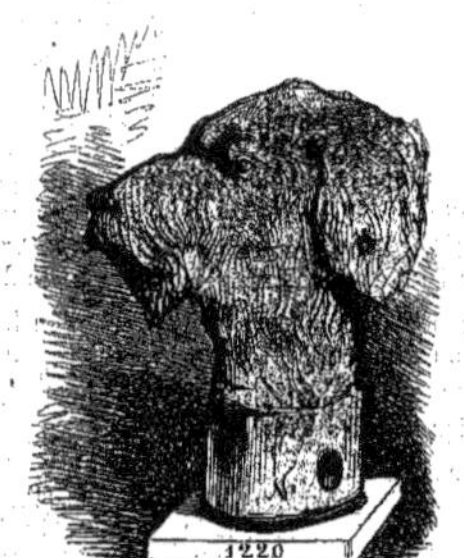


1472 Parapluie par M. Perrey.

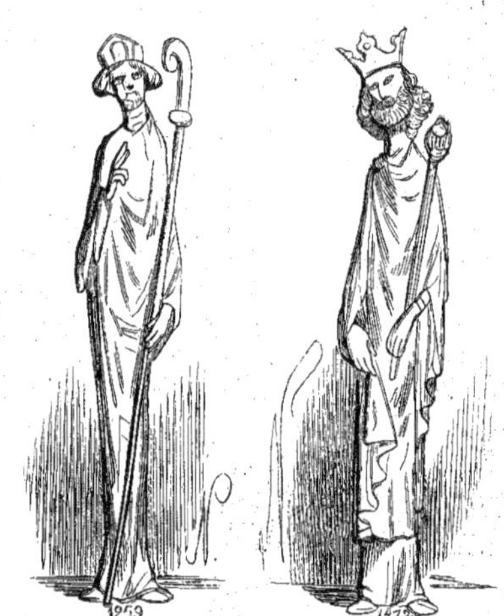


643 Ce n'est pas des chiens en fer-blanc que M. Jadin nous
644 donne cette année; c'est une excellente étude de lévriers d'une part, et surtout une grande toile qui serait absolument un chef-d'œuvre, si les chiens des premiers plans se confondaient un peu plus dans la demi-teinte. C'est *la Retraite prise.* Les silhouettes des piqueurs, de la charrette et des quatre pattes du cerf tué se découpent, dans un saisissant et prestigieux effet de composition, sur les bandes déchirées — rouge et jaune crus — du jour qu'envahit la nuit. Dans dix minutes, vous ne les verrez plus... Regardez toujours l'admirable tableau de M. Jadin en attendant.

1352 1373 Je préfère les *Chiens bassets* de M. Fremiet à son *Cheval blessé*, et je crois que ce talent si délicat, observateur et spirituel, s'y est trouvé aussi plus à l'aise. La composition de son cheval est intelligente : l'animal est bien en scène. Le cou en arrière, les naseaux tendus, l'arrêt des jambes de devant sont bien dans le sentiment de la situation. Comme structure, tout est à sa place et correct, quoique, l'œuvre élevée sur socle, je m'attende à ce que les jambes soient un peu courtes. Tout cela est bien, aussi bien au moins que l'*Ours combattant* d'il y a deux ans. Mais de quelque importance que soient ces grandes œuvres, je retrouve mieux M. Fremiet dans ses chats, chiens et oiseaux. Rappelez-vous le *Chat pendu après le poulet*, de l'an dernier, et regardez à la vitrine de Peyrelongue, rue Laffitte, les mille et un petits chefs-d'œuvre de M. Fremiet. Je n'en voudrais encore prendre à témoin que ce ravissant petit rat auquel les gardiens eux-mêmes se laisseraient prendre, mais qui est trop bon rat et vrai rat pour jamais se laisser prendre par les gardiens.

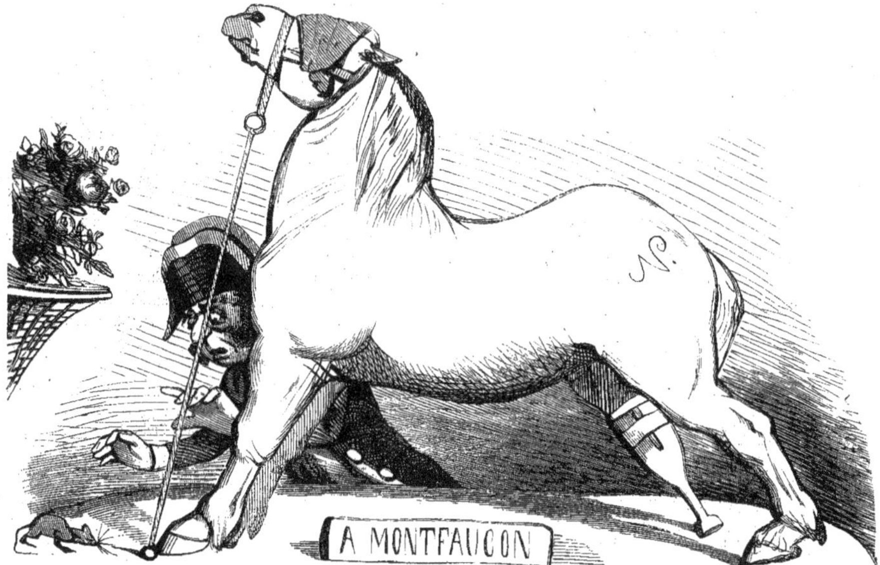

697 Peinture militaire, jusque dans le portrait de ma-
698 dame L. d'A.... Spécialité pour chevaux de bois en trompe-
699 l'œil. Ah! monsieur Lansac, vous êtes au-dessous des Luna!

4 *Une Femme à la toilette*, par Alexandre. Je plains les héritiers d'Alexandre s'il ne leur laisse que ce tableau-là.

13 C'est bien, monsieur Anastasi. Je préfère votre *Soir* aux
14 deux autres. Le ciel est plein de vérité, comme l'eau. La
15 petite silhouette à gauche est inutile.

50 *Le Fou*, par M. Baron. Ce pauvre fou a l'air cruellement vexé... Est-ce d'être au-dessus des tableaux de M. Courbet?

74 Est-ce que c'est vraiment comme ça, monsieur Belly, *les environs de Naplouse?* Je ne dis pas non, et vous devez le savoir mieux que moi. Mais quel drôle de pays!

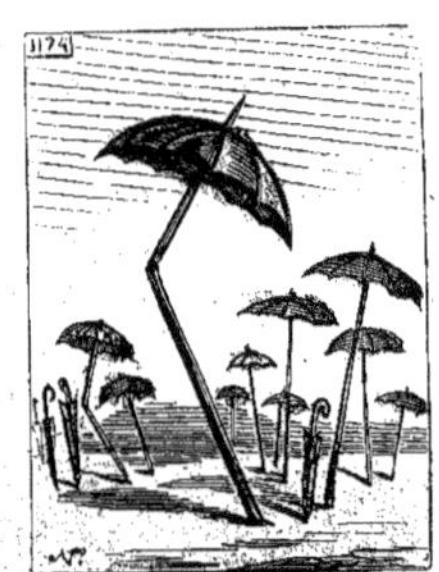


1400 *Enfant nègre jouant avec un lézard*, par M. Lebourg. Petit bronze plein de vérité et de charme. Naturel dans les attitudes. La tête de l'enfant est parfaite.

578 Si je n'ai pu trouver *le Jardin* de M. Haffner, j'ai vu
579 ses *Bateliers du Rhin*. M. Haffner a certainement du talent, c'est de la peinture pittoresque s'il en fut, chatoyante jusqu'au miroitage; mais tout ce qu'il nous a donné depuis n'a pu me faire oublier son portrait de femme du Salon de 1846.

591 M. Haussoullier. Encore un nom qui date à peu près de cette année-là. M. Haussoullier paraît s'être rangé depuis; si son œuvre fait moins de tapage aujourd'hui, elle n'en vaut pas moins.

603 Pourquoi faut-il que M. Hesse nous ait malencontreusement donné, cette fois, sa *Clytie?* il aurait pu renvoyer cela au Salon prochain.

605 *Le Voyage de Vert-Vert*, de M. Hillemacher, passe de-
606 vant la *Clotilde* et le *portrait* de M. G..... C'est finement
607 et spirituellement touché; mais s'il ne s'agissait pas de peinture, je n'hésiterais pas à dire que cela sent un peu l'huile.

631 632 633 M. Imer est décidément un des bons dans notre grande école de paysage.

639 Le maître lyonnais, M. Claudius Jacquand, passe sa
640 revue : les clous des fauteuils se comptent, les poils de la
641 barbe se lissent, les collerettes se plissent, les cordons de souliers se renouent. Fil et bouton de guêtre! tout va bien. Je m'imagine que M. Jacquand doit regarder ses sujets par le point d'un verre noirci, comme on fait pour les éclipses. Si M. Jacquand était né à Paris ou à Marseille, au lieu de Lyon, c'était peut-être un grand peintre. Faut de la conscience en exécution, pas trop n'en faut. — Regardez votre tableau du *Corrégidor* dans neuf ou dix ans, si vous êtes là, monsieur Jacquand, ce que je souhaite du reste de tout mon cœur, et vous le verrez tout noir! — Et tout cela n'empêchera pas M. Jacquand de rester pour le talent très-sérieux qu'il a réellement.

443 444 445 M. Fauvelet. — Voir Chavet, etc.

237 238 239 M. Chavet. — Voir Fauvelet, etc.

938 939 940 M. Plassan. Voir Chavet, Vilain, Fauvelet, etc.

1175 1176 1177 M. Vilain. — Voir Fauvelet, Chavet, Plassan, etc.

1038 1039 1040 M. Th. Salmon. — Voir Plassan, Fauvelet, Chavet, Vilain, etc., etc.

Tout cela est dans la même donnée. Petite peinture adroite, brillante et agréable à l'œil. Il y a bien quelques différences à établir entre ces messieurs, mais il faut regarder de si près!... Ces petits tableaux ressemblent à quelque chose comme des ébauches frottées d'un effet ordinairement très-agréable. Peinture sans échasses, et qui fait son chemin tout de même aussi vite qu'une autre.

813 Intérieur des Invalides, par M. Matthieu. Hélas! auprès des intérieurs de Bouton, et de Van Moer surtout!...

1203 M. Ziegler. Voilà!

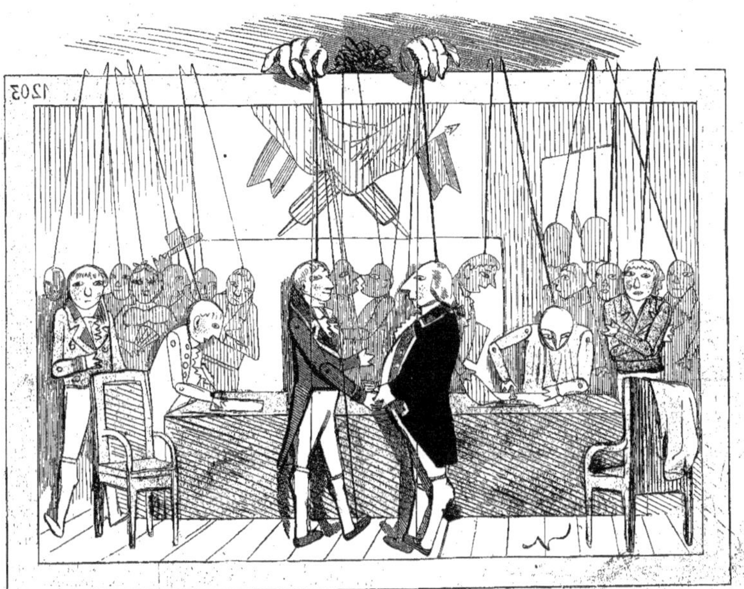


1254 1253 M. Caïn, dont un déplorable accident semblait devoir priver le Salon cette année, n'a pas moins voulu nous donner deux bronzes comme il sait les faire, d'un naturel fin et charmant. La *Famille de perdrix* et la *Bécassine* n'ont plus rien à prouver. Nous savions déjà que M. Caïn et M. Fremiet tiennent la tête dans notre école d'animaliers.

EST.

1023 M. Philippe Rousseau. *Aigle chassant au marais*, paysage
1024 d'hiver. L'oiseau fond au milieu des canards sauvages,
1025 qui se dispersent et courbent les plumets blancs des joncs. — Très-beau tableau. Les deux autres, de proportion moindre, ne sont pas moins bons. Les pigeons m'ont rappelé un certain toit magistralement peint par Gabé. — Sans la nature morte de M. Rousseau, M. Monginot avait incontestablement le meilleur tableau de ce genre au Salon.

401 M. Ducornet, né sans bras. Passer à la section des phénomènes : mais il y a un peu longtemps qu'on connaît celui-ci.

310 Un portrait de femme et le *Baptême de Jésus-Christ*,
311 par M. Crauk. Bien, sauf ce geste bizarre du Christ.

842 M. Monginot est, je pense, le meilleur élève de l'école Couture, école pour laquelle je ne serai pas susceptible d'enthousiasme. Sa peinture est très-nourrie et de bel effet. Certaines parties de cette bonne toile valent les maîtres hollandais

303 M. Court. Je plains Pie IX, et je plains le ministère
304 d'État qui a acheté cette peinture. Comment faire si terne
305 et si gris avec toute cette pourpre et tout cet or ? et quand finira, pour tout le monde et le ministère d'État, le préjugé Court ? — Voyez encore, au n° 305, comme cette dame est mal habillée, comme ces dentelles sont sales, et comme ce portrait a l'air d'avoir été exposé déjà en 1825.

418 419 M. Duveau a demandé l'aman et voilà qu'il rentre, soumission faite, dans le giron d'Academus : au fond, quand on y rentre, en est-on jamais sorti ? Sa grande figure à l'épée est bien selon le rite, et comme la mythologie n'est pas loin de là, partie qu'elle fait des pacages académiques, M. Duveau en profite pour mettre Agrippine en sirène. Rendez, rendez-nous vos *Naufragés* que j'aimais, monsieur Duveau. — Une petite toile tirée sur le domaine des Chavet, Fauvelet, Plassan, etc. : *Une fille d'Eve* ; un petit bonhomme malade, car il est tout gris, et une petite fille qui ne se porte pas mieux. M. Duveau vaut mieux que cela, que diable !

328 329 330 Je ne trouve plus d'éloge à donner à M. d'Aubigny. Il ne sait faire que des chefs-d'œuvre, et il prouve cette fois qu'il sait les parfaire : son premier est *l'Etang de Gylieu*.

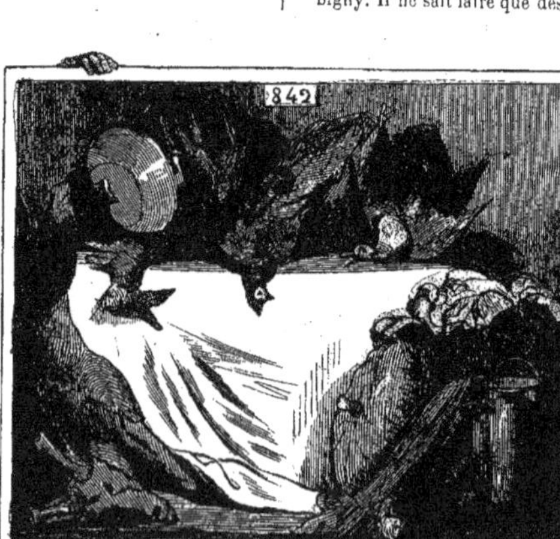


Voilà bien des terrains vaseux, moitié glaise, moitié eau, et deux hérons du meilleur air et très-spirituellement peints. — La *Vallée*. Des joncs, un talus de terrain vert. — Une *Entrée de village*, un peu plus lâché de faire que les autres. Les tableaux de M. D'Aubigny ont cette étrange propriété de fasciner comme les serpents, et de vous faire rester braqué sur place jusqu'à ce que le gardien vienne vous avaler.

182 M. Brissot de Warville. *Fontainebleau*. Fonds bruns trop vagues, premiers plans un peu indécis. — *Compiègne*. Très-bonne étude. — *Le Soir*. Très-bien, les animaux comme le paysage. Bonne exposition.

599 Dans l'art du dessin il y a quatre choses :

1° Le trait ; — 2° Le grené ; — 3° Le grené fin ; — 4° Les traits de force ; mais les traits de force, c'est le maître qui les donne. »

Ce commencement d'un petit livre sur l'*Art du dessin, Paris, chez Bertin*, 1802, pourrait être signé Heim, hein ?. .

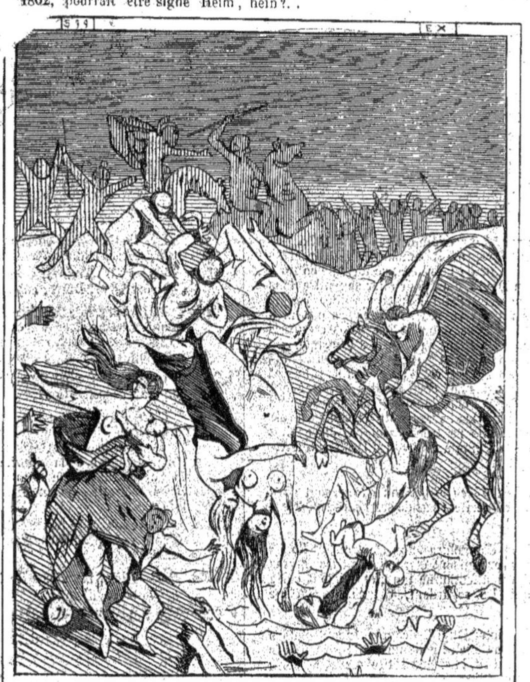

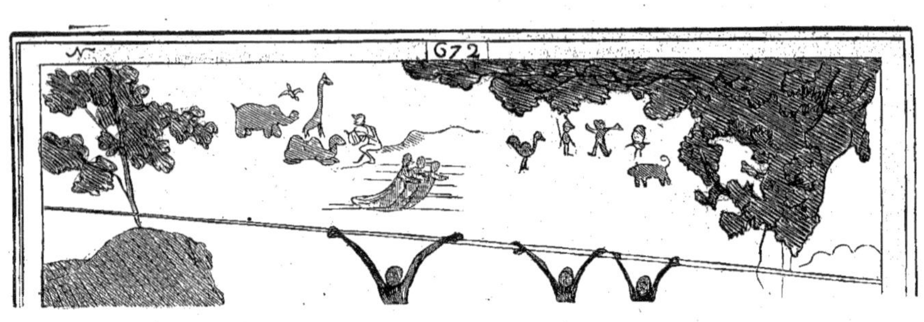


672 L'œuvre tentée par M. Laemlein est grandiose : il a pris pour sujet la musique, et il reproduit dans un défilé éternel les maîtres de cet art qui, partant de notre ère, se formule en Rossini, Meyerbeer, Félicien David, etc., pour aller se perdre dans les brumes mythologiques. Le peintre suit son idée jusque dans les nues, dont les formes vagues sont arrêtées par lui à l'instant où leurs contours nous donnent les pâles esquisses d'Orphée et d'Amphion. Cette grande peinture allégorique que M. Laemlein a faite spontanément et pour lui-même en véritable artiste et désintéressé qu'il est, est d'un ensemble calme et imposant, bien qu'un peu gris. Les portraits des *maestri* sont ressemblants. L'œuvre de M. Laemlein rappelle les grandes fresques de Cornélius, moins les horreurs de la couleur (Voir le musée de Berlin), et si elle ne trouve pas sa place chez nous, ce que j'aurais de la peine à croire, les Orphéons d'Allemagne vont s'y précipiter.

17 M. Jules André. Son *Abreuvoir* et son *Etang* sont deux
18 bonnes toiles qui ne déméritent pas de ses précédentes expositions.

19 M. Antigna, peintre d'engelures. Son *Portrait*, sa *Ronde*
20 et sa *Gamelle* nous reproduisent éternellement les figures
21 en peau d'oignon qu'il affectionne tant, et qui font cuire les yeux de ceux qui les regardent. Cet Antigna-là me rendra fou !

404 Paysages de M. Victor Dupré. Progrès incontestables
405 d'année en année. C'est bien ; mais un peu trop toujours les mêmes petites vaches, la même petite mare, le même petit vert. Votre nom oblige, monsieur Dupré.

1521 M. Louis Veray cherche et paraît devoir trouver. Son
1523 type d'Arlésienne est vrai et bien exécuté.

1501 1502 1503 Trois bonnes choses de M. Schœnewerk, — son Albert Durer, surtout.

926 La *Cléopâtre* de M. Picou est un tableau trop académique. César se trouve ressembler à Napoléon. Pourquoi? La négresse du fond est en bronze. Le tout un peu sec et inharmonieux, malgré les qualités d'école.

913 914 915 Les portraits de M. Philippe sont terreux comme des petits Courbet.

1033 *L'Atlas* de M. Saint-François est un *chef-d'œuvre* dans toute l'acception du mot. Cette lumière, tamisée par les brumes du matin, est éblouissante et perçante comme le soleil tropical à la douzième heure. On m'a dit que M. Saint-François ne peint que depuis deux ans. Son tableau ne serait plus un chef-d'œuvre alors ; ce serait un miracle.

1006 M. Rodakowski est un de nos meilleurs portraitistes. C'était déjà prouvé dès l'an dernier ; il le confirme cette année.

1002 1003 Bien, monsieur Roche ! Un peu trop sage, cependant !

999 M. Robert Fleury. Bitume bitumineux.

995 Pas de dessin, pas de couleur. C'est à recommencer, monsieur Rigo !

974 975 976 M. Regnier est EX. Parbleu !

1082 J'ai cherché en vain le *Taureau* de M. Stevens-Joseph,
1083 qui s'était si bien posé au Salon dernier avec ses chiens de carriole. Son *Griffon* de cette année n'en démérite pas, quoique dans des proportions moindres : le succès le prouve.

1069 Deux fois des *Moutons au pâturage*, dans deux sites
1070 différents, par M. Simon. Bien.

1064 M. Servin. *Barbizon. — Forêt de Fontainebleau.* Bien
1065 aussi, mais je ne sais si M. Servin est en progrès : il a déjà fait aussi bien que cela.

1041 Je n'aurais pour M. Maurice Sand, sans le connaître, une sollicitude sincère, à cause seulement de son nom, que je l'éprouverais pour son talent. C'est essentiellement un peintre d'impression. Les *Muletiers berrichons* le prouvent, et je souhaite que M. Sand fasse un peu en dehors de cette harmonie sombre et terne qu'il affectionne trop souvent. De l'air, du vert et du soleil, donc !

1188 1189 1190 Emile Wattier. Watteau de chevalet et de décoration. Elégance et distinction.

1183 Mademoiselle Wagner. Un bon point pour ses *Nénu-*
1184 *phars*, et un autre pour sa *Récolte*.

1095 Le talent de M. Tassaert m'est essentiellement sympa-
1096 thique. Ses moindres ébauches ont un sentiment, un
1097 charme inexprimables, et l'un des tableaux que j'aie le plus enviés jamais, était une petite Vierge (Salon de 45 ou 46), à laquelle je suis heureux de témoigner toute mon admiration, quoique tardive. Cette manière blonde et mélancolique de M. Tassaert se retrouve aussi heureusement dans ses trois tableaux de cette année.

1092 *La reine Brunéhault* est une toile importante. M. Ta-
1093 bar a vaincu là de grosses difficultés, et il faut lui en tenir compte.

719 M. Eugène Lavieille est un des meilleurs de notre école
720 de paysage. Voici encore deux très-bonnes toiles, pas encore tout à fait assez personnelles. Je préfère le Paysage à la Ferme.

697 698 699 M. Lanzac. Art militaire.

689 *La Renaissance* est la meilleure chose, je pense, que
690 j'aie vue de M. Landelle. Grande et belle étude de femme
691 tout à fait dans le style, et où l'œil n'est pas chagriné par le gris un peu habituel de M. Landelle. Très-bon tableau et de sérieuse importance.

692 M. Lanfant de Metz : c'est toujours fin, gracieux et
693 joli, sans que le dessin y perde rien.

616 617 618 Bien, bien, bien ! Dame, c'est signé Hoguet !

665 Débuts d'un maître, monsieur Knaus ! Deux admirables
666 tableaux pleins de vérité, d'observation, de véritable poésie et très-bien peints ! Enorme succès et mérité de la manière la plus absolue.

695 Ramenez-nous à la *Mal'aria*, monsieur Hébert, quoique votre *Judas* soit une très-remarquable chose.

676 Portrait du docteur Petroz, par M. Guilleminot. Ce n'est pas verni, c'est encore tout embu, c'est exécrablement placé, et cela se sent et se voit comme un très-bon portrait que c'est réellement.

527 L'*Idylle* de M. Gérome et son *Etude de chien*, à la
528 bonne heure, malgré tous les *quoique* que me fera pous-
529 ser toujours l'école ingriste ; mais sa *frise* est manquée ; les types ne sont pas assez accentués. On dirait que M. Gérome n'a jamais quitté Paris ou Vaugirard.

485 Rien n'est beau comme *le Coucher de soleil* de M. Fran-
486 çais ! Si ce tableau de chevalet avait des proportions plus
487 épiques, M. Troyon en eût souffert. Admirable de vérité, de force et de splendeur !

473 474 Paysages pour rire de M. de Fontenay. Folie douce.

733 734 735 Trois paysages de M. Legentile. Bien aussi, quoiqu'un peu maigre de brosse.

813 Très-mauvais, monsieur Mathieu ! Personnages mal dessinés et mal peints dans une décoration qui ferait sauver bien loin M. Van Moer.

804 805 806 Trois grands dessins au fusain de M. Maréchal. Plutôt bon que mauvais, si ça ne tenait pas tant de place.

799 Le *Van Dyck* de M. Charles Marchal atteste un bien grand progrès. Bon courage !

788 La peinture de M. Luminais est depuis longtemps très-
789 honorablement appréciée ainsi qu'elle le mérite. Sa *Lec-*
790 *ture du Testament*, sa *Récolte de varech* témoignent de ses qualités ordinaires. Son *Portrait* me plaît moins : il procède par empâtements trop gâchés et de ton uniforme.

890 *Vue prise à Amsterdam*, par M. Justin Ouvrié. Vérité absolue de lignes et de couleur. L'air même est ressemblant. C'est bien de la Hollande, — c'est même un peu trop de la Hollande.

254 255 256 M. Chintreuil. Trois bons paysages.

588 Vert Corot, vert Lavieille, vert Lafage, vert Harpignies.
589 Se défier des couleurs à la mode quand on peut ce que vous pouvez.

703 Après le Bodinier,
hé! hé!
Mais après Lapito :
ho! ho!

221 Prenez garde, monsieur Chaplain! Voici, au no 221, des
222 mains qui ne valent pas vos mains de l'an dernier, et
223 j'allais vous en dire autant de tout le reste.

694 *Paysage* dit *historique* de M. Lanoue. J'ai cherché en
695 haut du cadre l'EX. explicatif de ladite peinture et de son
696 admission. — Les deux petits sont bons pour dessus de tabatières et porte-cigares que l'on débite à Leipsick et Hambourg.

1085 *Le Feu follet* par M. Stortz. MM. les artistes sont avertis qu'ils ne se procureront ce genre de violet qu'en Allemagne, où on le fabrique.

1478 M. Poitevin donne un bon buste de Darcier, que je pré-
1479 fère encore à sa statuette.

1463 Rien à dire du Rembrandt bronze que nous connais-
1464 sons déjà et qui fait honneur à M. Oliva. Les deux têtes
1465 monumentales de Charlemagne et de Napoléon surprennent plus qu'elles n'intéressent.

63 *Bohémiens*, par M. Ed. de Beaumont. Ni plus ni moins mal qu'un tableau qui ne serait pas meilleur. Chatoiements et petites ficelles à l'usage des fruits secs de l'école Couture. Cela s'est inspiré de toutes les peintures faciles, comme les lithographies de l'auteur s'inspirent des dessins de Gavarni. En somme, rien comme science ni valeur personnelle, et à gauche du tableau un cheval absurde.

1106 Et non 9011, comme la maladresse du colleur l'indique. Tableau moyen âge de M. Thierry. Genre Balue. J'aime encore mieux Balue.

337 Pas fameux, monsieur Decaen!

1062 Les portraits de M. Serres sont d'une remarquable fi-
1063 nesse. Celui de mademoiselle L. L. est charmant, et fait rêver à l'original. On sent un peu le mannequin sous le portrait d'homme.

986 987 988 Et regardez les portraits de Ricard, le no 986 surtout! Voilà un grand portraitiste!

24 M. W. Gentz. De la couleur; un peu d'incertitude dans les lignes.

1135 M. Trimolet. Portrait d'une dame — de la campagne romaine sans doute. Quel teint!

1446 *La jeune Fille* de M. Aimé Millet est une charmante étude pleine de fraîcheur et de naïveté; j'aurais désiré de M. Millet plus qu'un seul envoi.

1445 M. Michel Pascal. *Les Enfants d'Edouard*, composition gracieuse, un peu raide d'exécution.

1439 M. Mène nous donne à admirer encore ses *deux Chevaux*
1440 *arabes* qui n'attendent plus après le succès. Son *Combat de cerfs*, groupe cire, est digne de la main savante qui a créé le genre des sculpteurs animaliers.

1260 Peu fort, monsieur Carpeaux!

1240 Le succès du *Zèbre attaqué par une panthère* est un suc-
1241 cès très-mérité, et M. Isidore Bonheur doit être content.
1242 Le *Cheval* et les *Gazelles* se trouvent forcément un peu éteints.

*P. S.* Je suis à temps pour annoncer un nouvel hôte qui arrive par ordre, et sans avoir passé par l'examen du jury. C'est une grande toile de M. Diets : *César passe la revue de minuit aux Champs-Elysées.*

M. Diets n'a donc jamais vu le chef-d'œuvre que la ballade allemande a inspiré à Raffet?...

Quelques portraits du Salon de 1853.

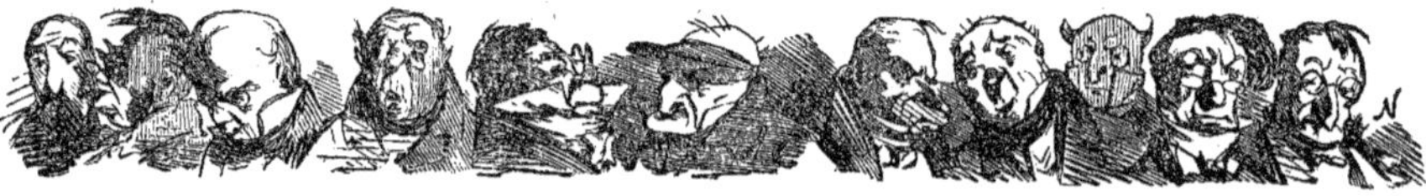

PARIS. — IMPRIMERIE WALDER, RUE BONAPARTE, 44.

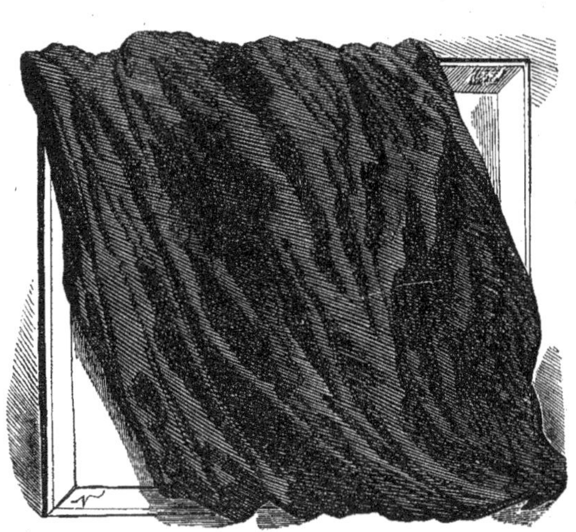

PARIS. — IMPRIMERIE WALDER, RUE BONAPARTE, 44.

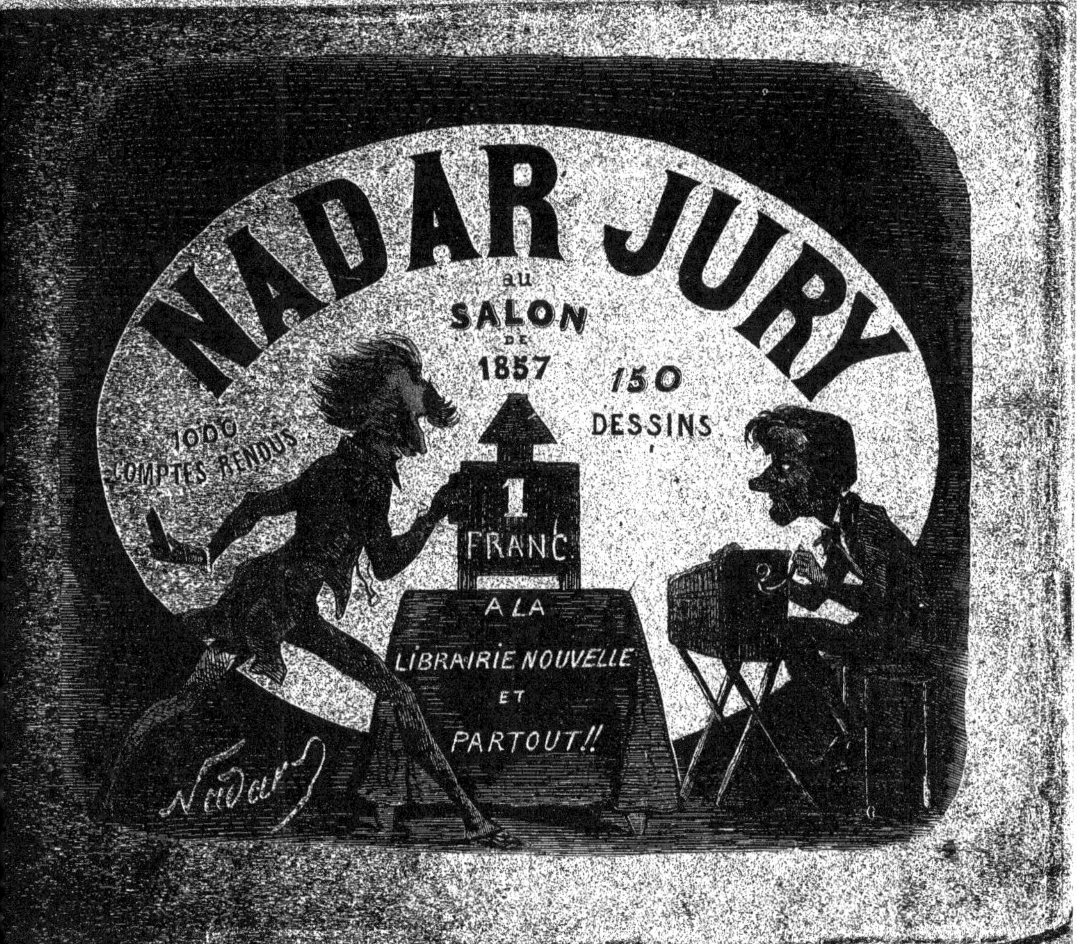
NADAR JURY
au
SALON
DE
1857
150
DESSINS
1000
COMPTES RENDUS
1
FRANC
A LA
LIBRAIRIE NOUVELLE
ET
PARTOUT!!
Nadar

A Gustave Doré,

Témoignage de stupéfaction.

N . . . R.

## EN MANIÈRE DE PRÉFACE.

. . . . . . . . . . . . . . . . . . . . .

« Je pars de l'église Notre-Dame de Lorette et j'arrive au Boulevard par la rue Laffitte, cette *via Chapon* des peintres, — ni hommes ni femmes, tous marchands de tableaux! — en faisant le lacet d'un trottoir à l'autre. Dévotieusement et instinctivement, j'accomplis ma petite station à chacun des reposoirs de Cachardy, de Beugnet, de Detrimont, de Cornut, de Waille; je vois des Delacroix, je vois des Troyon, je vois des Corot, je vois des Penguilly : il y a des Flers, des Fromentin, des Palizzi, des Frère, des Anastasi, des Yongkind, des Lessore, des Lavieille, des Cicéri. Il y a des Devedeux. Il y a même des E. de Beaumont. —Tu as fait de ta rue Drouot, ce trajet-là comme moi cent fois, et tu le recommences tous les jours, t'arrêtant aux mêmes places. Eh bien, ne t'arrive-t-il pas, quand tu as dépassé le magasin des belles Goldber et la dernière étape des bureaux de l'*Artiste*, une fois parvenu au Boulevard, là où nous sommes, ne t'arrive-t-il pas, dis, de te trouver aussi l'œil trouble, le cœur affadi et l'estomac embarbouillé de tous ces outremers, bleus lapis, bruns Van Dyck, chromes tendres, cadmiums et autres verts Véronèse? Est-ce que ça ne te tourne pas — et ne ressens-tu pas des borborygmes et des nausées de tous ces petits tons fins, tons beurrés, tons chauds, tons cuits, glacis, frottis? Que le diable les emporte!

» — C'est le *Mal de Couleur*. Quand ça vous prend, on égorgerait dix maîtresses pour prendre terre tout de suite et reposer sa vue sur un boursier.

» — Sur un boursier, et sur un cheval aussi, sur une voiture, sur une boutique de confiseur ou de marchand de journaux, sur n'importe quoi de ce qui fait la vie réelle, brutale. Encore ceci n'est-il que la toute petite question d'une fatigue physique, d'une irritation animale; mais à quoi servent les peintres? La grosse affaire est là. — Vois à travers la vitre ce misérable qui dévore des yeux le déjeuner qu'on va nous servir : or, il y a, à cette même heure qui sonne, un monsieur, et bien d'autres! dont la plus ardente préoccupation est de blaireauter le portrait d'un petit chien sur une toile de 2. Ces gens-là ne pensent qu'à leur métier inutile, comme si la plastique était la fin de tout. Ils ont bien par-ci par-là compris la nécessité de poétiser leur affaire et de faire croire qu'ils prouvaient quelque chose; mais les plus naïfs eux-mêmes ne mordent plus depuis que ce lourdaud de C..... s'est mis à tartiner une théorie palingénésique et sociale chaque fois qu'il a peintureluré une vilaine gueuse de quatre sous. Sottise, vanité, baguenaudage, ténèbres et barbarie noire partout, bien que le civilisé Cauvain s'émerveille chaque jour dès l'aurore et se gargarise à crier bravo. Tous des peintres : combien d'hommes? — Du talent? Ils en ont presque tous aujourd'hui, du talent! A quoi cela me sert-il, leur talent? — Vois-tu, je me ferai, un de ces matins, servant de terrassiers!

» — Ces gens-là, peintres et terrassiers, font leur métier comme tu fais le tien, et si c'est ton idée, tu agiras bien en allant travailler aux fortifications. Tu n'es qu'un jeune bestiau et tu n'as pas vu le meilleur argument à faire valoir contre les peintres. As-tu supputé parfois dans ta pensée le nombre infini de peintures qui s'étalent de par le monde, — grandes œuvres ou chefs-d'œuvre, — dans toutes les galeries publiques, royales ou privées? Pense un peu aux galeries du Louvre, du Luxembourg, de Versailles, à la *National Galery de Londres*...

» — ... aux musées d'Hampton Court, de Windsor...

» — ... au musée royal de Madrid, à la collection du Vatican; vois les musées de Florence et Pitti, le musée de Bologne, le museo Breva, la galerie Manfrini, les Beaux-Arts de Venise, les studj et museo Borbonico de Naples, la galerie Borghèse...

» — ... le musée de Dresde, le musée de Bruxelles, ceux d'Anvers, de la Haye, d'Amsterdam, de Francfort, la pinacothèque ancienne et nouvelle et la glyptothèque de Munich...

» — ... les Beaux-Arts de Pétersbourg, le musée de Berlin...

» — ... et la galerie Radziwill où est ce merveilleux carton de Kaulback...

» — ... Et puis les galeries Barberini, Doria, Pamphili, Rospigliosi, Farnesine, Corsini, Chigi, Sciarra, etc., etc., etc. Suppose maintenant les milliers d'excellents tableaux isolés dans les logis des bourgeois quelconques et ajoutes-y le chiffre énorme de ce qui a été vendu de bonne peinture, depuis cinq ans seulement, à notre hôtel des commissaires-priseurs, sans compter tous les autres hôtels de tous les autres commissaires-priseurs de la nature, — et tu pourras peut-être te demander ensuite : A quoi bon peindre encore ?

» — Donc, j'ai raison ! Mon royaume pour voir le dernier peintre !... — et déjeunons !!

( . . . . . . . . . . . . . . . . . . . . . . . . . . . . . . . . . . . . . . . . . . . . . . . . . . . . . . . . . . . . . . . . . . . . . . . . . . . . . . . . . . . . . . . . . . . . . . . . . . . . . . . . . . . )

» — . . . Et les Van Moër ! Canaletti n'a pas fait mieux !

» — Et ces merveilleux d'Aubigny !

» — Et les de Cock ! Et les Théodore Rousseau !

» — Et Jadin !

» — Mais te rappelles-tu (était-ce au Salon de 45 ou de 46 ?) un ravissant petit Tassaert. Ça représentait une *Sainte Vierge allaitant l'enfant Jésus*. Ce n'était pas une Vierge de Raphaël, il s'en fallait de bien ! Il avait flanqué là une pauvre petite fille un peu maigre et chétive, donnant à un petit gars, assez solide et joli comme tout, un sein mièvre et mal formé, — de ceux que Jean-Jacques appelle borgnes. Les cheveux, il les avait gardés blonds, sans que la tradition, je crois bien, eût là sa part. Seulement, ils n'étaient pas partagés au milieu du front selon la coutume ; mais, entre les deux bandeaux des côtés, montait, en s'élargissant, la mèche médiale peignée en arrière : une coiffure de 1830. Cette étrange petite Vierge toute moderne, d'un sentiment bien populaire, pleine d'une douceur infinie, était éclairée par cette lumière particulière et un peu prismatique que Tassaert s'est réservée...... Ah ! mon ami, pour posséder ce chef-d'œuvre que je n'étais pas assez riche pour acheter, je me casserais aujourd'hui tout de suite ce doigt de ma main gauche avec les cinq doigts de ma main droite !!!... »

Ὁ Μῦθος δηλοῖ ὅτι. : . . . . . . . .

( *Une conversation avec Th. G. — Avril 1857.* )

Attaquons.

Nous ne pouvons, on le comprendra, que donner, en cette première visite, un coup d'œil bien rapide à l'ensemble de l'Exposition. Ce qui nous choque tout d'abord, c'est la hauteur des salles, inconvénient que l'on pouvait aisément éviter en prenant un peu plus de la vaste surface qui reste inoccupée. M. Lefuel est presbyte assurément, ce qui est un avantage ; mais ce n'est pas une raison pour humilier les myopes. M. de Chennevières, le directeur de l'Exposition, n'a plus qu'une ressource pour réparer cet inconvénient ; ce n'est plus qu'une affaire d'obligeance de sa part :

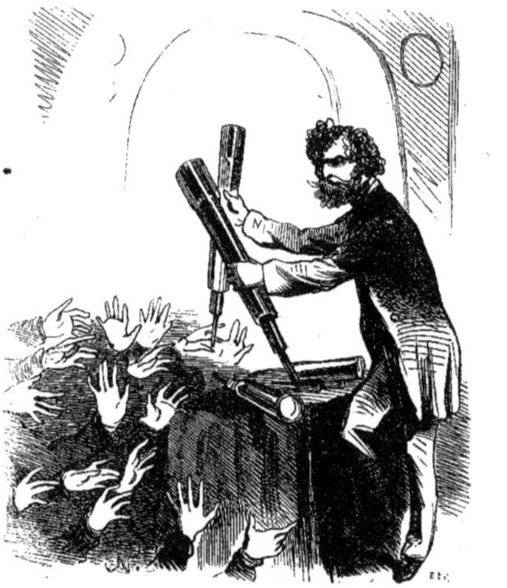

La distribution en petits salons ne me paraît pas non plus très-heureuse, puisqu'elle ne devait pas même avoir cet avantage de baisser les toiles au niveau de nos moyens optiques. J'apprécie à de certains égards la nécessité d'un salon d'honneur ; mais ceci dit, une grande galerie commune, avec sa circulation simple, avait cet avantage de ne laisser à la distraction aucune chance d'oublier un panneau tout entier.

J'ai entendu des peintres se plaindre du jour : je ne serai jamais suspect de partialité à l'endroit d'aucune administration, mais le reproche ici ne me paraît pas fondé. Celui qui peut-être seul aurait le droit de réclamer serait M. Maréchal, de Metz, dont l'admirable pastel (*Christophe Colomb*) n'a trouvé qu'une place indigne de lui, si isolée qu'elle soit de tout voisinage compromettant.

Artistiquement parlant, l'ensemble du Salon est bon. Notres, école française de paysage s'élève à des hauteurs miraculeuse et ce sera un devoir pour nous de n'oublier aucun des noms jusqu'ici inconnus qui se révèlent cette année dans cette foule d'observateurs précieux. Maintenant, marchons sans autre ordre ni logique que ceux du hasard, à travers les salles.

La peinture dite de style est représentée en première ligne et hors de concours par M. Paul Baudry, un élève de Rome hier, passé maître aujourd'hui.

Galimard ne le suit que de loin. Sa trop célèbre *Léda* nous est enfin offerte. C'est grivois en diable.

Mais ce n'est pas de la peinture pire que toute autre qui ne vaudrait pas mieux, et pour ma part je m'attendais à moins. C'est décidément mieux que Galimard !

Quant à son calendrier pour vitraux gothiques, je m'imagine que Galimard doit bien l'invoquer en ce moment. Car les saints auxquels il est en train d'adresser un tas d'oraisons mentales, portent les noms de saint Théophile (Gautier), saint Victor Paul de), saint Delecluze, saint About (Edmond), saint Enault, saint... Lazare (113), et quatre ou cinq autres que vous connaissez aussi bien que moi.

C'EST BIEN LAID-AH ! GALIMARD.

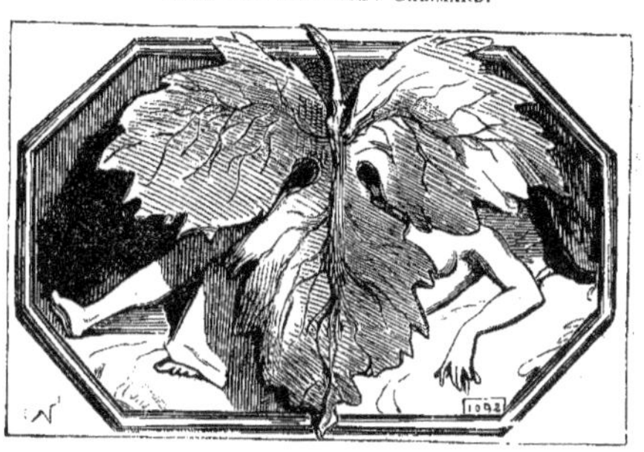

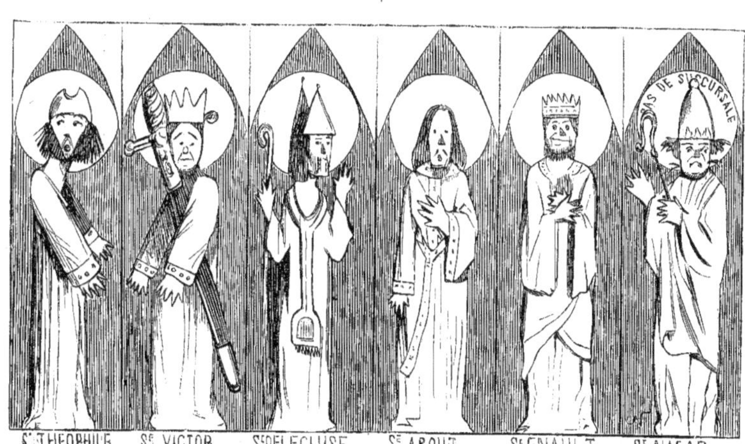

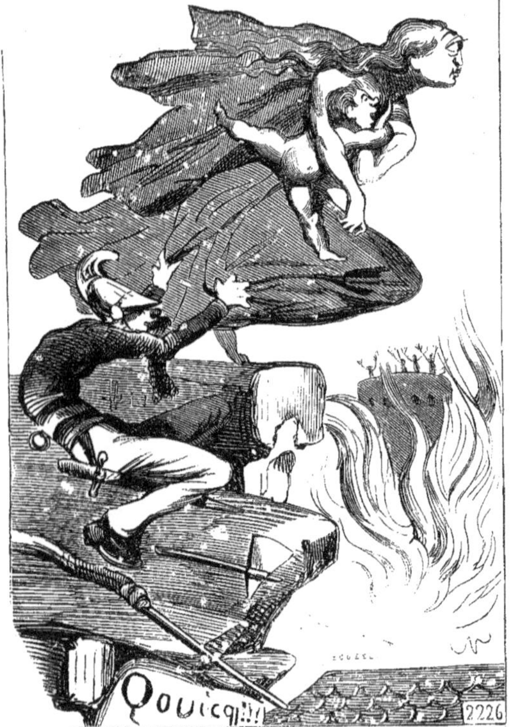


Un autre styliste, M. Couic, Couac ou Quecq, nous sert un *Episode du siége d'Avaricum (Bourges)*.

Un spécimen du genre si intéressant de la peinture de bataille, par M. Chauvin, — non, Chauveau!

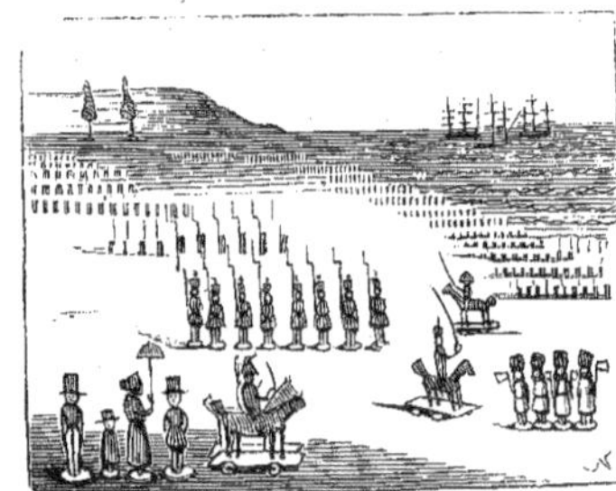

Rodakouski. — Je ferme les yeux, et je retrouve, dans mon souvenir, ce beau portrait de femme âgée de l'Exposition de 1855...

M. Antoine Dumas a envoyé trois excellents petits tableaux espagnols: *las Seguidillas*, — *Arrieros arrivant à la posada*, — *le Guitarrero*. C'est l'Espagne toute vive, vue et rendue par un pinceau plein de recherche et de finesse. Des Meissonnier basques ou catalans. Aussi, n'est-ce pas M. Antoine Dumas qui a eu la médaille donnée au nom Dumas; c'est M. Dumas, le Lyonnais, qui a peint un curé et des *piéta*.

Une question administrative importante est, comme chacun sait, à l'ordre du jour en ce moment : c'est la création d'un marché unique pour les bestiaux et, par suite, la suppression des deux marchés existants. M. COURBET, qui ne fait rien comme tout le monde, a le tort de venir compliquer cette question en créant un troisième marché comme succursale de Poissy.

Nous reviendrons à maître Courbet, comme vous pensez bien.

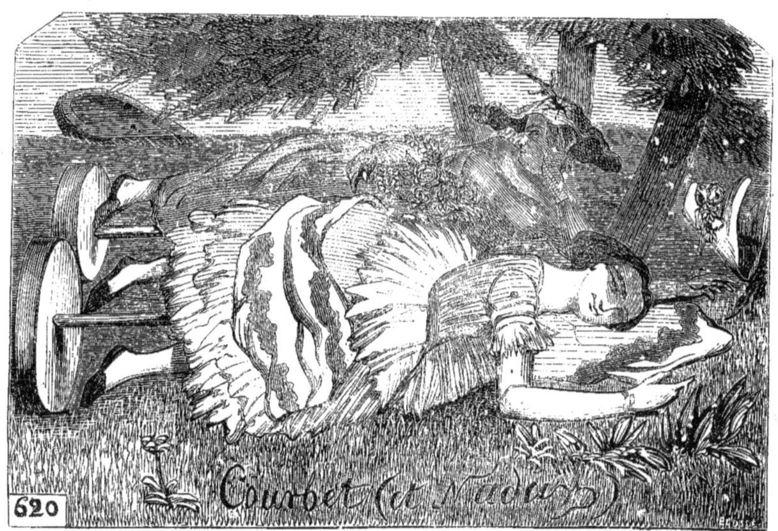


M. LOYEUX croit encore aux pages, aux châtelaines, aux missels et aux lévriers ; ne le réveillons pas !

M. DE LANSAC. — Peinture en *ac* avec le *de* devant. Vaudeville coquet, Louis XV, Pompadour et désagréable.

KOLLER. — Encore un souvenir de Leys. Il ne faut pourtant pas en abuser, et M. Koller est juste sur cette limite où je me demande si son premier tableau sera très-bon ou exécrable.

M. JULLIARD a cru pouvoir accepter l'héritage de feu Vanderburck, ignorant, sans doute, que *le Brigand calabrais* ne se porte plus.

M. BOUNY. — Les personnes qui peuvent disposer d'un langage pittoresque disent d'un mort : Il est passé au bleu. M. Bouny change de ton et passe son monde au vert. Voir le portrait de feu le général baron Imbert de Saint-Amand.

La peinture de genre est en force. En voici pour spécimen une Vierge au Cancan que M. GERMAIN PAGET traite de *Zingarelle* et qui peut aussi bien s'appeler, pour se donner un petit chic de catalogue ancien,

LA JEUNE FILLE A LA TACHE DE VIN.

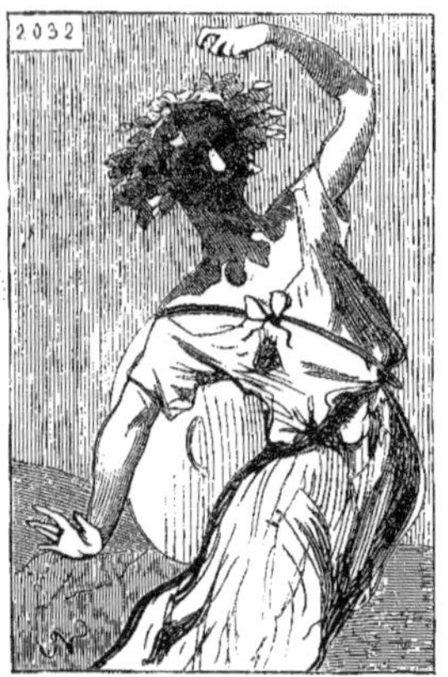


Une glace groseille et vanille, par M. Valadon.

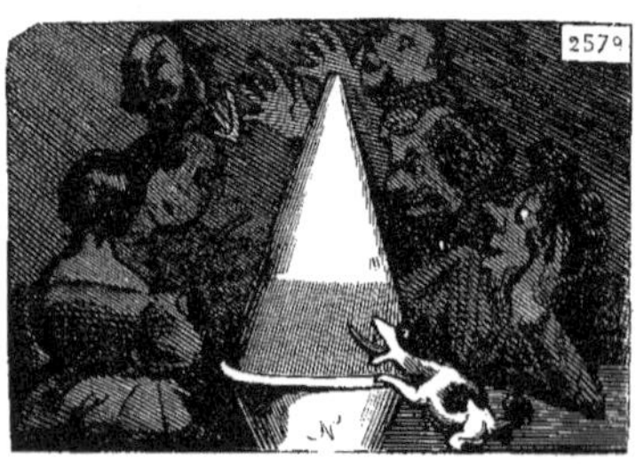


Le genre portrait fait bonne ou bonnes figures.

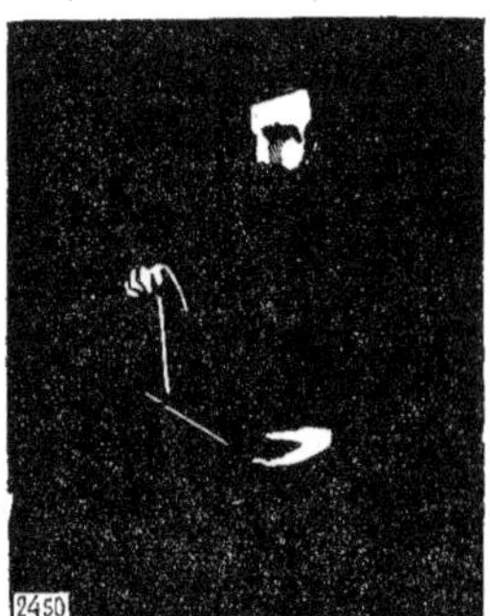


M. Sain aime le charbon. C'est une opinion, respectons-la, et bornons-nous à reproduire la danse de fumerons de M. Sain, sans lui faire de noirceurs.

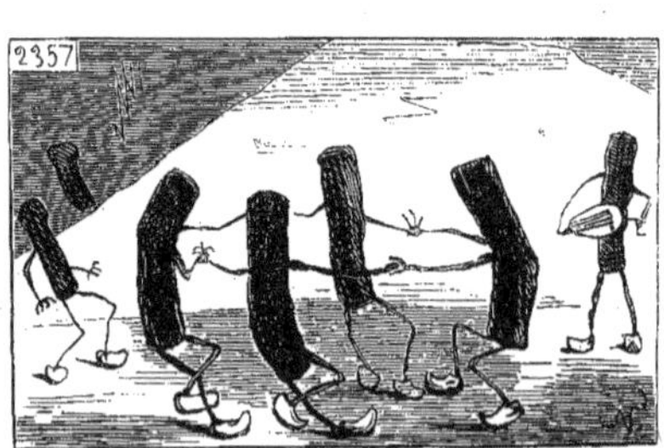


M. Pluyette. — Beaucoup de bruit et de fracas, et peu de besogne au quotient. Les qualités de M. Pluyette se perdent dans ce vacarme, et le regard du spectateur aussi.

La couleur de M. PORION est vive, claire et tranchante comme un couteau. C'est bien la crudité harmonieuse du ciel valencien, et je comprends les grands succès de M. Porion en Espagne. Il y est chez lui.

M. BRENDEL est le premier berger de Prusse et de France. Il connaît ses moutons comme pas un, a tâté leur laine, sait l'époque de la tonte, la bergerie qu'il faut et le pré qui convient. Il a, parmi ses excellents tableaux, un tableau du premier ordre, un chef-d'œuvre : *la Bergerie de Barbison.* Paul Potter et Berghem en seraient jaloux, et Palizzi a dû rêver chaque fois qu'il a passé devant cette toile-là.

M. P. BOREL est un homme plein de finesse. Il a pris pour sujet *Jésus renversant Judas et sa troupe dans un jardin au delà du torrent de Cédron.* C'est fort bien; mais comme, de plus, M. P. Borel sait que l'école de Lyon dont il procède n'est pas en odeur de sainteté auprès de tout le monde ici, il a trouvé un moyen bien simple d'esquiver, pour sa part, la bagarre, en donnant une couche de noir sur sa toile, et en y collant un pain à cacheter rouge. Ce n'est pas plus difficile que cela.

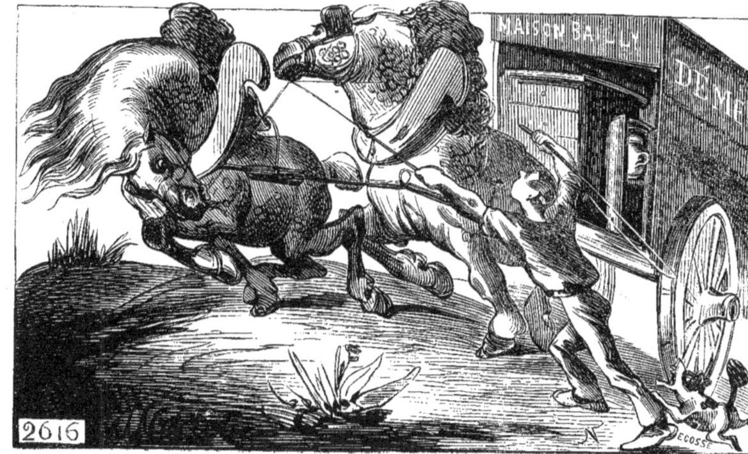


La peinture d'animaux est représentée d'abord par LE DÉMÉNAGEMENT BAILLY, de M. VERLAT.

C'est bien, mais je n'aime pas qu'un tableau comme celui-là soit placé au-dessus de moi; c'est inquiétant.

Voici encore des BÉLIERS FAÇON PALIZZI, — un maître, ce Palizzi! —

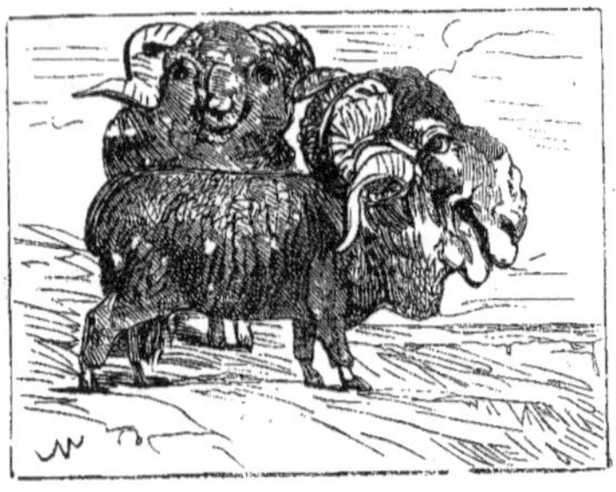

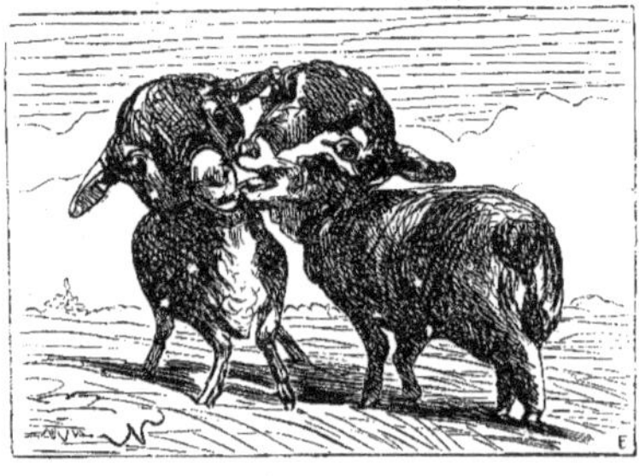

et des SANGLIERS QUI SE PORTENT BIEN.

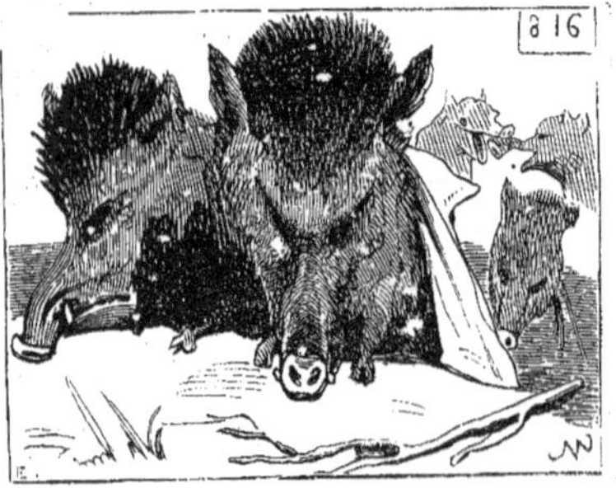

La preuve, c'est qu'ils viennent de prendre un bain froid.

Deux très-bons portraits de M. PHILIPPE: M. de Gasq et le docteur Desmares, dont l'œil, d'une clarté terrible, défie fièrement l'amaurose et la conjonctivite.

M. PATRY. — Ecole Maclise, porcelainerie anglaise. J'aimerais mieux me faire, à la place de M. Patry-moine, que de blaireauter aussi péniblement des toiles de ce goût-là, et je comprends plutôt qu'on s'ex-Patry... (Grande âme de Commerson, pardonne si je chasse un calembour sur les terres réservées du *Tintamarre!*)

Est-ce M. CHARLES SELLIER qui tient la tête dans le genre portrait?

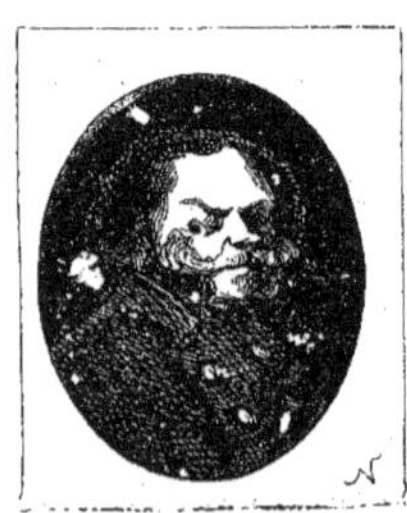

ou M. PINEL?

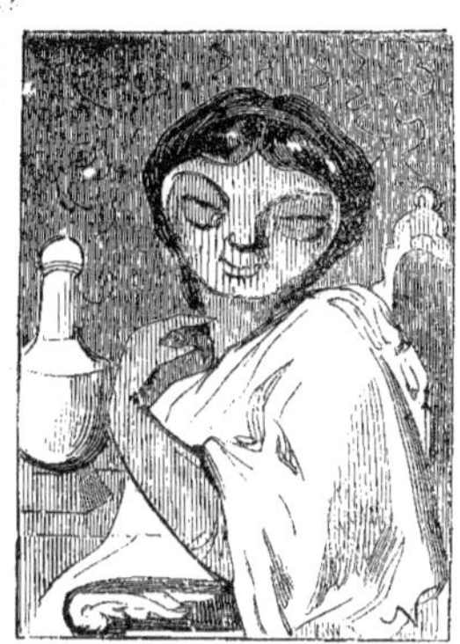

Pour la sculpture, le buste de ce jeune homme dit *Le dernier Toucan*

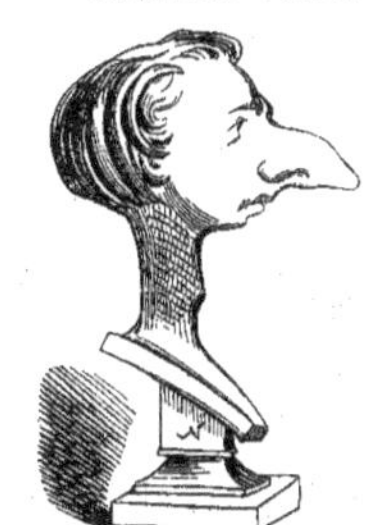

nous donne déjà un aperçu assez brillant que nous compléterons dans les pages suivantes.

Le tableau le plus populaire du Salon est *la Sortie du bal masqué*, comme dit le livret, ou, pour mieux dire peut-être, *le Duel des masques*, de M. GÉROME. Le premier aspect de cette petite toile est indécis : est-ce une scène sérieuse et ces gens enfarinés et bariolés ont-ils la colère et la haine qui tuent, ou ne dois-je voir là qu'une farce du Pierrot des Folies-Nouvelles? Le doute n'est pas long, mais il est, et ce choix équivoque d'un drame sanglant représenté par des personnages comiques, se trouve tout de suite puni par le défaut de netteté de l'impression première. Ceci dit, et c'est bien peu de chose, il ne me reste plus qu'à louer. Un bois, la neige. Sur le premier plan de gauche, Pierrot, mortellement blessé, est soutenu par ses témoins. Sa main droite tient encore l'épée de combat, mais ses yeux qui se ferment, sa bouche qui bée, la sueur glacée qui fait pleurer la farine sur son front, témoigneraient suffisamment que la mort est proche, lors même que le sang qui macule la casaque blanche et s'épand inférieurement n'indiquerait pas un coup trop sûr. — Son adversaire, un Yoway, ou un O-Jib-Bewas quelconque, s'éloigne vers la voiture qui l'amena, le dos un peu voûté, comme si les genoux lui faillissaient sous le poids de son acte. Un témoin costumé en Arlequin, le soutient et semble lui fournir les consolations que la situation comporte. «Ce pouvait être aussi bien toi !... » A terre l'épée qui a vaincu, et deux ou trois folles plumes de l'Yoway. — Au fond, le fiacre qui attend le moribond.

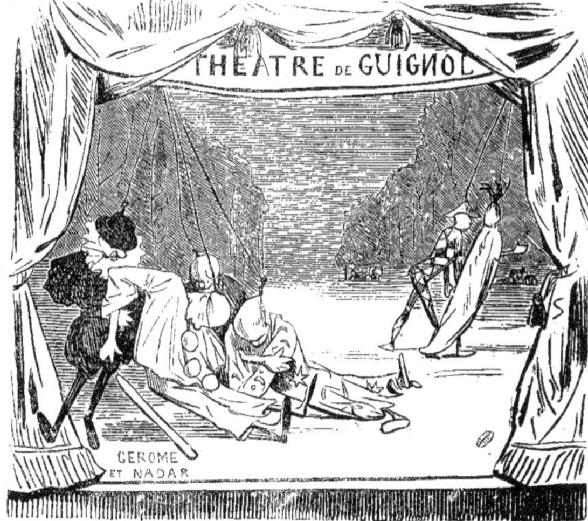

La mise en scène est complète, comme vous voyez, et soignée. La peinture est solide, fine sans sécheresse, et le dessin précieux. Peut-être les chevaux du fond ont-ils un peu trop l'air de moutons. Un ami de l'auteur, sans doute, m'a expliqué que la neige et la perspective donnaient la raison de cet inconvénient de détail. A la bonne heure, et engageons dans ce cas M. Gérôme à atteler en pareil cas la prochaine fois des moutons qui, par la loi de la réciproque, produiront peut-être des chevaux.

M. Gérôme a, dit-on, vendu cette petite toile 20,000 fr., — 12,000 fr. de plus que le *Pâturage* de Troyon d'il y a trois ans, — à M. Gambard, de Londres. Je ne trouve pour ma part jamais trop chèrement payée l'œuvre d'un artiste éminent et consciencieux. — Mais c'est bien vendu.

Dans cette toile comme dans les autres qu'il a envoyées, M. Gérôme semble vouloir définitivement rompre avec la fâcheuse école qu'il a créée, après le premier et le grand coupable feu Ingres. Ce schisme fait, dit-on, grand scandale dans la petite paroisse, mais M. Gérôme ne s'en émeut pas, en garçon valeureux qu'il est; je voudrais croire que M. Gérôme a pu être encore un homme très-habile, pour qui l'enluminage inattendu et la manière froide et vide des dessinateurs sans le savoir n'a été dans le commencement qu'un procédé pour attirer l'attention, à la façon de l'homme qui tire un coup de pistolet pour faire retourner la foule. M. Gérôme, l'affaire faite, aurait légué bien vite son innocente *ficelle* aux jeunes étrusques qui l'entourent et qui l'auraient acceptée bon jeu bon argent, avec respect.

Seulement, l'aspect général des toiles, très-estimables d'ailleurs, que M. Gérôme envoie au Salon dénonce la première religion du peintre, entaché d'Ingrisme originel. On sent trop encore que tout cela ne se passe pas comme dans toute œuvre née vive et issue bravement d'un jet, puisque dans toute chose où est la vérité, c'est-à-dire la vie, le dessin est congénère de la couleur, et qu'ils ne sauraient s'engendrer ici. Une des deux préoccupations a évidemment primé l'autre, et je n'en voudrais pour preuve que la comparaison des tableaux de M. Gérôme avec ceux de M. Fromentin, par exemple. Voyez si, à mérite égal d'ailleurs en tous points, nous retrouvons, dans ces toiles d'Orient de M. Fromentin, ruisselantes de chaleur et de santé, le ton sourd, la monochromie morne de tout à l'heure. Je prends garde à n'être pas ce critique ordinaire qui demande le dessin au coloriste et la couleur au dessinateur; mais, en vérité, M. Gérôme n'est pas de ceux avec lesquels il faille se contenter de peu.

Plus qu'un mot. Est-ce une disposition d'état à moi particulière qui me fait suivre dans M. Gérôme comme une légère tendance caricaturale, que je vois un peu dans le sujet de son duel, que je retrouve dans ses *Chameaux à l'abreuvoir*, et dans ses souliers en ordre de bataille (*la Prière*), comme je l'avais déjà cru remar-

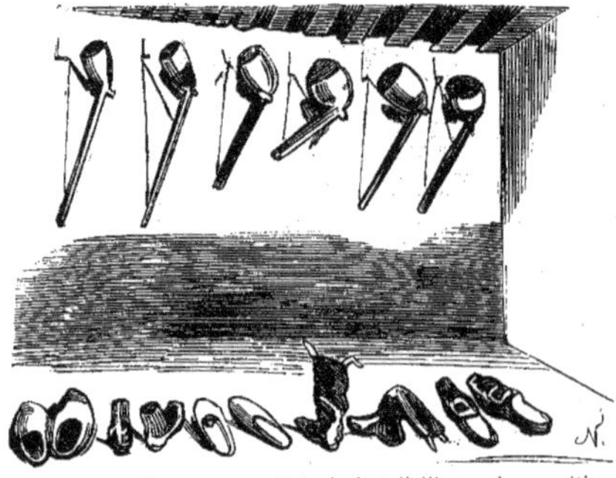

quer dans son *Concert russe?* Ceci n'est d'ailleurs ni une critique, ni un éloge.

M. Hamon est un des naïfs qui ont accepté l'héritage de M. Gérôme, sans bénéfice d'inventaire. Pas si naïf pourtant, puisqu'il a trouvé public à son pied. De petites femmes avec de grosses têtes, un dessin qui se venge sur l'afféterie et la mignardise, et des teintes plates entre des contours tremblés. Le contour tremblé est la Madame la Ressource de ce pseudo-gracieux dessin-là. Et puis, pour couronner l'œuvre, des sujets malicieux et fins, de quoi faire tourner la tête à toutes les caillettes de la création. Quant aux financiers, ils apprécient artistiquement que cette peinture-là doit se payer cher. Peinture de pots de pommade. M. Hamon, qui est jusqu'ici l'Edouard de Beaumont de l'école Gérôme et qui est, me dit-on, un garçon d'esprit, finira-t-il, reconnaissant qu'il est une pierre de scandale, par tirer ses grègues de ce mauvais lieu-là, et les crimes du jeune Tintboin ne lui donneront-ils pas enfin quelque belle matinée un petit remords?

J'ai dit que la moyenne des paysages du Salon était à une hauteur non encore atteinte. Je n'ai pas à proclamer les maîtres sur chacun desquels j'aurai à revenir; mais à la suite, ou parfois à côté des noms consacrés des Corot, Th. Rousseau, Daubigny, Français, Jeanron, Cabat, Le Poittevin, Regnier, P. Flandin, Flers, Hedouin, L. Boulangé, Ar. Leleux, Cambon, et, outre les œuvres des artistes déjà connus, quelques-uns même célèbres, qui se nomment G. Doré, Charles Leroux, Lambinet, Karl Girardet, Justin Ouvrié, de Curzon, Lavieille, Servin, Saltzmann, X. et C. de Cock, Sutter, Galletti, P. Gourlier, Harpignies, Louis Leroy, Achard, Legentile, Lafage, Gr. Lacroix, J. Noël, Chintreuil,

Haffner, Schaeffer, Bodmer, Imer, Anastasi, Brissot, Desgoffe, Desjobert, Coignard (même!), Tourneux, Chaigneau, Nazon, Balfourier, Chacaton, Ch. Lecointe, Hanoteau, Aug. Bonheur, Bellel, Delclaud, Viollet le Duc, Grenet, Thuillier, Deshayes, Jules André, Ségé, Cabane, Veyrassat, Wintz, Achard, Pron, Gresy, de Knyff, Legrip, Saint-Marcel, Huber, Blin, Busson, L. Ménard, Mercey, Nègre, etc., il y a une multitude de toiles excellentes, — des chefs-d'œuvre parfois, — signées de noms presque tous nouveaux pour moi ; et c'est moi qui avais ici peut-être tort. — Vous êtes au Salon, une œuvre vous attire d'un coin de la salle à l'autre, elle vous aspirerait de dos comme la pompe d'air : vous admirez, vous regardez au bas et vous trouvez le nom ignoré de M. Teinturier ou de M. Papeleu. De cette profusion de gens de talent, combien arriveront à la gloire, à la renommée ou simplement à la notoriété ? Je veux au moins dès à présent, pour ma part, réunir, ne fût-ce que dans une simple nomenclature pour commencer, tous ces artistes que je n'ignore plus, mais dont la publicité omettra bon nombre, me promettant bien la satisfaction de revenir à plusieurs d'entre eux. Puisse cette nomenclature ne pas être un martyrologe !

Saluons donc MM. Vallancienne, Th. Chauvel, Yan Dargent, Castan, Guillaume, Allongé, Baudit, Meuron, Berthoud, Perret, Lemmens, Bachelin, Guilbert Danelle, Pascal, Peyrol Bonheur, J. Verdier, Thierrée, Chardin, Bracony, Petit, Bonnefoy, Henneberg, Mialhe, J. Magy, E. de Varennes, Cartier, Foulongne, Lambert, de Penne, Chibourg, Cheret, Simon, Picard, Moynet, Fanart, Stock, Ledieu, F. Reynaud, Michelin, Bataille (qu'il ne fasse pas de figures, seulement !) Monier de la Sizeranne, Allemand, Mellé, Gaffiès, Maisiat, Marionneau, Flahaut, Springer, Masure, Pezous, Picart, Thioliet, Haussy, H. Martin, Van Marcke, Blin, Wagrez, Renié, Maria Marie, A. Burette, de Cambry, Lacaille, Du Saussoy, Saint-Edme, Burnitz, Desjardins, Burnier, Marquais, Rouargue, Delclaud, Lindemann-Frommell, Pron, Pascal, Max, Bouet, Duc, Cocquerel, Bakoff, Meuron, Haas, Bachelin, Grobon, Ballourier, Ortmans, Barry, Chandelier, P. Hamon, Chardin, Kuwasseg, Hearn, Poulet, Jeanniot, Cranck, de Failly, Dutilleux, Lefortier, Cauvin, Poinsot, Loysel, Chanut, Lavoignat, A. Dore, Francia, Francise de Saint-Etienne, Williot, Lottier, Tamisier, Préaux, Hugand, Marcelle, Wallet, Marquiset, Lainé, Michelet, Clays, Deshays, Ledieu, Arbeit, Laurens, Elisa Furt, Saint-Vincent Calbris, Prillieux, Auguin, Cornu, Cel, Leroux, Cheret, Pieron, de Saint-Genys, etc., etc. — Excuses à ceux que j'ai pu oublier dans ma recherche.

Mais lorsque tant de gens font si bien, comment pouvez-vous faire si mal, ô M. Hostein ?

Les exotiques à citer sont MM. Fromentin, Pasini, Saint-François, Th. Frère, Imer, Tournemine, Brest, Washington, Hasenfratz, Borget, L. Berthoud

Mentionnons aussi M. Bogoduloff, et M. Aïvazovsky pour son *Soleil couchant*, une bonne chose, malgré ses naïvetés.

*Le Réveil*, statue de plâtre, par M. Caudron.

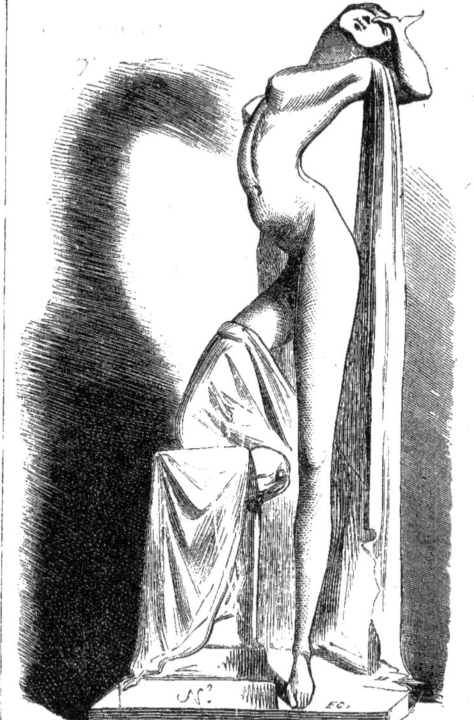

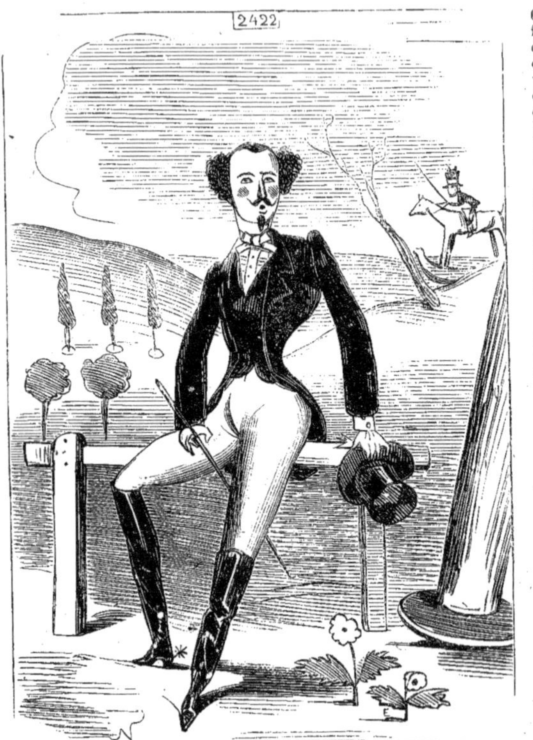


*Peinture de modes*, par M. SCHOPIN. — Habit de Cornut-Gentille, gilet de Versini, pantalon de Bernard frères, chapeau de chez Gibus, bottes de Fon Neus, chemises et cravates d'Armengaud, gants Jouvin, canne Vordier, coiffure de Félix, — et avec tout ça vous faites la belle image que voici pour le journal des Modes parisiennes. Ah! qu'à la place de M. le comte de C. V...., désigné sur le livret, je ferais un beau petit procès à M. Schopin pour m'avoir ridiculisé ainsi. Maintenant, de la part de M. Schopin, y a-t-il calomnie ou diffamation?...

— M. Schopin nous fournit encore des *Sœurs de charité en Crimée* (acheté par le grand-duc Constantin : honneur au courage malheureux!), *Paul et Virginie tombés en enfance, la Vue d'une fontaine* (je ne boirai pas de ton eau!) *à Bouffarick*, et deux autres portraits que je ne puis regretter de n'avoir point vus. Ah! M. Schopin! ah! M. Schnetz! Ah! M. Devéria! les beaux jours, comme ils sont loin de nous!

J'aime encore mieux cela cependant que le portrait de M^me^ Carvalho-Miolan, par le sieur LEPAULLE, une célébrité d'hier que je ne puis comprendre aujourd'hui.

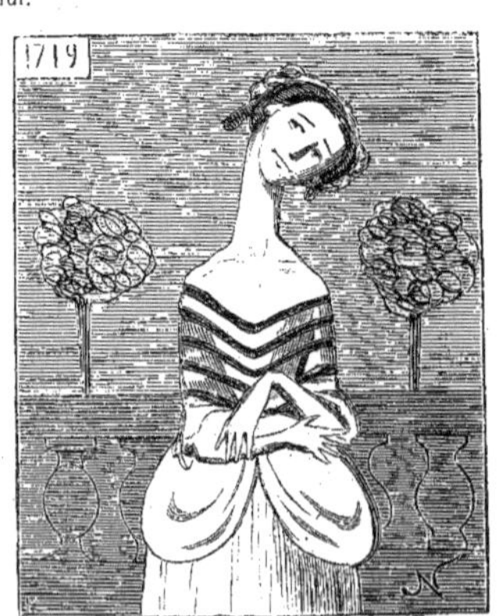

Autre genre de portraits, dit *Portrait d'expression*. Un sapeur grivois, par M. Debois, contemple avec stupeur une nouvelle *machine à peigner*, découverte par notre ami Boissard, s. g. d. g.

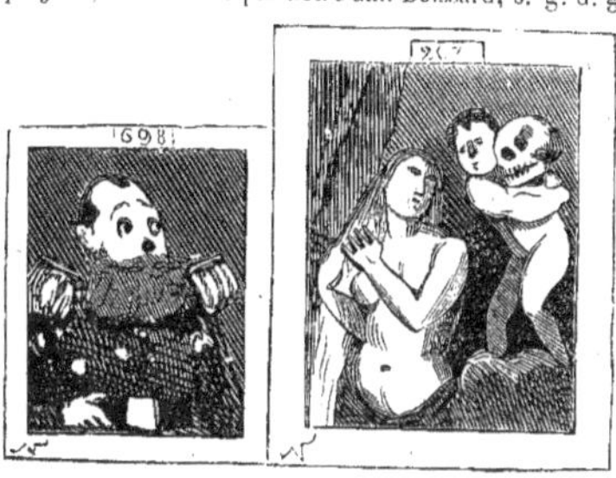

Mme O'Connell descend de Van Dyck, par les femmes, il est vrai, mais le sang se retrouve. Ses portraits, si mal placés qu'ils soient pour la plupart, attirent l'œil comme de bons et sérieux travaux qu'ils sont. Peinture solide et toute virile, qui ne s'embourbe pas dans la pleine pâte où elle agit.

*Poney irlandais*, par M. Kiorboe. C'est bien !

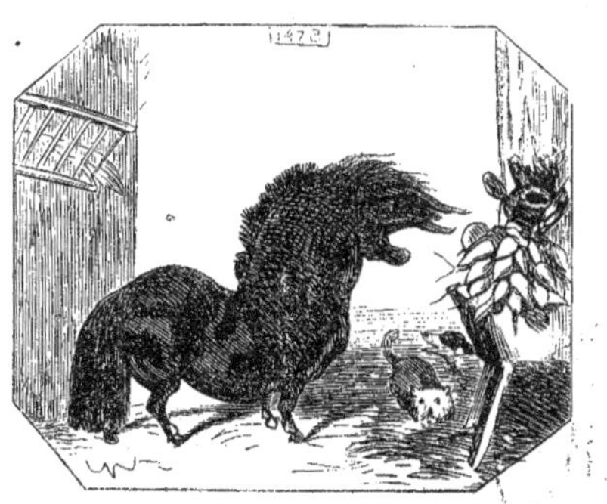

*Pegmettez! pegmettez moe, Madame, de vous debagasser de cette petite puce que j'apegçois sug votre manche!* — par M. Florent Wilhems.

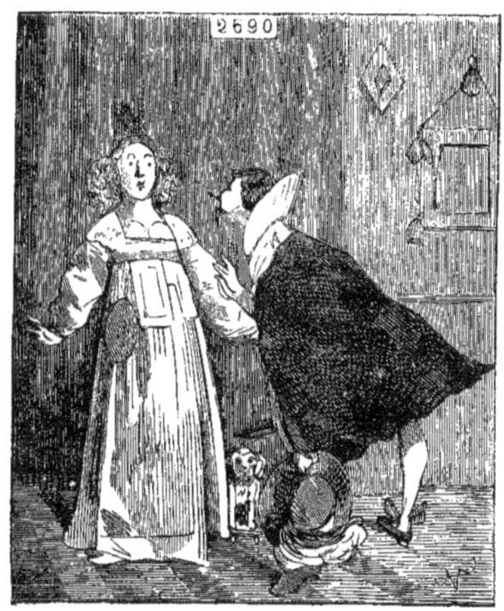

La finasserie du paysan dont s'émerveillent les personnes naïves m'a toujours semblé médiocre, en ce que son but est vain et ses moyens pitoyables. Le plus madré villageois franc-comtois ou normand s'applique et ruse pour voler deux liards sur son chou que nous mangeons, et vivre du trognon, ignorant et malpropre dans son trou humide. Habileté qui ne mène pas à grand'chose, vraiment, et dont il n'y a pas à se soucier beaucoup pour le mal qu'elle donne et le peu qu'elle rapporte.

Lorsque M. Courbet arriva à Paris, il voulut faire le malin, comme on dit. Il pensa qu'il fallait à tout prix attirer l'attention du public, et en conséquence il se mit à peindre des faux Daumier plus grands que nature, s'embaucha dans une troupe d'autres rustiques, cuistres de lettres, qui faisaient du Courbet à la plume, vida son bas de laine pour se payer à lui et aux araignées sans asile une salle d'exposition particulière, arbora les théories les plus biscornues et l'outrecuidance pataude, renia M. Hesse avant que le coq du succès eût chanté, et fit cent sottises pareilles qui donnèrent à rire à tout le monde. Courbet se frottait les mains et disait : « Vous voyez bien que je suis le plus grand peintre, puisque » c'est moi qu'on attaque le plus! » Un lieu commun bête et faux s'il en fut, comme un vrai lieu commun qu'il est.

Mais ce brave Courbet, en malicieux de son village, ne voyait de tout cela que le plus gros, et je me rappelle le jour et l'heure, — il y a quelques années de cela, — où se posant en Ajax franc-comtois devant la critique, il me pria spécialement de l'éreinter. Pauvre Courbet! il fut exaucé sur toute la ligne, et ses fidèles se rappellent encore, à cette bordée d'éclats d'un rire universel, la tristesse dans laquelle tomba le maître peintre d'Ornans.

Désormais, l'école est faite : maître Courbet n'en saura probablement pas le moindre gré à la critique, qui n'aurait rien pu apprendre à un personnage de son importance ; mais critique, opinion publique ou expérience personnelle, d'où que les leçons soient venues, elles sont plus que suffisantes, à l'heure qu'il est, pour indiquer à M. Courbet sa voie.

Aujourd'hui que le temps des farces doit être passé, de toutes ces matoiseries cousues de câble blanc, de toutes ces emphases patoises, de ce ballon gonflé d'orgueil rustique, de toute cette philosophaillerie esthétique à l'usage des Bisontins *extra muros* et du public des brasseries, de ces trivialités et de ces tréteaux, il ne reste, — et c'est assez, — qu'un véritable et bon peintre.

Il eût été dommage, en effet, que ce talent très-réel n'eût point fini par trouver son application. M. Courbet sait peindre, et il ne faudrait pas croire que ceci soit un mince éloge par les néo-coloristes qui courent. Il n'y a dans sa manière ni procédé ni tricherie. C'est en pleine pâte que travaille Courbet : il gâche et plaque hardiment ses tons en épaisseurs, et si la délicatesse et l'exquisivité manquent dans cette peinture-là, au moins est-elle de franc et véritable aloi. Une bonne école pour M. Couture, l'atelier de Courbet!

Mais — son *Concert d'Ornans*, son *Enterrement*, ses *Lutteurs*, sa *Baigneuse*, ses *Demoiselles des bords de la Seine* (sic) de cette année l'ont surabondamment prouvé, — M. Courbet doit se résigner à n'être ni un peintre d'histoire, ni même jusqu'ici, et, je le crains bien jamais, un peintre de figures. Ce n'est pas seulement le goût, c'est la pensée qui manque, mais manque absolument, radicalement, à cette œuvre toute de main, si solide et vitale que soit cette main. Je ne veux pas réveiller le souvenir grotesque des grandes toiles à personnages de M. Courbet, et je me tais même sur ses *Demoiselles des bords de la Seine ;* mais dans le portrait seulement, on peut voir ce qui fait défaut au peintre, en comparant, par exemple, ses portraits en buste (portrait de l'homme à la pipe, portrait de M. A. P... de cette année, bien que terreux et noir en diable), à cette cocasserie qui nous représente M. Gueymard.

Cette résignation à s'abstenir, on ne l'obtiendra qu'à grand'-peine, la chose s'explique, de M. Courbet surtout.

S'il s'obstine, il nous donnera encore une consolation suffisante en nous peignant, dans ses moments de bon *réalisme*, des toiles comme *la Biche forcée*, *la Curée dans le grand Jura* et *les Bords de la Loire*. Et à propos de paysages, quelle singulière idée a-t-il d'aller toujours nous peindre des endroits solitaires, des pelouses vertes et mates au bas de talus ou falaises, sites très-précieux et mystérieux sans doute, mais où on ne va pas, comme je le lui disais, principalement pour rêver, et où l'œil cherche comme malgré lui quelque lambeau de la *Patrie*, — *ludibria ventis*, — abandonné par le visiteur...

Cette dernière petite querelle vidée, souhaitons bonne chance à maître Courbet, paysagiste, animalier et peintre d'accessoires, — et qu'il oublie à jamais de relever à terre le casque de Mengin dont il a toujours pu se passer.

Allons-y, Gueymard! par M. Courbet.

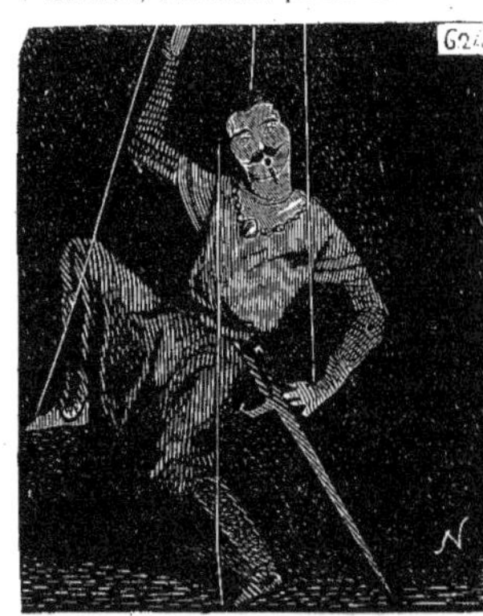

Il fallait toute la bonté infinie et toute la charité inépuisable de cet excellent Gautier, pour que le tableau de M. Mottez obtînt une louange. — Ah! Théo! comme je te vois loin de la première d'*Hernani* et de la préface de *Maupin!*

L'Attente, par M. Th.-Ad. Midy.

Depuis l'heure où la barque a fui loin de la rive
J'ai suivi tout le jour ta voile sur les mers,
Ainsi que de son lit la colombe plaintive
Suit l'aile du ramier qui blanchit dans les airs.

Lamartine.

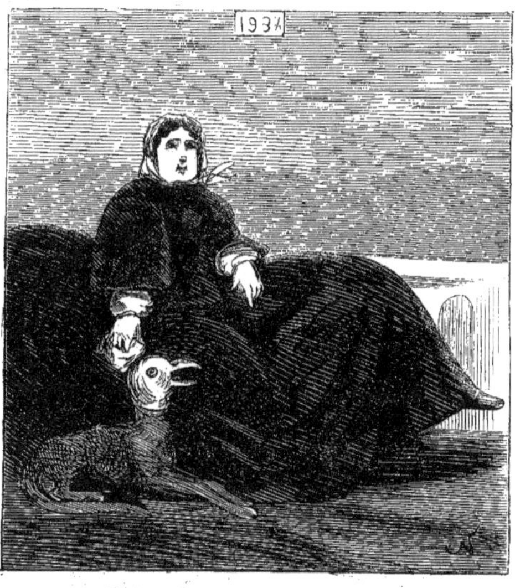


Je crois que M. Muller a tort de désespérer de faire de bonnes choses avec la peinture officielle. Je n'irai pas parcourir avec lui les galeries anciennes pour lui prouver qu'il est toujours possible de tirer parti d'un sujet, quel qu'il soit, et notre costume moderne ne me paraît pas mériter plus qu'un autre cet excès d'indignité où je l'ai entendu reléguer trop souvent. Qui force d'ailleurs M. Muller à faire ceci plutôt que cela ?

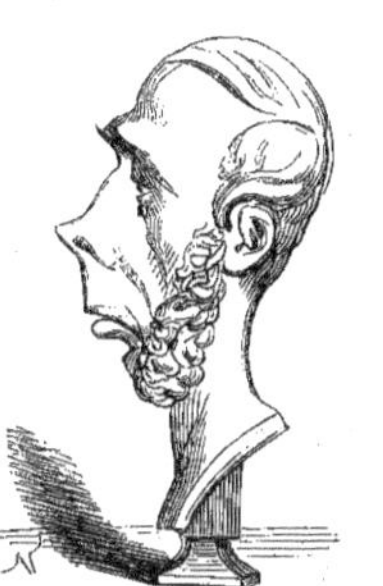

Un monsieur qui n'a pas l'air content des autres, mais qui semble assez satisfait de lui. Voudra-t-il bien avoir l'extrême obligeance de se reconnaître? Je n'en sais rien ; mais je défierais bien celui que voici de s'y tromper. S'il y avait doute, M. Chardon n'aurait qu'à lui dire de demander à son *voisin*.

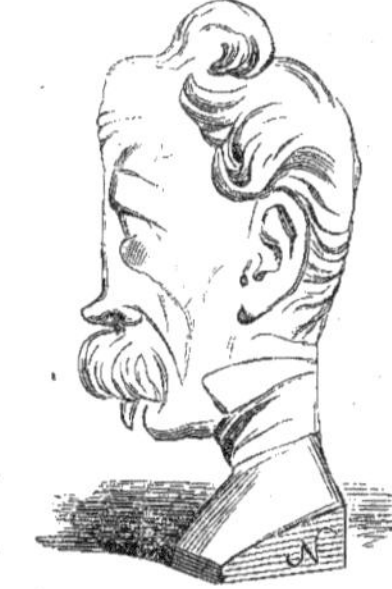

M. Pigal. — Comme il a eu de l'esprit, du naturel et de la gaieté ! et avec quel plaisir je me suis précipité, l'autre jour, chez un revendeur, sur un carton de lithographies signées Pigal, que j'ai avidement emporté chez moi ! M. Pigal d'aujourd'hui peut se consoler en contemplant le Pigal d'autrefois. Combien n'en peuvent dire autant !

M. Parmentier. — *Le Changeur tunisien*. Joli comme un Fromentin.

Mme Browne a du talent, et je suis généralement assez hostile aux femmes artistes pour que ceci ne soit pas un éloge banal de ma part. *Les Puritaines* est un tableau charmant.

M. Olivier. — *Le Christ au Roseau*. Bien.

M. Pinard. — École Van Schœndel. Médiocre et sourd.

*Grande Attaque de chenilles contre Sébastopol.* — M. Jumel, qui n'en fait pas son état, et cela se voit un peu, s'est donné un mal de tous les diables pour nous représenter cet épisode glorieux de la guerre de Crimée. Nous avions d'abord cru que ça ne s'était pas passé tout à fait comme cela, et que c'étaient les zouaves qui avaient pris la ville. Il paraît que non, et M. Jumel qui y était doit avoir raison sur nous. M. Jumel a fait neuf autres toiles, dix avec celles-ci, ou cinq *jumelles*. Plaisanterie à part, la charge de chenilles que nous chargeons ici n'est pas sans *valeur*.

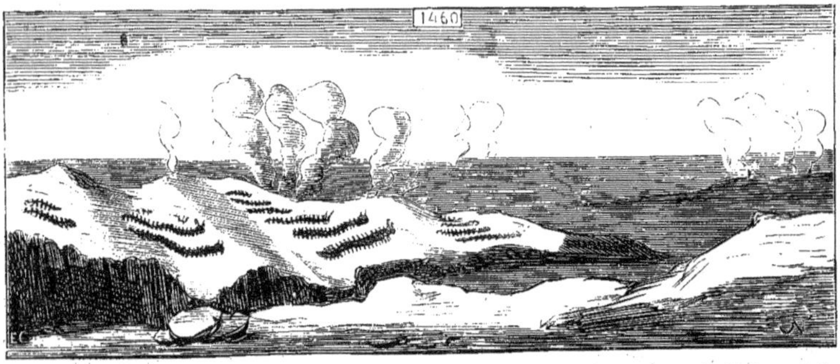

Mais j'aime mieux encore les sept ou huit douzaines de vues de la guerre de Crimée que M. Durand-Brager nous a rapportées. Ici, l'ancien officier de marine n'a pas fait tort au peintre. Je ne reprocherai à ces peintures exécutées avec la merveilleuse rapidité et la facilité bien connue de M. Durand-Brager qu'un peu d'uniformité inséparable des sujets.

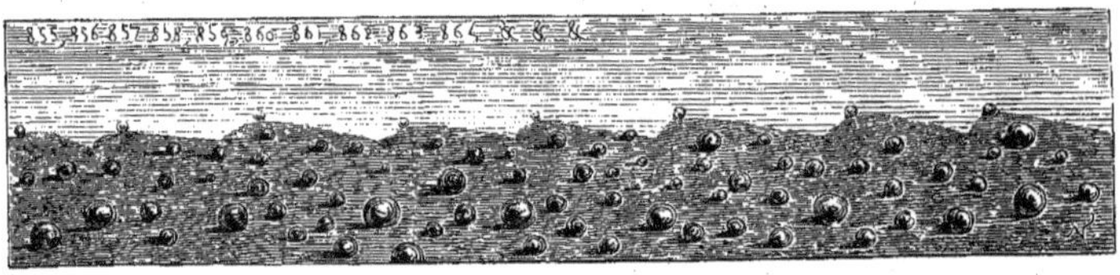

M. Patrois se plaît aux tableaux de famille, il aime les petites scènes d'intérieur, place volontiers son chevalet à côté de l'épouse qui brode, au milieu des jeux des enfants. On se sent porté à aimer l'artiste en le retrouvant toujours dans ses mêmes goûts modestes et calmes, et je ne voudrais pas, pour ma part, d'autre peintre de famille. Parmi les quelques petits tableaux qu'il envoie, je préfère *la Petite Dévideuse*, où je trouve le même charme d'intimité que dans les autres et où la manière me paraît peut-être plus serrée ou plus heureuse.

M. Breton. — Un excellent tableau, sa *Bénédiction des blés dans l'Artois*, plein de naïveté et de franchise. Millet croisé de Courbet, — j'entends du Courbet réussi.

M. Brion. — Le tableau moyen âge de M. Brion me séduit moins que ses anciens paysages, *le Canal au matin* surtout, que j'ai tant envié aux frères de Goncourt.

Avez-vous vu rien de plus joli que les petits singes de M. Monginot, si ce n'est ses petits chats? M. Monginot procède de M. Couture; mais sa manière est heureusement modifiée, et ses procédés plus sérieux. Peinture charmante et essentiellement agréable, et dont il faut savoir d'autant plus de gré à M. Monginot, que pouvant prétendre à des sujets plus ambitieux, il se plaît et se contente dans ses charmants tableaux de genre. Une bonne leçon que cette fois l'élève pourrait donner au maître.

Nous tombons ou nous montons ici en pleine école Delacroix. M. Anatole de Beaulieu envoie au Salon trois toiles : un souvenir tout saignant encore, *la Rue de la Vieille-Lanterne*, — *une Auberge de bohémiens*, — et *une Batterie d'irréguliers turcs* après le bombardement de Synope, en novembre 1853. Peinture flamboyante et à tous crins. Beaucoup de bruit, — et pas mal de besogne.

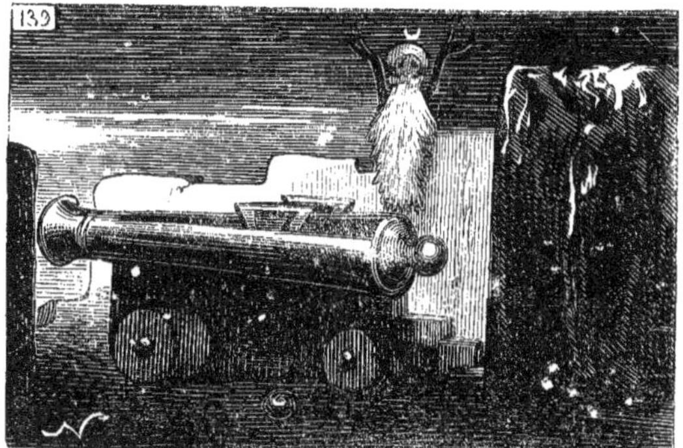


Quant à celle-là, je n'y ai rien compris du tout. Cela peut figurer quelque chose comme *le Fil de la Vierge*, je suppose.

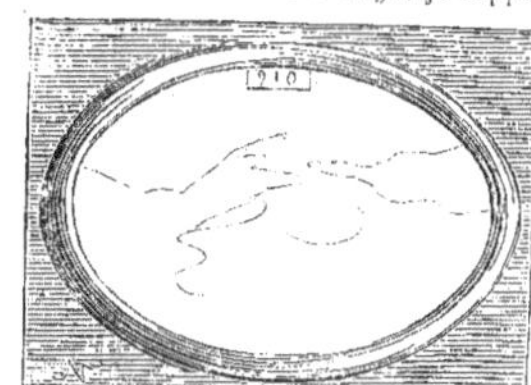


Mlle E. de Guimard a envoyé deux ou trois de ces toiles sentimentales. Je suis peu galant, en fait de peinture, à l'endroit des femmes artistes. Cette peinture-là n'en est pas.

*Diane et Endymion*, par M. Laemlein, un grand et honnête talent qui n'a pas toute la chance qu'il mérite. On m'apprend que le jury a cru devoir refuser une grande toile à M. Laemlein. Tant pis ! La peinture de style n'est pas si commune, surtout quand elle est faite de cette façon-là et lorsqu'on apprécie les sacrifices énormes que nécessite une œuvre de grande dimension. Je regrette de n'avoir pu trouver le portrait qui complète, pour cette année, la trilogie de M. Laemlein.

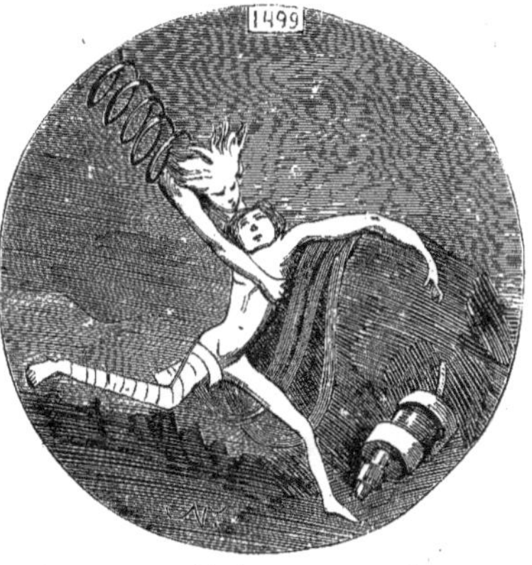


*Un buste d'homme*, portrait marbre par M. L. Ponel. M. L. Ponel demeure rue Campagne-Première, à côté de chez Préault. — Voisinez, M. Ponel, voisinez !

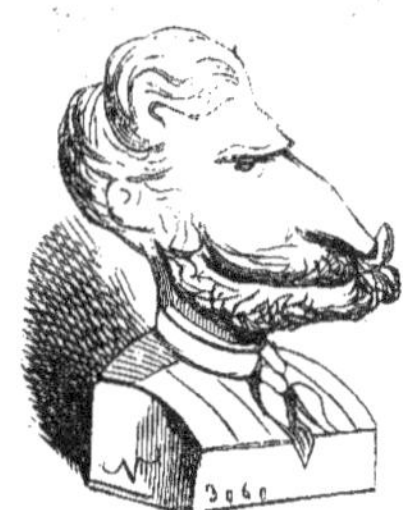

M. Devers. *Portrait de M. D...*, dit le livret; — *à M. Duméril, membre de l'Institut*, dit une lettre jetée négligemment et sans dessein apparent sur la table si ronde qui figure au coin du tableau. Nous profitons de l'indiscrétion du peintre que M. Duméril a le droit de classer dans la première catégorie de ses *ophidiens*.

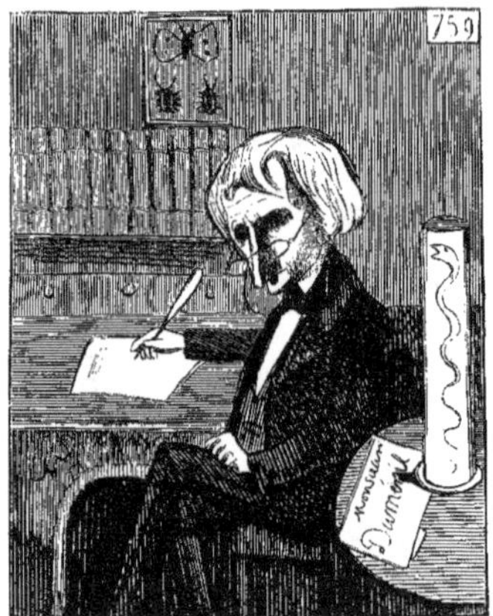


M. Eug. Maison. — A parler franchement, peinture bonne à mettre au cabinet. Il y a là de quoi consoler dix générations de rapins refusés. Tryptiques mystiques et soporifères, des anges et des âmes, flambeaux et bâtons, couronnes et enveloppes mortelles: il est impossible de mettre plus de niaise prétention dans une peinture plus exécrable. Cela arrive à ressembler à une mauvaise plaisanterie. — Toujours M. Ingres, au fond !...

*Henri III à sa ménagerie*, est le meilleur tableau de M. Comte, un vrai peintre, — né à Lyon! Ses femmes sont charmantes et variées, les étoffes merveilleusement rendues; meubles, accessoires, tout est à son plan et bien éclairé.

M. Garcin, lui, croit encore à Léopold Robert, qu'il recommence en pire. Plus qu'inutile.

M. Deger, *idem*.

*La Fête de la maman*, par Charles Marchal, peinture brillante, certes... Mais quelle étrange fantaisie a M. Marchal de sentir ses bouquets par cet endroit-là?...

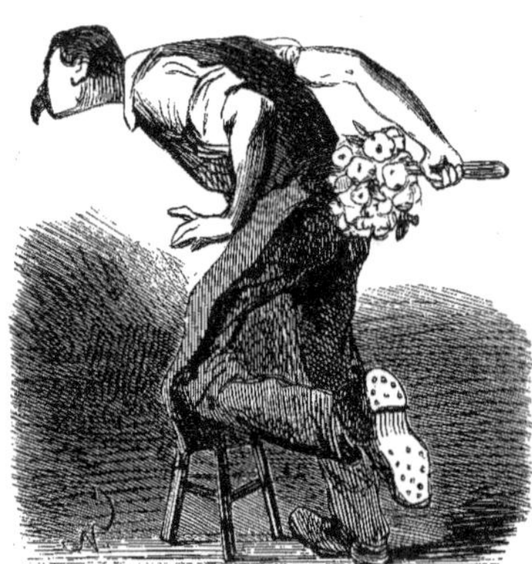

Charles Leroux, de Nantes.— Le *Jupiter de la Loire*. Artiste-né, consciencieux comme s'il n'avait que cela pour lui, et coloriste comme Ruysdaël. *L'Erdre pendant l'hiver* est un des plus beaux tableaux du Salon.

Ah ! si j'étais *jury* pour de vrai, quelle belle croix de la Légion-d'honneur je donnerais bien vite à M. de Curzon !

La *Chasse Louis XV*, effet de neige par M. Lepaulle. Tirez, tirez, tirez !...

M. Israels. — Très-bien. — Jeanron hollandais.

M. Ittenbach. — Nous avons Van Eck, Cranach, Fisher et tous les primitifs. M. Ittenbach pouvait se tenir tranquille.

Un très-bon portrait de M. Doerr. Le fond, rouge vif, ne dévore pas les tons de chair extrêmement montés et très-bien soutenus.

M. Comte-Calix. — *Les Quatre Coins*. Sept femmes portant toutes le petit doigt en l'air; les deux petits chiens aussi, et les arbres ont bien envie d'en faire autant. Trop gracieux : défaut qui manque à bien d'autres.

*Le Chou colossal*, par M. J. Girardin. Il paraît que la graine ne s'en était pas si perdue que certaines mauvaises langues ont bien voulu le dire! les bonnes choses ne meurent jamais, — comme la vieille garde! Et, comme la vieille garde, elles ne se rendent pas, ou très-difficilement et très-insuffisamment. A preuve, ce *Chou colossal* de M. J. Girardin, qui ne l'a pourtant pas trop mal *rendu*.

M. Biard, qui affectionne les fruiteries et les herbageries, témoin sa *Fleurette* d'il y a déjà pas mal d'années, où il y avait des épinards si heureusement assaisonnés! — M. Biard a fait aussi ce tableau-là, comme rentrant dans sa spécialité de verdurier.

Mais après M. Biard, il aurait fallu tirer l'échelle. On ne l'a pas tirée, et le fougueux Gustave Doré a profité de cette négligence pour faire, lui aussi, son *Chou*.

M. J. Girardin l'a recommence. C'est son affaire, mais il n'y a vraiment pas grande nécessité de donner un pareil développement à un sujet aussi peu important. De bonne foi, où M. J. Girardin veut-il qu'on mette cela? Et les bonnes qualités de sa toile, vigueur et éclat de tons, largeur et hardiesse de touche (je n'ai pas parlé de la perspective aérienne, par exemple!) ne courent-elles pas grand risque de rester à jamais roulées dans le grenier de M. J. Girardin?

Que n'a-t-il imité la réserve prudente de M. J. Pernot, qui nous colle là un joli petit tableau de sa façon D'APRÈS NATURE, comme il a bien soin de le dire.

Là, pas de fracas, pas de tumulte de couleur, pas de flafla : c'est-il assez net, rangé et épousseté? Les boîtes de joujoux de Nuremberg que nous envoient

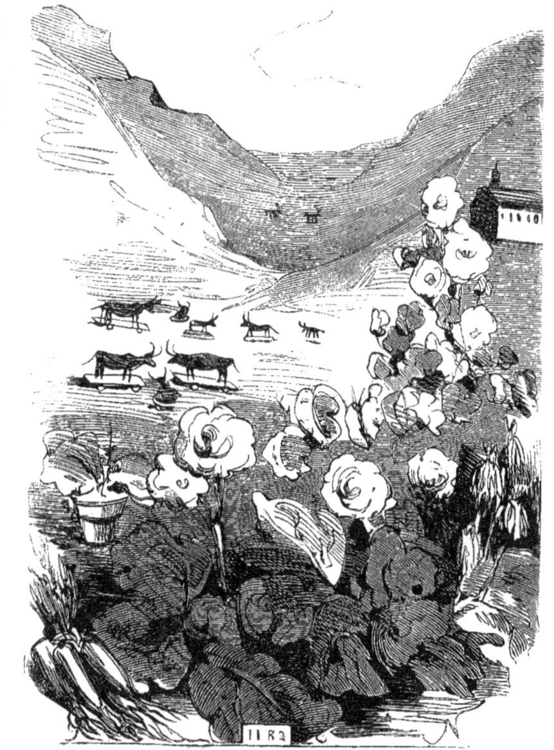

les petits villages qui se sont élevés aux lieu et place de la forêt Noire, tuée par les opéras-comiques, ne sont pas aussi jolies que ce petit serpent de tableautin-là. Ah! Pernot, bon Pernot, joli Pernot, Pernot d'après nature que vous êtes, j'en ai rêvé, de votre amour de petit tableau !...

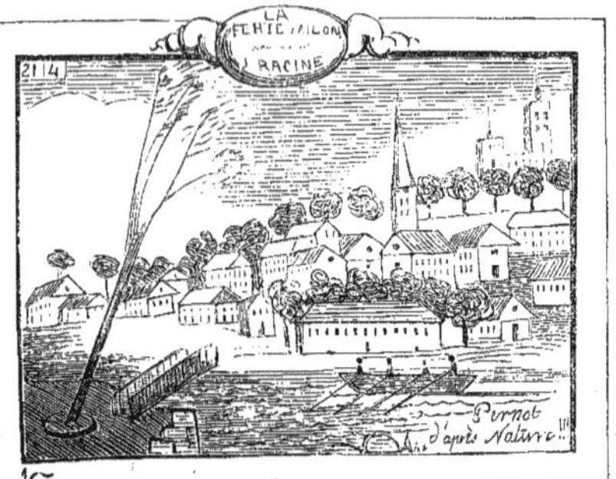


AUG. DE CHATILLON. — *Le Petit Poucet*, perdu dans les bois, avec ses frères, aperçoit la maison de l'Ogre. Bonne toile; le groupe des enfants est plein de naturel. Le Petit Poucet est si bien cramponné à son arbre, qu'il semble y entrer, mais cela ne saurait troubler l'ensemble très-sympathique du tableau. M. A. de Chatillon est un véritable artiste. Il n'oublie pas que c'est lui qui a peint le meilleur portrait qui restera de M. Th. Gautier.

M. CARAUD. — Th. Gautier n'a été que juste en disant de la peinture de M. Caraud tout le bien qu'elle mérite. Un peu dans les données de l'école anglaise, ce qui n'est un défaut que par l'excès.

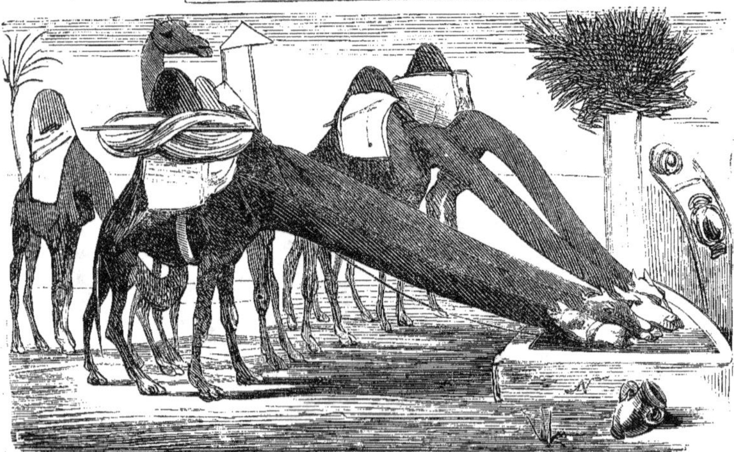

*Chameaux à l'abreuvoir*, par M. GÉROME. (Voir ci-dessus.) Du talent, assurément et beaucoup, mais toujours un peu terreux de ton. Regardez les Fromentin, s'il vous plaît, monsieur?

Deux bons tableaux de Mlle LÉONIE LESCUYER. L'*Enlèvement de Mme de Beauharnais*, un peu papillotant peut-être, mais l'ensemble est plein de mouvement et de feu.

M. MONCODIN. — *Le Carrier blessé*. Photographie coloriée; rien n'y manque, pas même les déformations dues à l'objectif.

*L'Amour dominateur*, de feu Rude, est un peu maigre, ce qui ous a donné la hardiesse de charger une œuvre posthume de cet omme de grand talent et de grand cœur.

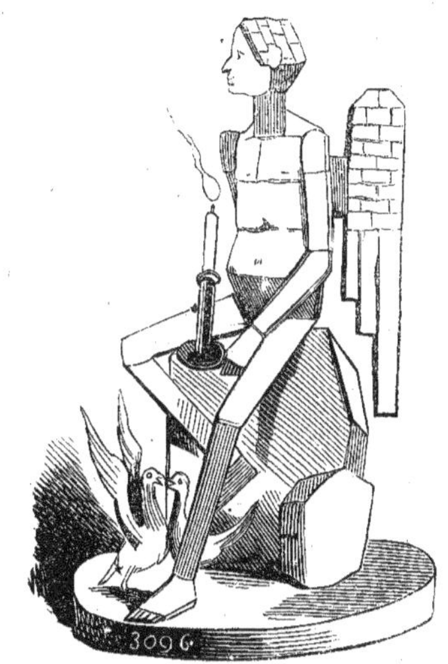


X. de Cock. — Le Troyon belge, sans imitation ni contrefaçon. e pense que M. de Cock est appelé aux plus grands succès. Peronne ne voit et ne rend mieux que lui les plaines wallonnes et andes coupées de lignes d'arbres, et ses vaches sont analoisées comme si son pinceau était un scalpel. Peut-être y auraità désirer que M. de Cock renonçât quelquefois à ce glacis verâtre et glaireux qu'il répand un peu uniformément sur ses iles. Il est assez fort pour acheter l'harmonie plus cher que la. — M. César de Cock est le digne frère de M. Xavier.

Quant à M. Coignard, je ne voudrais pas pour tout au monde l'un de ses bœufs tombât dans mon pot-au-feu.

Qui donc avait dit que M. Robert Fleury était mort ?

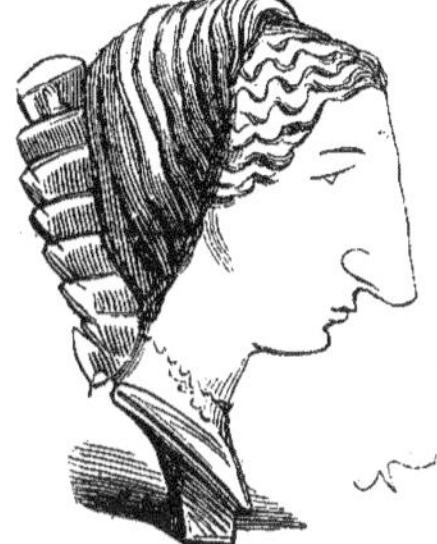

Pardon à la belle dame dont je dénature ici le portrait. Mon espoir est qu'elle ne se reconnaîtra pas.

*L'Ouverture de la chasse*, de M. Leray. Petit tableau à moitié caricatural, qui n'est pas d'une moralité assez saine pour faire passer sur les défauts de la peinture.

Samson est endormi, et Dalila hésite, ne sachant si elle va lui couper les cheveux ou le réveiller avec une claque sur les fesses, — par M. Maynier.

*Le Télégraphe électrique*, par M. de Knyff. Un vrai talent de paysagiste, qui, avec M. de Cock, fait le plus grand honneur à l'école belge.

Mme Champein. — Une *Sainte Vierge* bien comprise et bien peinte.

M. Louis Boulanger. — Ses *Vues de Gand*, la *Maison des Bateliers* surtout, sont dignes de Justin Ouvrié.

M. Crespelle aime trop le violet. Ça lui fera du tort.

M. Portevin est atteint de la manie noire — *melancholia*. Renvoyé au docteur Brierre de Boismont.

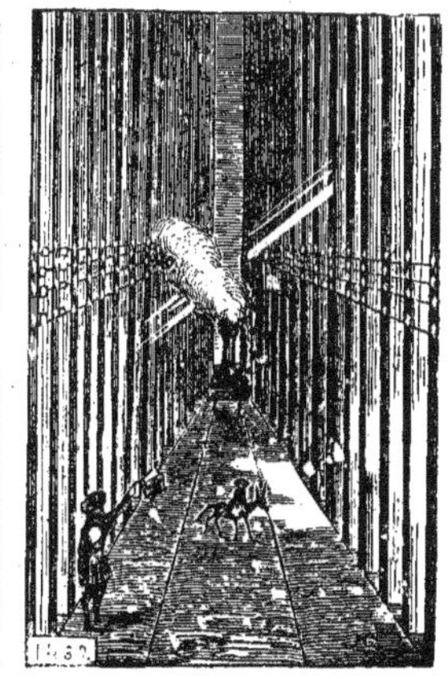

*Belle de nuit*, par M. BONNAFFÉ. Cette danseuse, fort agréable au demeurant et dont le cou est singulièrement attaché, est simplement vêtue d'un costume pris chez Millan (seul frère du gros Millan).

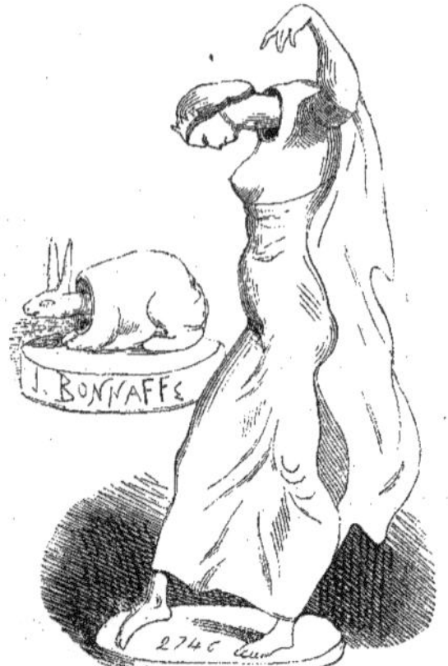


Je veux revenir encore sur cette lamentable école des Ingristes, qui, après avoir traversé les temps meilleurs des Flandrin, des Lehmann et des Amaury Duval, devait, comme la litanie biblique, — *Abraham genuit Jacob*, — continuer son exode par MM. Bouguereau, Gérôme, Picou, Biennoury, puis Hamon, pour finir *in piscem* par M. Tinthouin et le petit Droz, mon collègue en caricature au *Journal pour rire*, et qui a réservé pour le Salon la plus comique esquisse de ses cartons sous le titre de l'*Obole à César*.

On ne saurait trop en dire, vraiment, sur la folie des méchants lavis à l'huile de M. Hamon (breveté pour le *frottage sans couleur*), et la fatigante prétention de tous ces petits sujets enfantins et délicats à écœurer cette horreur de Mme de Genlis. La Fontaine travesti en mignardises, Virgile déshonoré au gris de perle, Catulle à l'eau de savon, la laideur étrusque accommodée au goût du jour à l'usage des gens qui n'ont pas de goût. On n'en finirait pas avec toutes ces petites femmes et ces enfants si abominablement construits et d'une si fausse santé, aux joues de ce rose inquiétant qui ferait hocher la tête à toute une consultation, dessinés sans ampleur, si ce n'est au cou, à cette place où le bistouri soulage les gens nés de parents malsains, et que le soleil n'a jamais aperçue derrière la cravate du gros docteur, joies du *Tintamarre*. — Tant de gens se pâment devant cette fausse naïveté : virginités syphilitiques, candeurs de proxénètes, pudeurs de cour d'assises ; une ombre d'enfant jouant avec des ombres de joujoux sur une ombre de piano ; une cantharide grosse comme un âne, attachée par un câble à une niche à chien (ô finesses charmantes !) et ayant déjà mangé la moitié du profil de sa bergère, se disant sans doute qu'on pourra bien en tailler un autre dans toute la place qui reste en trop entre l'œil et l'oreille, etc., un tas d'abominables petites tartines si maigrement beurrées en rose, vert-clair et gris-tendre, chloroses et scrofules..

Et je relis, en matière de cordial pour me raffermir l'estomac, cette belle page sur la couleur, solide et bien nourrie, d'un excellent petit livre que j'ai cité chaque fois que j'en ai trouvé l'occasion : *Le Salon de* 1846, par Baudelaire, — le bréviaire de tous ceux qui font de la peinture ou qui en regardent. Mais M. Hamon la comprendrait-il aujourd'hui ?

« Supposons un bel espace de nature où tout verdoie, rougeoie, poudroie et chatoie en pleine liberté, où toutes choses, diversement colorées suivant leur constitution moléculaire, changées de seconde en seconde par le déplacement de l'ombre et de la lumière et agitées par le travail intérieur du calorique, se trouvent en perpétuelle vibration, laquelle fait trembler les lignes et complète la loi du mouvement éternel. — Une immensité, bleue quelquefois et verte souvent, s'étend jusqu'aux confins du ciel : c'est la mer. Les arbres sont verts, les mousses vertes ; le vert serpente dans les troncs, les tiges non mûres sont vertes ; le vert est le fond de la nature, parce que le vert se marie facilement à tous les autres tons[1] Ce qui me frappe d'abord, c'est que partout, — coquelicots dans les gazons, pavots, perroquets, etc., — le rouge chante la gloire du vert ; le noir, — quand il y en a, — zéro solitaire et insignifiant, intercède le secours du bleu ou du rouge. Le bleu, c'est-à-dire le ciel, est coupé de légers flocons blancs ou de masses grises qui trempent heureusement sa morne crudité, et, comme la vapeur de la saison, — hiver ou été, — baigne, adoucit ou engloutit les contours, la nature ressemble à un toton qui, mû par une vitesse accélérée, nous apparaît gris, bien qu'il résume en lui toutes les couleurs.

» La séve monte, et, mélange de principes, elle s'épanouit en *tons mélangés* ; les arbres, les rochers, les granits se mirent dans

[1] Excepté avec ses générateurs, le jaune et le bleu ; cependant je ne parle ici que des tons purs, car cette règle n'est pas applicable aux coloristes transcendants qui connaissent à fond la science du contre-point.

les eaux et y déposent leurs *reflets :* tous les objets transparents accrochent au passage lumières et couleurs voisines et lointaines. A mesure que l'astre du jour se dérange, les tons changent de valeur, mais, respectant toujours leurs sympathies et leurs haines naturelles, continuent à vivre en harmonie par des concessions réciproques. Les ombres se déplacent lentement, et font fuir devant elles ou éteignent les tons à mesure que la lumière, déplacée elle-même, en veut faire résonner de nouveaux. Ceux-ci, renvoyant leurs reflets, et modifiant leurs qualités en les *glaçant* de qualités transparentes et empruntées, multiplient à l'infini leurs mariages mélodieux et les rendent plus faciles. Quand le grand foyer descend dans les eaux, de rouges fanfares s'élancent de tous côtés, une sanglante harmonie éclate à l'horizon, et le vert s'empourpre richement. Mais bientôt de vastes ombres bleues chassent en cadence devant elles la foule des tons orangés et rose-tendre qui sont comme l'écho lointain et affaibli de la lumière. Cette grande symphonie du jour qui est l'éternelle variation de la symphonie d'hier, cette succession de mélodies, où la variété sort toujours de l'infini, cet hymne compliqué s'appelle la couleur.

» On trouve dans la couleur l'harmonie, la mélodie et le contrepoint. »

Hélas ! de tout cela M. Hamon et sa bande ne voient que les *tons orangé* et *rose-tendre*, perdus dans le *toton gris*, car l'harmonie ne leur coûte pas cher.

Mais ils ont leur public qui leur donne raison, et ce public-là s'appelle *Légion*. Vous l'avez vu et vous le retrouverez partout : épiciers jurés ou professeurs d'écriture, clercs de notaire ou canotiers sentimentaux. C'est lui qui acclame M. Horace Vernet notre premier peintre, qui rit à se tordre devant les farces de M. Biard et qui apprécie M. Hornung. C'est pour lui que M. Antigna peint les engelures de ses inondés. Il commande son portrait à M. Lepaulle, salue M. Ponsard, souscrit à la noble infortune de Lamartine, bleuit au nom de M. Proudhon et ne perd pas un billet de concert. Il emboîte le pas et ne va qu'en troupe. C'est ce public « à qui Michel-Ange donne le vertige et que Delacroix remplit d'une stupeur bestiale comme le tonnerre certains animaux. Tout ce qui est abîme, soit en haut, soit en bas, le fait fuir prudemment; le sublime lui fait toujours l'effet d'une émeute, et il n'aborde guère son Molière qu'en tremblant et parce qu'on lui a persuadé que c'était un auteur gai. »

Que M. Hamon le conserve donc, ce public-là, jusqu'à ce qu'il sache s'en faire un autre.

M. Doré. — Sa *Tête de Jeune Fille* est une très-jolie étude. Peinture légère et franche et essentiellement agréable, sans aucun compromis.

Voici un chef-d'œuvre. Tintamarre, *chien anglo-saintongeois*, par M. Jadin. Ah ! quand le veut M. Jadin, quels miracles il sait faire !

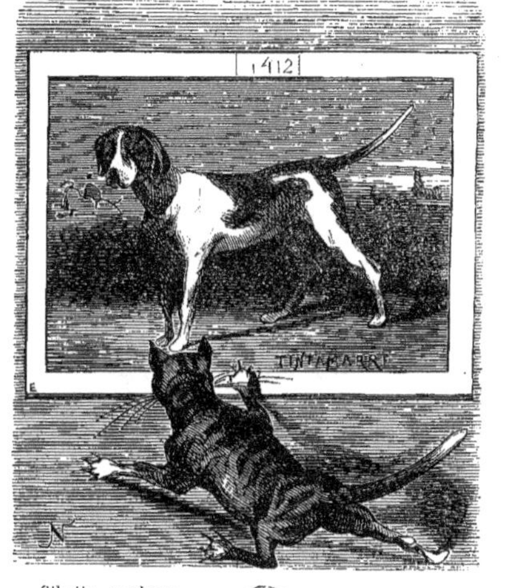


*Sibylle moderne*, de M. Ant. Desprey. Je le veux bien, mais je ne sais pas pourquoi M. Desprez dépense un talent réel à ces caricatures-là : *Experientiam nobilem in animâ vili* n'était jusqu'ici accepté qu'en médecine.

M. Moench (Munich) nous offre une *Suzanne surprise au bain par les deux vieillards*. M. Mœnch a trouvé le moyen de rajeunir ce sujet en faisant nègre un de ses deux vieillards. L'allongement du bras droit contribue encore à donner un caractère d'originalité à ce tableau, que nous regrettons de n'avoir pu apprécier de plus près.

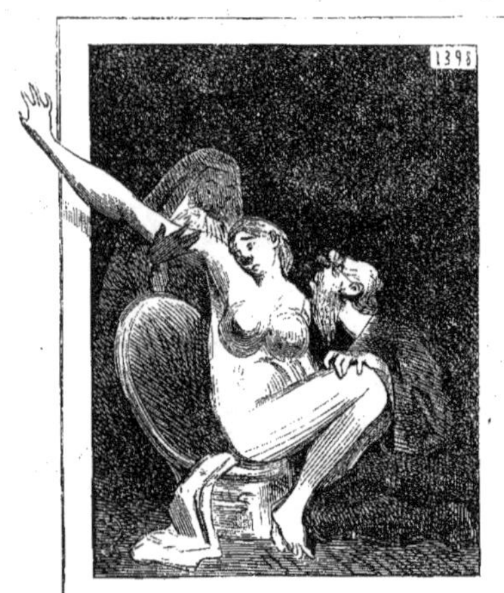

M. Flers est toujours un des maîtres ès paysage. Son *Intérieur de cour à Aumale* est certainement une des plus remarquables toiles du Salon. On dirait que le temps a déjà passé son glacis sur ce tableau pour lui donner sa sanction, et l'œil n'y est pas fatigué par le papillotage un peu habituel à l'artiste.

Le *Pierrot malade* de M. Eustache Lorsay mérite l'honneur de la comparaison avec *le Duel des masques*, de M. Gérôme. M. E. Lorsay a renoncé cette fois à la gamme grise dont il abusait un peu : un véritable progrès dont il faut tenir compte à cet artiste de goût et éminemment consciencieux.

M. Hoffer. — Très-bons portraits.

Passons aux animaux : ce n'est pas pour M. Dubuffe que je dis ça. M. Dubuffe fils peint pourtant dans la tradition paternelle, et je me rappelle le temps où il fallait un certain courage pour demander, dans le vote de la mort de M. Dubuffe père, le sursis et l'appel au peuple. Toutefois elle a son mérite, cette peinture-là, n'est-ce pas?

M. Lambert. — Trois poules et un canard tués ; un renard pendu haut et court. Des lapins dans un panier paraissent aussi satisfaits de cette pendaison que s'ils s'en étaient chargés. Spirituellement peint.

M. Houssot. — Meissonnier vu par le petit bout de la lorgnette. Trop petit pour avoir de grandes qualités, mais assez grand pour avoir des défauts. J'ai cru trouver un peu d'uniformité dans les figures, pourtant.

Mme Dehaussy, née Douillet. — Un beau peintre, barbu et chevelu, orné plutôt que vêtu d'une superbe vareuse rouge, — le peintre des rêves ! — peint une jeune dame qu'il fascine de son regard... Oh ! tais-toâ ! tais-toâ !

J'aime moins *l'Hallali de sanglier à la Gorge-aux-Loups* que *Tintamarre*. M. JADIN, qui nous avait présenté en 1852 une curée en fer-blanc, nous sert cette fois un hallali en chocolat. Ses autres tableaux à la bonne heure..

*Un chien que je ne volerai pas !* par M. JOS. STEVENS, Ah ! le vilain modèle ! Les autres chiens de M. Stevens, celui à la mouche surtout, sont de beaucoup plus intéressants que celui-ci. Mais qu'il les déshabille !...

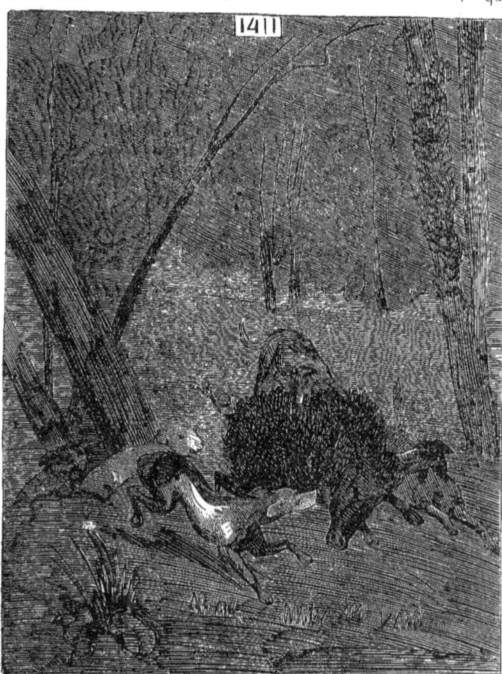


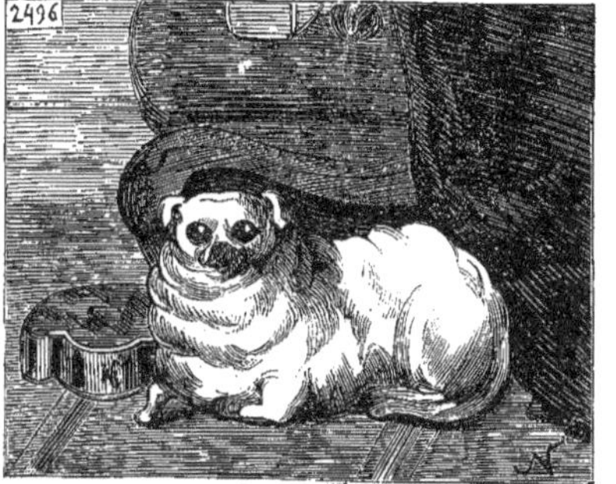


*Portrait de Mlle Amédine Luther*, par M. JOBBÉ-DUVAL. Ce n'est pas seulement une pâte élégante : il y a de la pensée dans tout ce qu'exécute M. Jobbé-Duval.

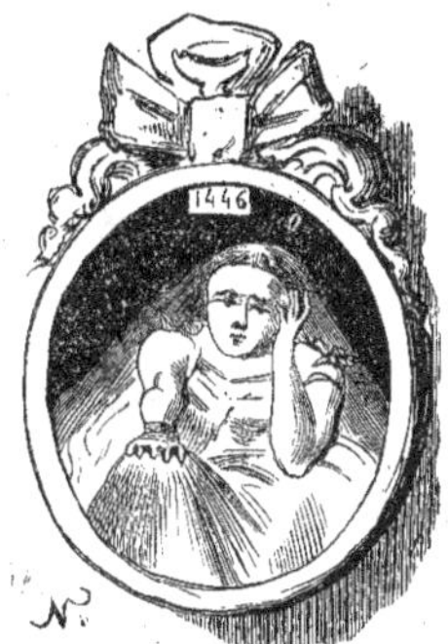


M. DEVILLE. — *La Mère de famille*. Plein de lumière et de naturel.

Mme LACURIA nous donne un *Magnificat* tout noir. Ce n'était pas le cas.

« *Au plus fort de la tempête, Ajax s'écria : J'en échapperai malgré les dieux !* » et pour donner plus de poids à son défi, il en enleva un de 30 kilos à bras tendu.

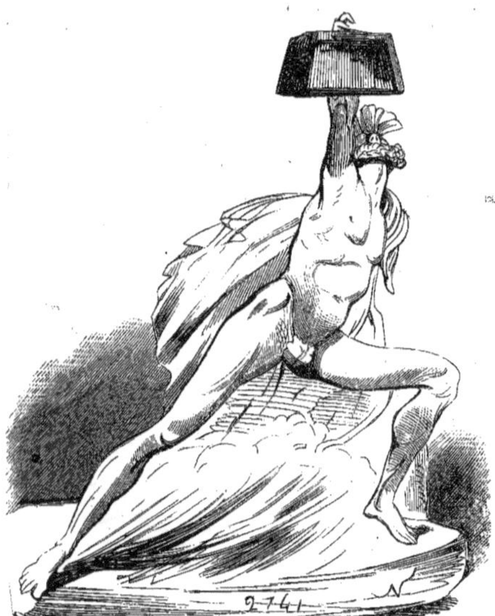


M. Dowa. — Un atelier en deux actes. 1er acte, *la Curiosité* Une dame malade entre dans une cave garnie de tableaux (c'est l'atelier) pour surprendre un monsieur tout noir, ne s'apercevant pas qu'il est mort. — 2e acte, *la Conversation*. Le même monsieur mort tout à l'heure et qui n'en vaut guère mieux pour le moment, entre à son tour dans la même cave, où il trouve la dame de tout à l'heure morte à son tour.

Mme Isbert. — Trois bonnes miniatures. Si ce petit art se perdait, c'est Mme Isbert que je chargerais de le retrouver.

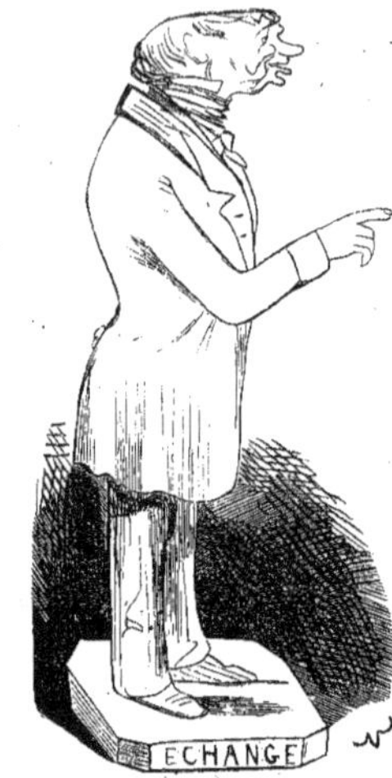


Mais que direz-vous donc de celui-ci? L'économiste M. Mazel sous les traits du bouffe parisien Pradeau. *Echange*, lisons-nous sur le socle : c'est M. Menn qui aurait dû prendre le premier ce mot-là pour lui. Ah! M. Bright! Ah! M. Cobden! ne passez jamais devant l'atelier de M. Mazel!

M. Lafage. — *Un bel Effet d'hiver.* — Le crépuscule au bord de l'eau est réussi : le falot est du meilleur rendu.

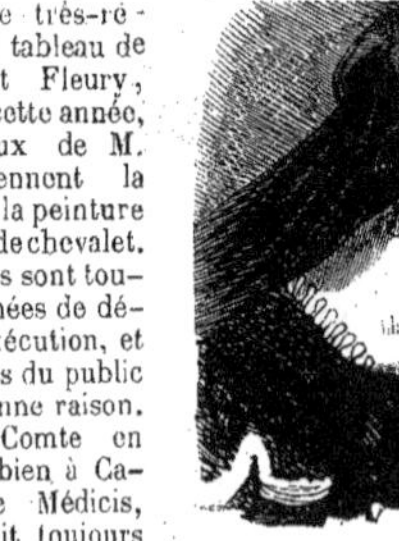

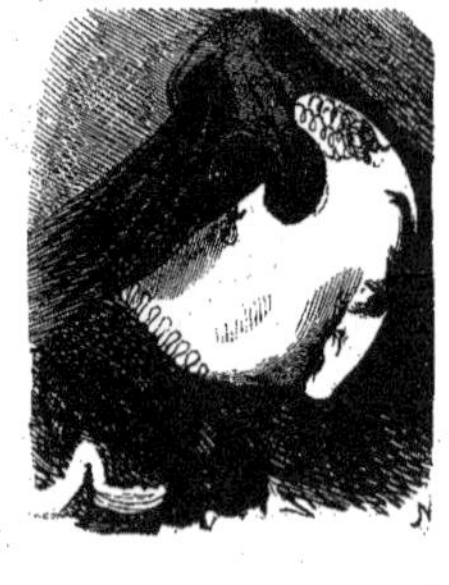

Après le très-remarquable tableau de M. Robert Fleury, ressuscité cette année, les tableaux de M. Comte tiennent la corde dans la peinture historique de chevalet.

Ses toiles sont toujours soignées de détails et d'exécution, et recherchées du public qui leur donne raison. Mais M. Comte en veut donc bien à Catherine de Médicis, qu'il lui fait toujours cette tête-là?

M. Gigoux est un peintre de bonne souche. Il appartient à cette génération bien plantée et nourrie de la moelle des lions, qui a eu, qui a parfois ses erreurs, mais dont nous devons respecter les derniers représentants. Gigoux, Jeanron, François, Nanteuil, Baron et quelques autres personnifient encore cette école romantique, dans la bonne et sérieuse acception du mot, qui a rendu de réels services à l'art; et je m'imagine que ces hommes de vraie force doivent, sans avoir pour cela besoin d'être passés à l'état de burgraves, ressentir de grands étonnements à la vue de certains jeunes maîtres d'aujourd'hui.

M. Gigoux a trois toiles cette année. L'une, d'une valeur incontestable et incontestée, *le Samaritain;* un bon portrait de femme, et une grande toile que j'ai beaucoup entendu critiquer à tort. Elle représente les grenadiers de la garde entourant Napoléon; la scène se passe aux flambeaux,

C'est toujours une tentative dangereuse que de risquer dans un salon éclairé par la lumière diurne et rempli de tableaux exécutés dans cette donnée, une toile, de dimensions importantes surtout, dont l'action se révèle à la lumière artificielle. Il y a là pour l'œil je ne sais quelle surprise en contre-effet dont la première impression ne saurait jamais être satisfaisante et dont la rancune persiste presque inévitablement. Je n'ai jamais vu qu'un tableau — un seul — qui résistât à cette impression première, c'est la *Clytemnestre* du Luxembourg.

J'attribue donc à cet inconvénient les quelques antipathies obstinées que j'ai trouvées contre le grand tableau de M. Gigoux et qui ne tiennent compte d'aucune des hautes qualités de cette toile. Il ne devrait pourtant pas y avoir besoin d'insister sur l'ordonnancement remarquable de cette œuvre dont la composition grandiose, le dessin sévère et l'ampleur de facture dénotent plus que suffisamment une main magistrale.

Ceci dit, que je témoigne à M. Gigoux et à tous autres peintres de batailles mon exécration profonde contre cet abominable genre, exécration que j'ai l'honneur de partager avec quelques bons esprits. Ne trouvant pas de bruit plus insupportable et plus ridicule que le tambour, ni rien d'aussi bête qu'un coup de fusil, je ne puis que condamner presque quand même, et d'avance, toute tentative de reproduire ces horribles et glorieuses sottises.

M. Deshayes. — *Vue d'Hollande.* Les qualités ordinaires du peintre, bien que le ciel soit un peu lourd et que je n'aime pas qu'on emprunte ce vert terrible trop cher à M. Anastasi.

M. Detouche. — Peinture dans les cordes douces et à l'usage de la jeunesse.

Un remarquable portrait de M. Darjou (Victor), et un joli tableau de M. Alfred Darjou. Les chiens ne font pas des chats, paraît-il, dans cette dynastie des Darjou.

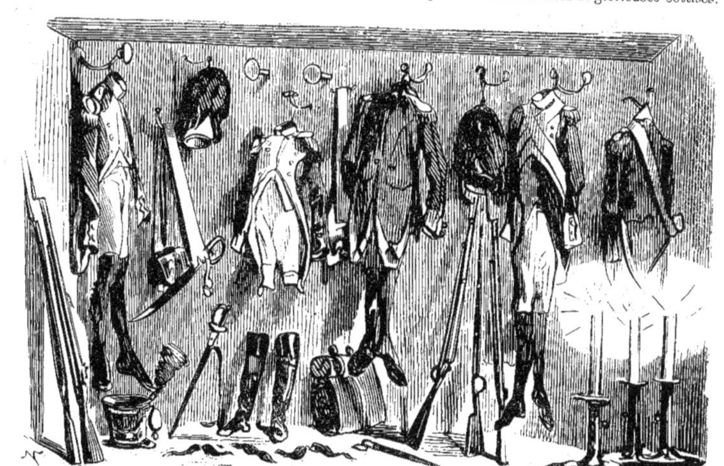

« Les Arabes sont arrivés en foule.... Ils amènent leurs femmes, leurs enfants, leurs chiens. Après que la curiosité générale a été satisfaite et que chacun a jeté sa pierre et ses imprécations au noble animal, les hommes arrivent armés de fusils. » Telle est la légende du livre de Jules Gérard, *la Chasse au lion*, que M. CHARLES RONOT a mise en action. M. Ronot est évidemment un coloriste, et c'est même, plus souvent qu'il n'en a l'air au premier abord, un dessinateur : mais voyons, là, M. Ronot, la main sur la conscience et sur vos souvenirs, dites-moi un peu dans quelle boutique de jouets à treize sous avez-vous été chercher ce drôle de petit lion-là, presque aussi drôle que les deux lions du jardin du Luxembourg que Préault salue chaque matin avec le même étonnement ! Votre lion, M. Ronot, est un lion réduit, un lion de carton, un lion à soufflet, un lion *oua-oua !* un lion au repos, qui fait tache et trou au milieu de tous ces gens en mouvement.

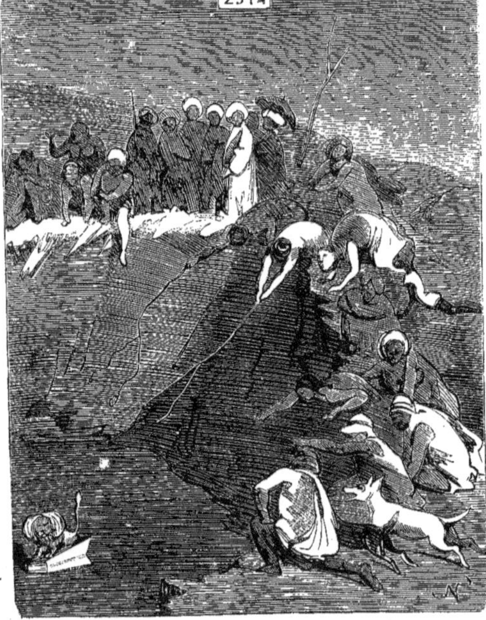


M. FAVERJON nous offre deux femmes phénomènes. Voici

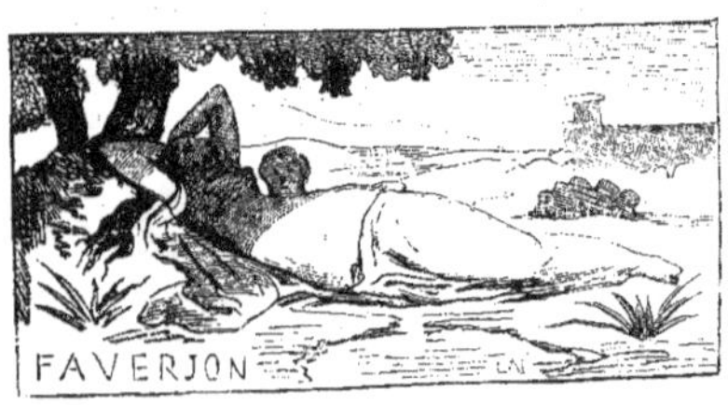


l'une des deux comme échantillon. Ce n'est pas mal pourtant, malgré l'inattendu de la chose.

J'ai reçu une lettre anonyme singulièrement violente contre M. LOUIS BOULANGER. Cette lettre, qui renferme les imputations les plus odieuses sur les détails de la vie privée de l'artiste, s'est trompée d'adresse, et on s'est trompé même en faisant appel chez moi à des sentiments auxquels on sait que je répondrais de grand cœur sur tout autre terrain. Je n'ai jamais rien emprunté aux haines secrètes, et bien qu'on m'ait reproché quelquefois les formes d'une critique un peu acerbe ou brutale, je ne me suis jamais fait l'écho de l'accusation sans preuves ni de la calomnie, et je n'ai jamais non plus fait passer mon lecteur par les alcôves. Le fait est peut-être assez rare, après quelque vingt ans de journalisme, pour que je le constate, mais sans en tirer vanité, ayant toujours considéré qu'il est à terre certaines armes qu'un galant homme ne ramasse jamais.

Quant à ce qui concerne M. Louis Boulanger, — que je ne connais pas, et que je crois même n'avoir jamais vu, — cette lettre dictée évidemment par la haine la plus âcre, ne saurait rien prouver pour moi contre lui, car je sais que les hostilités venimeuses peuvent prendre le masque de l'indignation la mieux jouée. Il se peut que ce ne soit pas là le cas de mon correspondant anonyme, malgré cette faute, grave toujours, d'offenser un homme sans signer l'offense. Il aura donc à s'en prendre surtout à lui de la seule réponse que je puisse lui faire, et j'attendrai encore pour condamner M. Louis Boulanger, bien que dans le gros et le menu de cette lettre il y ait de ces accusations qui ont surtout le privilège de m'émouvoir. Mais rien ne se prouve ainsi, pas même le mépris des convictions d'hier et le reniement intéressé de sa foi.

Quant à la peinture de M. Louis Boulanger, dont seule il s'agit ici, elle se met hors de cause par elle-même, et elle est de celles que j'aime essentiellement. *Mater dolorosa*, *Gil Blas*, *Sancho*, *Lazarille*, *le Bazar*, *Roméo* et *les Gentilshommes de la Sierra* sont autant d'excellents spécimens d'un talent vigoureux, net et jeune comme au premier jour.

Section des tableaux puces. Après M. Meissonnier, M. Chavet et M. Guillemin, puis, MM. Fauvelet, Plessan, Pezous, Fichel, Houssot, Dubasty, M. Potémont (Adolphe) a fait encadrer quatorze puces dans les quatorze compartiments d'un grand cadre et il appelle bravement cela *la Littérature au bois de Meudon*. Qu'est-ce que la littérature a à faire avec ces petits monstres-là? On me dit que M. Potemont est militaire; ça se voit bien, et je comprends qu'il aime à utiliser les nombreux loisirs de sa noble profession, mais au moins que ce ne soit pas ainsi à nos dépens. J'ai connu un ancien capitaine de gendarmerie qui tournait de si jolies petites boîtes en buis et en tout bois que l'on voulait!...

Trois bons tableaux de M. Cambon. A preuve celui-ci :

*Angélique retrouve Sacripant.*

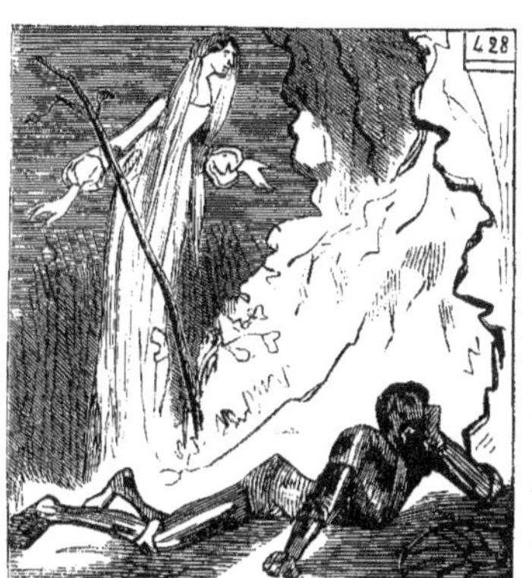


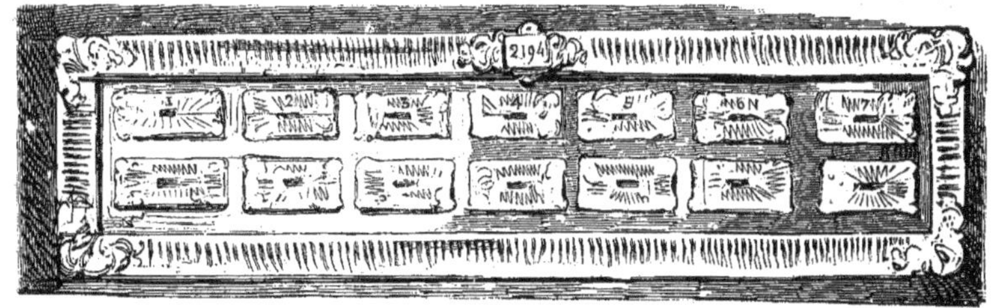

Ci-dessous le portrait d'une dame qui se demande à quelle sauce elle va mettre son lapin : l'auteur se reconnaîtra-t-il dans ce croquis que j'ai tâché de rendre fidèle ?

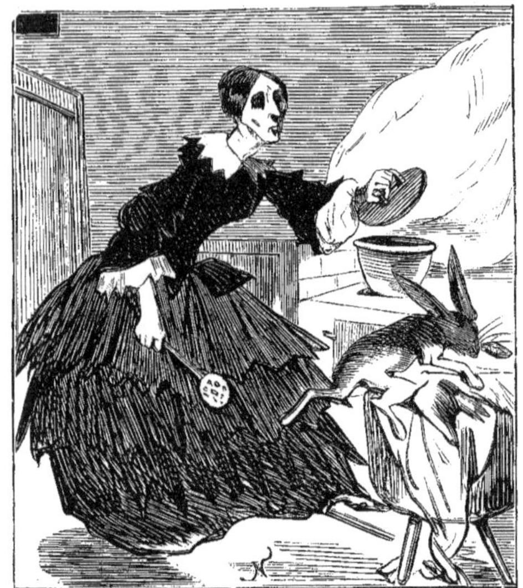

Tout a été dit et bien dit sur le mérite des frères LELEUX. C'est à cette heure ou jamais le temps de leur chercher des défauts, après toutes les qualités qu'on leur trouve. Je reprocherai donc à M. Armand Leleux de pousser ses fonds un peu trop au noir, et à M. Adolphe Leleux de lâcher un peu trop ses figures. Voir le nº 1691 où les enfants sont presque peints en décoration. Lorsque l'éloge est épuisé, il faut bien que la critique trouve quelque chose à dire.

Des Saintes Femmes au Tombeau, des Mater dolorosa par-ci, des Mater purissima par-là, et d'autres dévotieusetés dans ce genre, doivent mettre M. MICHEL DUMAS, né à Lyon (!), élève de M. Ingres (toujours !) en bonne odeur auprès des personnes honnêtes. Nous ne méritons pas d'apprécier cette peinture-là.

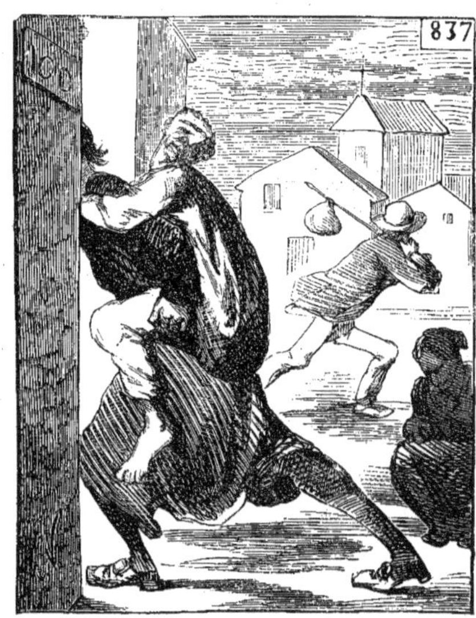


M. LECLAIRE. — *La Répétition des fanfares* est une bonne étude, un peu terne peut-être, mais pleine de vérité et d'observation.

*Chevaux emportés*, par M. Paternostre. Se défier de tous ces Belges qui commencent à faire des progrès inquiétants.

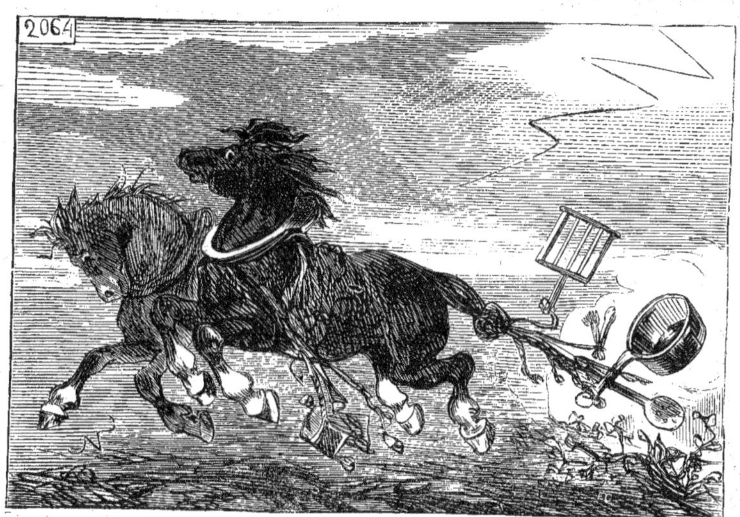


Portrait de M^lle^ A*** Luther, par M. Jobbé-Duval, dit le livret. — Je ne la croyais pas aussi brune que cela. Peut-être le livretse trompe-t-il, et ce portrait de M^lle^ A. Luther est-il celui de M^lle^ A. P., reproduit par nous sous le n° **1446**?

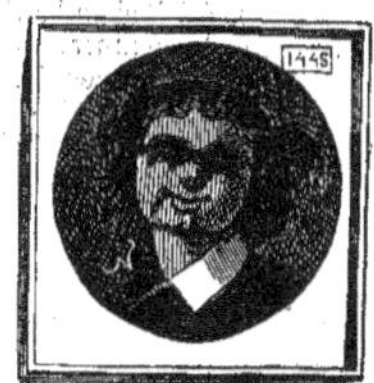


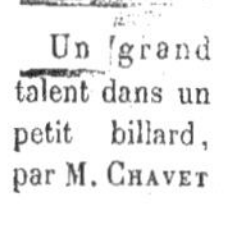

Un grand talent dans un petit billard, par M. Chavet

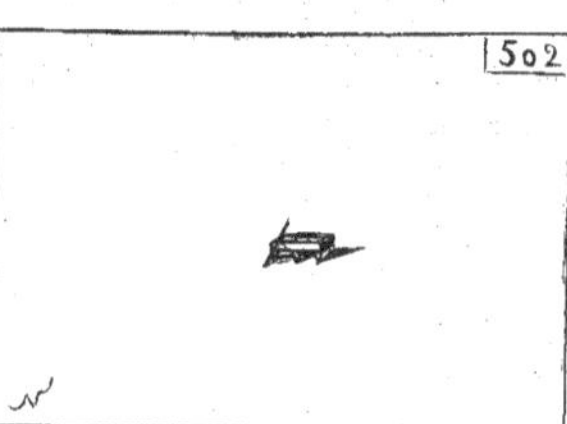

Une heureuse licence est accordée aux fumeurs dans le beau jardin que M. de Saint-Projet et les autres membres de la Société d'horticulture entretiennent au rez-de-chaussée de l'Exposition. Seulement, où allumer ses cigares? M. Janson a intelligemment comblé cette lacune en dédiant aux fumeurs un magnifique *Diogène lampadaire*. Remercions M. Janson!...

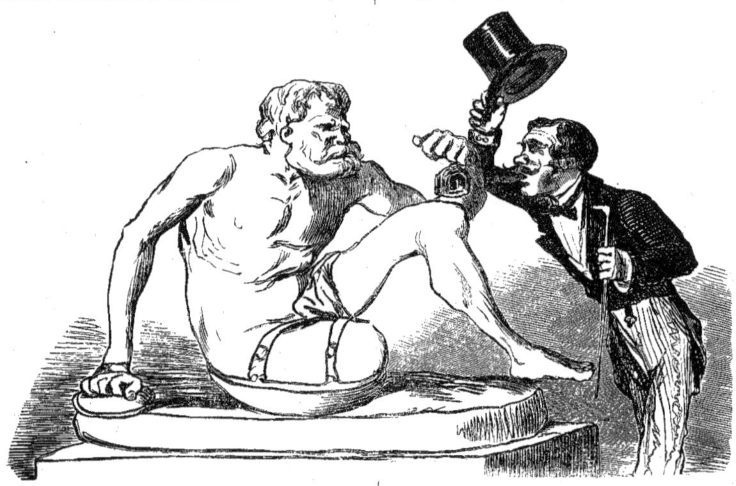

M. Saint-Jean. — Une réputation faite et que chaque Exposition consacre. M. Saint-Jean a atteint sa perfection et il n'a pas cherché au delà ni à côté. Très-exact, très-consciencieux, très-brillant et très-agréable. — Un petit reproche en passant à son espalier : le mur manque complétement derrière ses raisins. Mais quels raisins! bien mûrs, apparemment, et comme le renard a *passé* dessus!

M. Fr. Reynaud. — Decamps croisé de Stevens. C'est bien et d'une couleur solide et hardie. Mais on n'a pas ce soleil là à Marseille, M. Reynaud! Ce que vous nous donnez pour soleil provençal dans vos trois toiles, c'est un ciel de la Baltique.

M. Holfeld. — Peinture sans férocité. M. Holfeld veut-il me faire l'extrême plaisir, lui qui fait des Saint Jean, de regarder un tout petit peu celui de M. Baudry?...

M. Rigo. — Peinture d'aliéné. M. Rigo aime l'armée, il aime les Sœurs de charité, il aime l'allégorie, les nuages, la gloire, mais il en veut bien à la peinture, et jamais l'on ne vit de meilleurs sentiments si mal récompensés. Sa meilleure toile est peut-être encore le portrait du prince Napoléon, bien que je ne comprenne pas trop pourquoi M. Rigo l'a peint d'avance après sa mort. — Le numéro 2280 est une folie à grand spectacle; *la Ferme surprise*, une parodie mélodramatique dans le genre de ce qu'on appelle des mimodrames au théâtre des Funambules. Quant aux *Zouaves maraudeurs*, M. Rigo doit avoir eu des regrets de ce tableau. Comment M. Rigo, au moment de ce hideux procès Doineau, va-t-il nous représenter des soldats français escroquant des marchands algériens? Il faut pourtant s'entendre, M. Rigo! *l'honneur français est-il dans les camps;* oui ou non? — Ce tableau tache l'exposition de M. Rigo, et je suis bien trop sûr des généreux sentiments qui l'animent pour ne pas croire qu'il est à l'heure qu'il est autant de mon avis que moi-même.

Encore un élève de M. Ingres ! M. CHAMBARD nous offre une *Stratonice* aux petits bras. Pourquoi Stratonice plutôt qu'une autre ? — *Portrait d'homme*, s'empresse de dire au livret M. ROCHET, de peur sans doute qu'on ne prenne ceci pour une tête de singe. Une bonne étude après tout, ce bronze, et qui ne jurerait pas trop dans l'admirable exposition du polychrome Cordier.

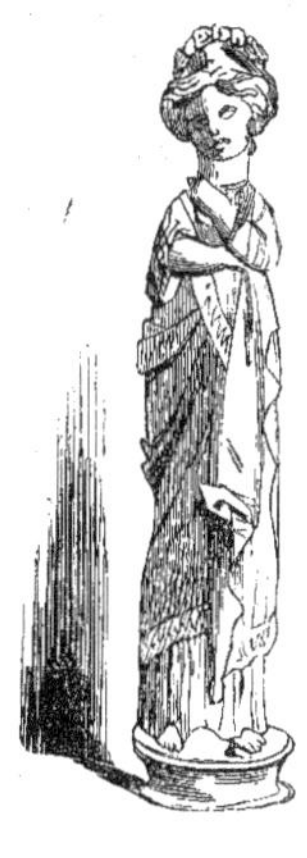

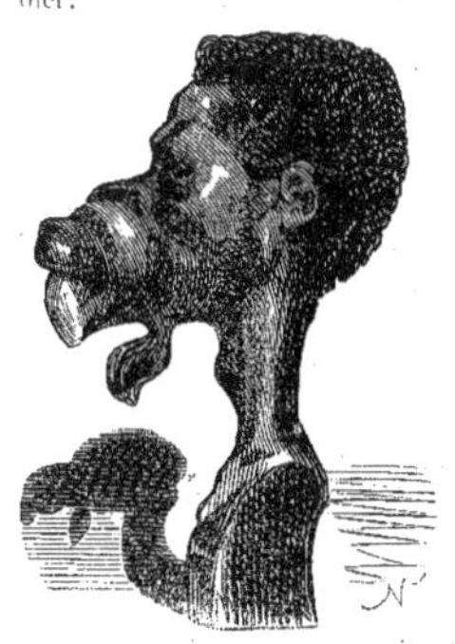

M. LEFEBURE. — *Le Christ consolateur*, sentiment profond, manière large : l'impression d'un Delacroix.

M. JANET-LANGE. — J'engage M. Janet-Lange à continuer à dessiner dans l'*Illustration*, où il peut marcher, quoique de loin, sur les traces du grand Worms. M. Janet-Lange ne sera jamais un peintre.

M. GRANDJEAN. — Élève de M. Watelet (bigre !) tient montres, pendules, tableaux à sonnerie, figures mécaniques et généralement tout ce qui concerne son état. Fabrication genevoise.

Voici une belle statue dont le numéro mal pris ne me permet pas de nommer l'auteur. Je le retrouverai.

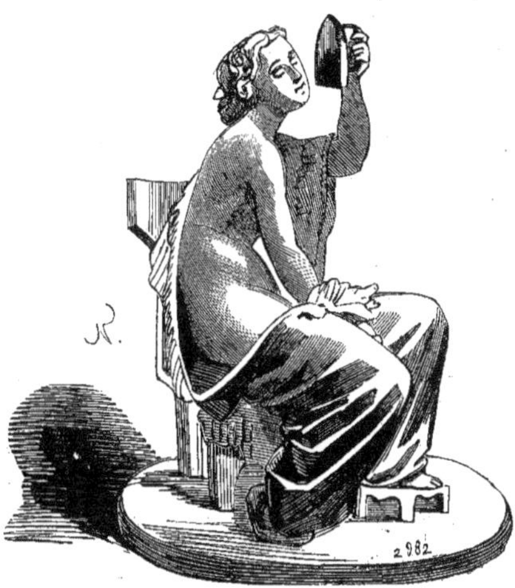

M. AD. ROGER. — Miséricorde !...

M. DUC. — Un des meilleurs tableaux du Salon, et, quoiqu'on ait abusé du poitrinaire, d'un sentiment exquis. Le treillis des branches noires s'enlève sur le ciel avec une naïveté merveilleuse et sans aucune sécheresse. — Je suis fâché de n'avoir pas vu l'autre toile de M. Duc, un portrait.

M. HILLEMACHER. — Une jeune mère agace derrière un rideau un jeune enfant tout nu et âgé de quarante et quelques années. Un souvenir de la tête de Béranger, peint très-largement d'ailleurs, et avec cette spirituelle facilité qui caractérise la manière de M. Hillemacher.

Qui croirait que M. PAUL GOURLIER, qui a peint cette moisson pâte d'abricots, est l'artiste qui a peint *la Journée d'automne* et *le Soleil couchant à Seine-Port?*

M. Eugène Villain. — Un réel talent, qui se fait tous les jours sa place au premier rang.

M. Andrieux. — *Malakoff*. Un fouillis du diable, du mouvement jusqu'à la confusion, du feu, du vacarme, des détails excellents.

M. Vibert. — Toujours un peu gris.

M. Antigna. — Confirmé dans son titre de peintre ordinaire des engelures. Peinture en peau d'oignon, rougeaude, commune et désagréable au possible.

M. Véron. — Trois toiles consciencieuses.

J'ai entendu critiquer les tableaux de M. Aivasousky. Les naïvetés, les crudités et les ignorances de pinceau me sont indifférentes, quand un résultat est atteint, et je sais très-bon gré à M. Aivasousky de m'avoir rappelé, avec une vérité absolue, les steppes au coucher du soleil. C'est si admirablement bien vu, que cela arrive forcément au bien rendu, malgré...

M. Ed. Gérard. — Giraud en bottes fortes — et Giraud en talons rouges avait déjà bien des petits torts !...

J'aime décidément mieux M. Yvon dessinateur, que M. Yvon peintre. Est-ce la faute de sa peinture ? Est-ce simplement à cause de mon antipathie instinctive contre le militaire et tout ce qui touche au militaire, que je ne trouve qu'à blâmer dans ce trop grand tableau de *la Prise de Malakoff?* Maintenant, il me

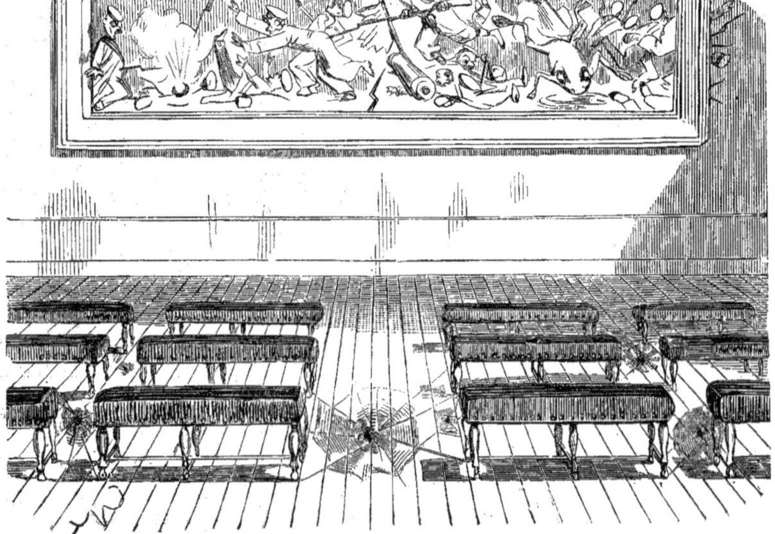

semble que le public est bien de mon avis, et qu'il reste assez indifférent à cette vaste exhibition de gens qui se

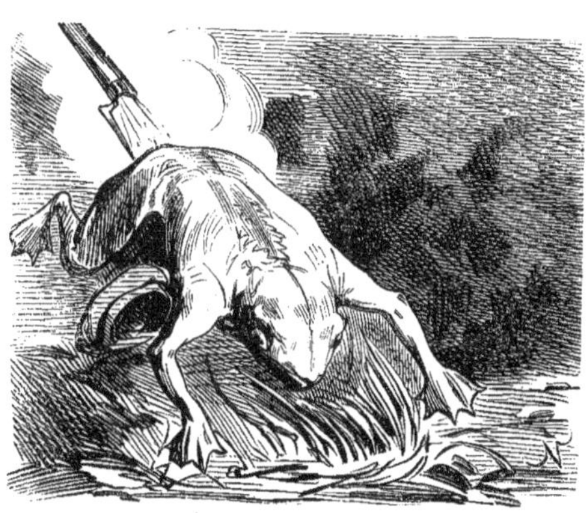

battent, avec un tel amour de l'uniforme, qu'ils portent tous le même œil.

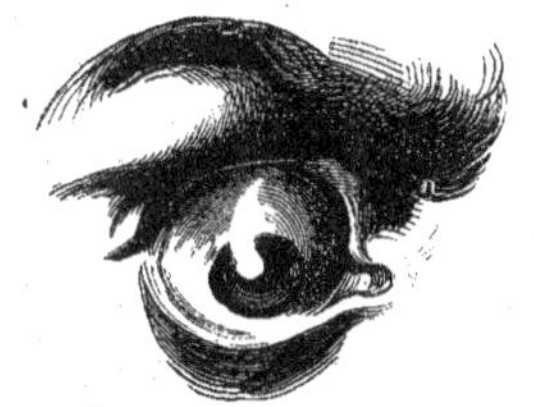

M. Eugenio Agneni est un peintre marin du premier ordre. Il ne craint pas le mal de mer, apprécie la morue, ne fait pas fi des crevettes, fait de la peinture qui va sur l'eau et se termine en une queue qui porte des écailles. Qu'Amphitrite lui soit légère !

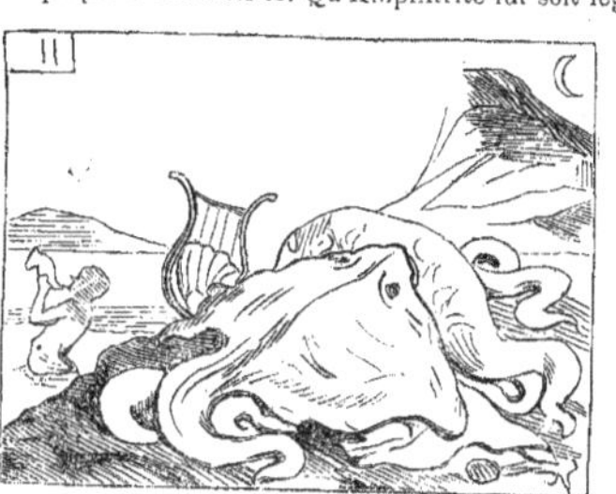


PEINTURE A TIROIRS DE M. BELOT. — On connaît sur la peinture græco-gracioso-ingro-hamoniste notre sentiment bien arrêté. Nous ne nous sentons même plus assez d'impartialité pour signaler les qualités des deux toiles de M. Belot.

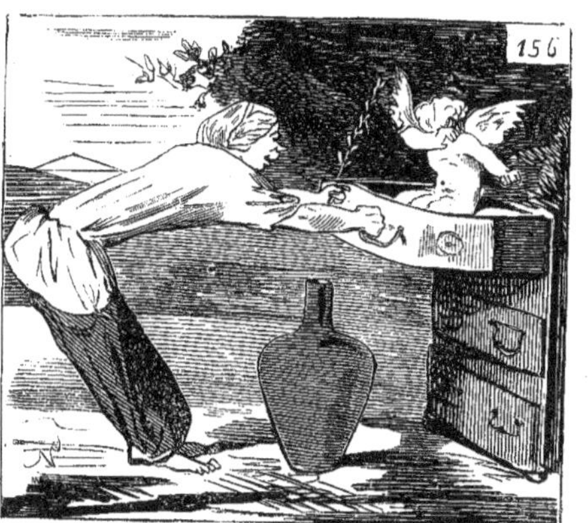

M. Mérino fut, si je ne me trompe, le seul peintre, ou à bien peu de chose près, qui représentât le Pérou à l'Exposition universelle où il se fit remarquer par le caractère tout particulier de ses figures et quelque chose d'inaccoutumé et d'imprévu dans sa manière naïve. M. Mérino tient encore honorablement sa place cette année avec son tableau *Christophe Colomb et son fils demandant l'hospitalité au couvent de Sainte-Marie de la Rabida.*

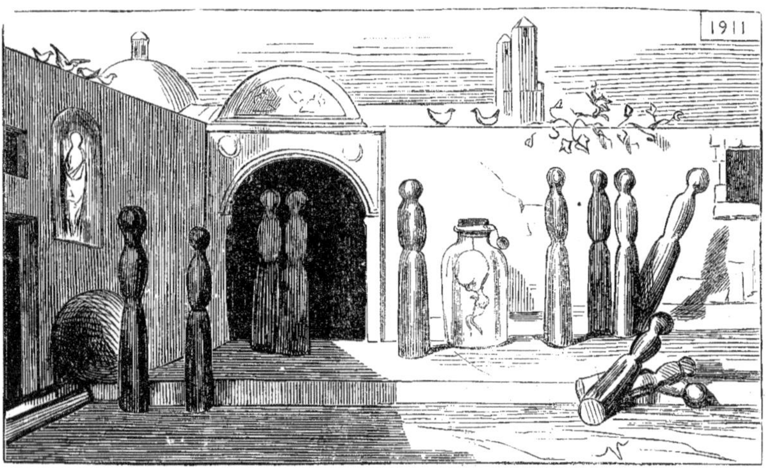


M. Gluck. — Avec un sentiment réel de l'effet, se donne trop de mal pour arriver au romantisme. Trop violent, tout cela, fruste et gratté plus qu'il ne faut, et de beaucoup. La vraie force est calme.

Les petits tableaux de M. Verlat sont fort jolis, et je les préfère à l'inutile grandeur de ses *Percherons*. C'est bien peint, et les accessoires traités en à-plats laissent tout le relief et toute la finesse au sujet principal.

M. Pruche. — Une caricature d'Horace Vernet.

Une *idylle*, dit M. James Bertrand, ça représente un Monsieur tout nu, à genoux devant une Dame qui dort, également nue, et qu'il va réveiller. Pour compléter l'*idylle*, le Monsieur s'est couvert le haut du corps d'une peau de loup dont la tête couvre la sienne. Cette fine *idylle* doit inévitablement faire tomber la Dame nue en épilepsie. *Idylle*, que me veux-tu? — Et cette charmante plaisanterie est peinte à la lyonnaise. Comment se fait-il donc que M. Hamon et ses suivants, en prenant la voie absolument contraire, arrivent juste au *maximum* de sottise atteint par M. Courbet?

Vous vous rappelez le tab'eau de M. Hamon, de l'an dernier ; car je ne puis m'empêcher d'y revenir toujours, à M. Hamon.

Trouvez-vous un bien grand progrès dans ses tableaux de cette année ? Voici ce que M. Hamon nous sert pour un portrait, et voici, d'autre part, *la Jeune fille et la Cantharide* annoncées.

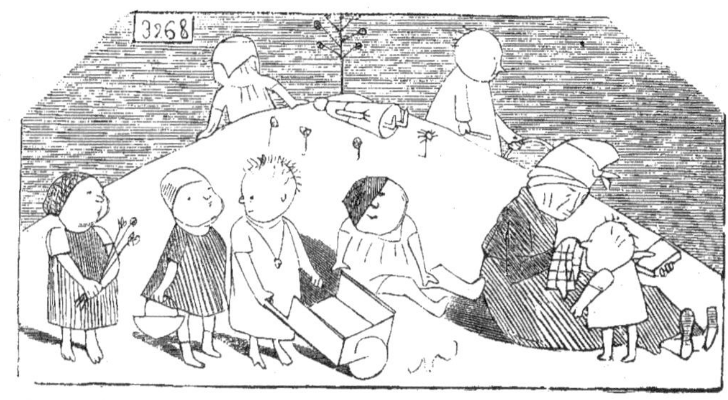


L'ombre d'un enfant jouant avec des ombres de joujoux sur l'ombre d'un piano, dont je vous parlais l'autre jour. Le gris poussé jusqu'à l'incolore, le non-dessin jusqu'à l'absence de forme, le naïf jusqu'à l'idiot, l'abstinence jusqu'au néant, l'avarice jusqu'à la prodigalité ! Ceci n'est plus un tableau, c'est une impertinence, et ce n'est pas un Jury de peintres qui aurait dû se prononcer sur un pareil cas d'aliénatien mentale. — Un peu plus loin, nous rentrons dans les sujets dits *délicats* : c'est *la Fille à la cantharide*. Le hanneton que M. Hamon, lui, a *dans le plafond*, comment disent certains pittoresques, fait encore ici des

TOUT A 25 SOUS..

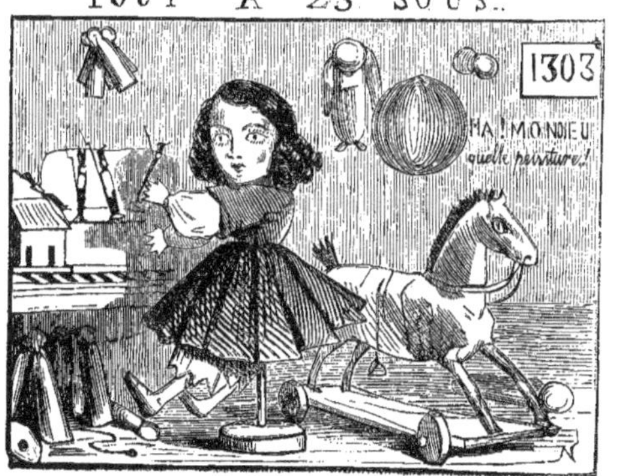


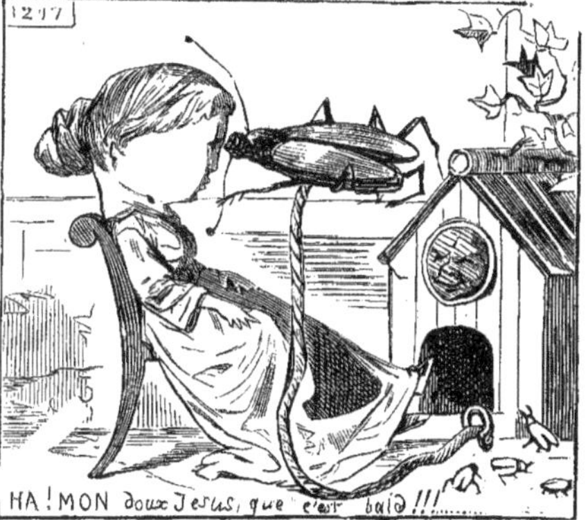

siennes. Tout à l'heure nous vous montrerons d'autres filles qui peignent des papillons pour de vrai et d'autres qui les tiennent sur le poing à la manière des fauconniers.

Pour ma part, j'en rêve de cette peinture-là.

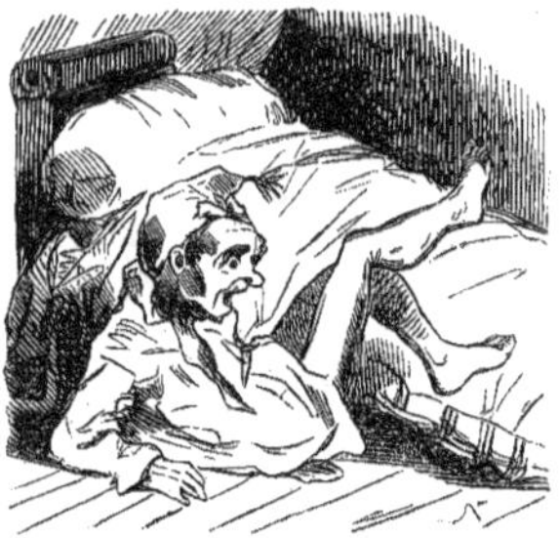

Et dire que tout cela, c'est la faute de feu M. Ingres!

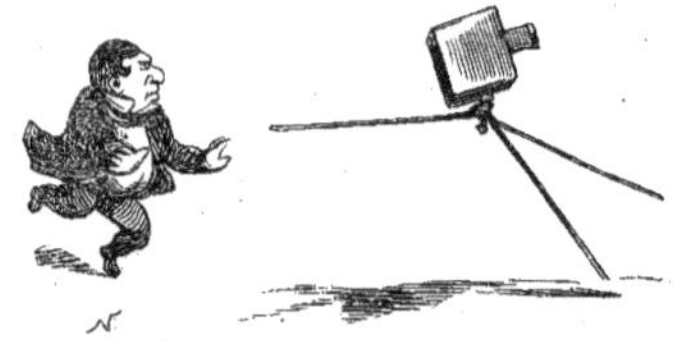

M. de Coubertin. — *La Messe pontificale*, excellent tableau qui rappelle beaucoup et sans trop de désavantage *la Chapelle Sixtine*, le meilleur tableau de M. Ingres, et tellement meilleur, que son auteur l'a fait une seconde fois. Que ne pouvait-il le refaire toujours!...

M. Piette.—Il a plu sur son tableau de *l'Epine fleurie*. C'était peut-être bien en dessous?...

M. Eug. Lavieille. — *Une Crue au soleil couchant en décembre*. Merveilleux d'effet. Une des plus belles choses du Salon. L'eau peut-être un peu trop déchiquetée aux premiers plans.

M. Auguste Boulard est l'Auguste Ricard des cuisinières. Il est à M. Hamon ce que Raban est au poëte de Lonlay. Des goûts un peu canailles, ça n'est pas la mort d'un homme; mais, c'est égal, si jamais cette bonne-là quitte le service de M. Boulard, je ne la prendrai pas chez moi.

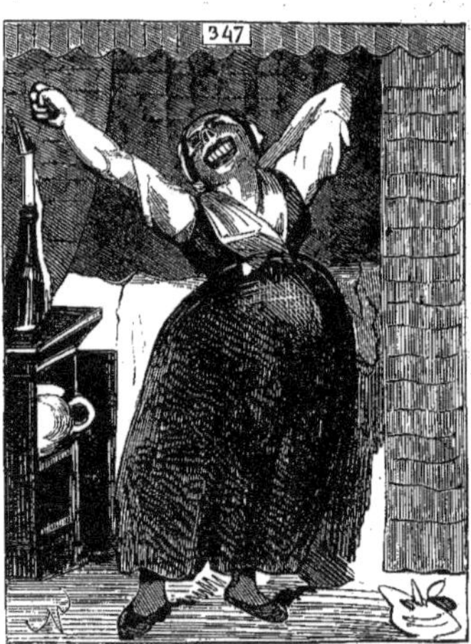


M. Pichon.—Une toute petite *Pieta*. M. Pichon fait le mal en petit, mais c'est du mal tout de même.

Je ne puis que recommander M^lle^ Zéolide Lecran à la sollicitude désormais éveillée de ses parents. Quelques bons conseils et la douceur ramèneront sans doute M^lle^ Zéolide à des sentiments meilleurs.

M. Lemaire (de l'Institut, sculpture). — Un *Christ*, gros et court, qui rappelle Pierre Dupont en mal. Du beau et bon marbre gâté.

M. Ziem. — Une grosse erreur jaune. Claude Lorrain aurait gémi. Ah çà! où donc va M. Ziem?...

M. Nelaton est malade. Du repos et ne pas toucher à Léonard de Vinci.

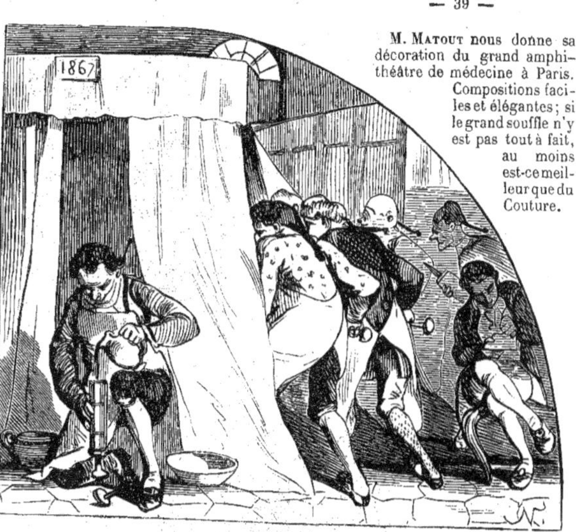


M. Matout nous donne sa décoration du grand amphithéâtre de médecine à Paris. Compositions faciles et élégantes; si le grand souffle n'y est pas tout à fait, au moins est-ce meilleur que du Couture.

*Le Devoir*, dit M. Pro-ais, ou *Souvenir des Tranchées*, doit être le ot propre après un bain omme celui-là. Raffet vait reproduit la même cène à une autre épo-ue : *Il est défendu de umer, mais vous pouvez ous asseoir.* M. Protais urait encore cent fois lus de talent qu'il n'en , qu'il ne saurait nous ire changer d'avis sur s peintures de bataille.

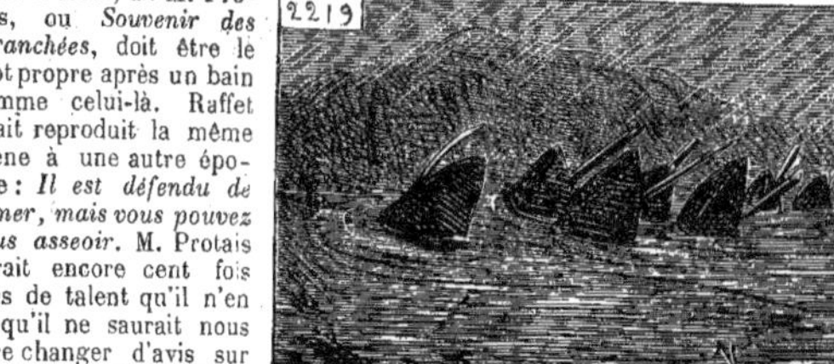


Deux binettes contemporaines, comme dit ce bon Commerson.

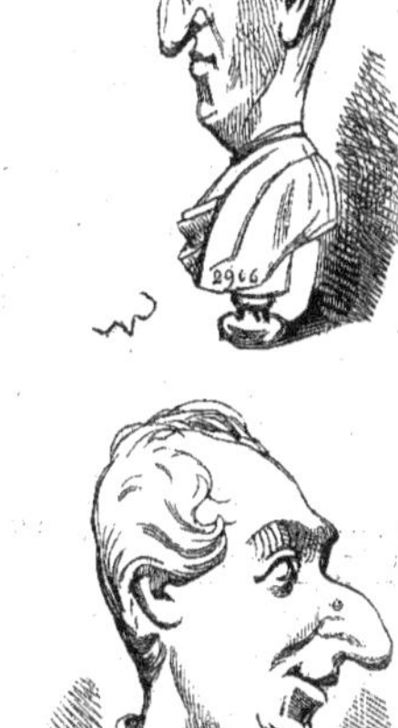


M. Brun. — *Martyre de saint N'importe-qui.* C'est le funeste Saint Symphorien refait, aussi pauvrement peint et aussi mal dessiné. — J'ai dit aussi : mal dessiné.

Est-ce que vous ne trouvez pas que *la Razzia* de M. Loubon ressemble un peu à une potée de panade renversée ?

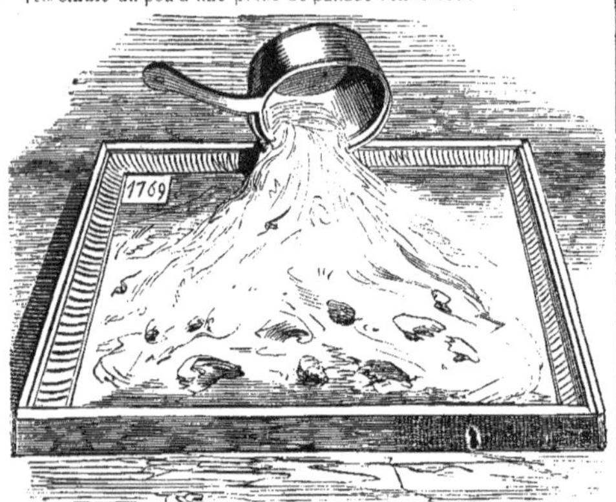


Je ne connais pas M. Elmerich, mais sa personnalité m'est sympathique, — un peu plus que sa peinture de cette année. J'ai vu de lui mieux que cela.

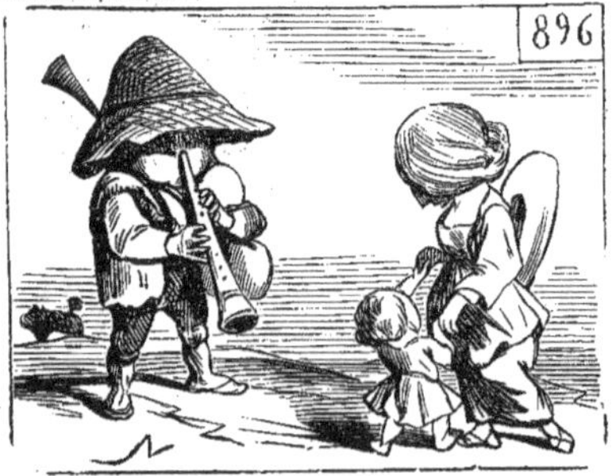


Il y a à toutes les expositions plusieurs portraits de Grassot. Il y a deux ans il s'était fourré au salon sous le Spseudonyme du général Dufour. Cette fois il prend le pseudonyme d'un M. E. V.; plus loin, il se fait peindre en martyr.

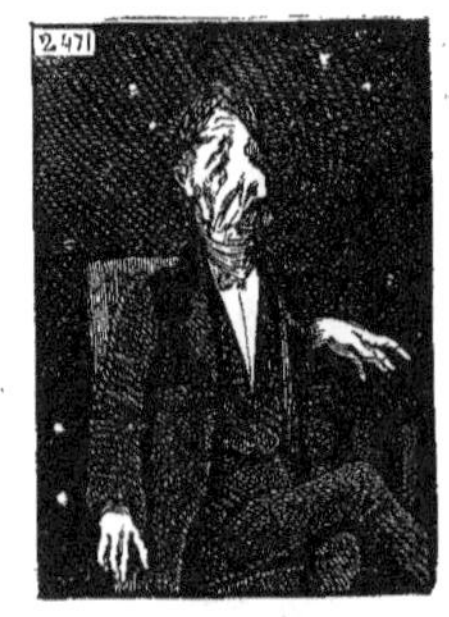


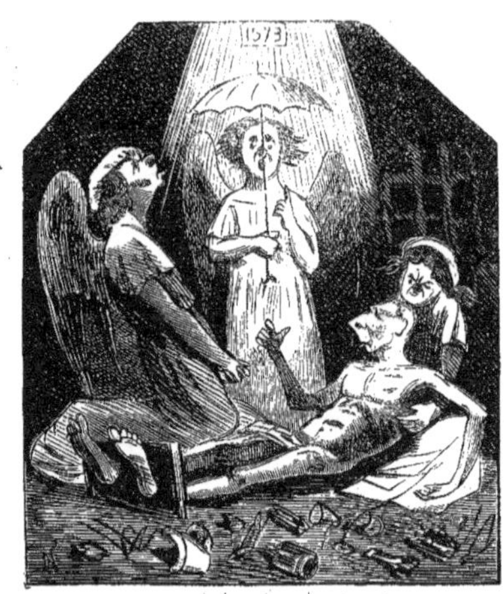

M. Penguilly l'Haridon est un peintre-né. Vous rappelez-vous cet admirable petit tableau de chevalet représentant un homme qui vient d'être assassiné dans un mauvais lieu? Le mourant s'affaisse, la main sur la blessure qui bée, et du meurtrier qui s'enfuit on ne voit que la jambe et le bout de la rapière. Rien de plus saisissant que ce drame rendu d'une façon nette, ferme, brillante et magistrale. Je vois encore ce petit Calvin, étudiant, solitaire, dans la grande salle carrée où la lumière entre par le fond, — et encore ce merveilleux Calvaire qui rendrait Decamps jaloux.

Après tout cela et le reste, après tant de promesses et de promesses tenues, M. Penguilly nous découpe aujourd'hui *le Combat des Trente* dans une page de Froissart. Le soldat n'était pas mort sous le peintre, comme vous, comme moi, comme tout le monde avait été si heureux de le croire : il n'était qu'assoupi et voilà qu'il se réveille avec un bruit terrible d'armures, un cliquetis d'épées, de chaînettes et de hauberts, un tintamarre de ferrailles à faire croire que tous les diables d'enfer viennent de s'échapper du Musée d'artillerie. Qu'est-ce que M. Penguilly a voulu nous prouver

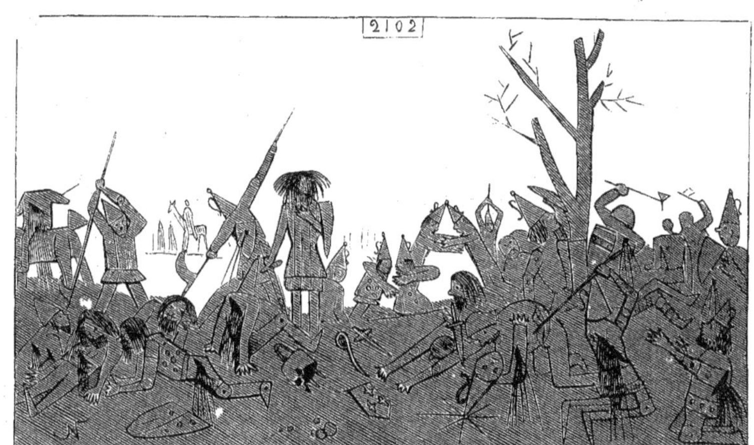


ici avec ces figures de valets de carreau? qu'il sait peindre? — La belle nouvelle et la belle avance!

Ceci est une erreur complète de M. Penguilly, et j'estime assez ce galant homme de peintre pour lui dire très-crûment ma pensée. *Le Combat des Trente* est un tableau trente fois inutile : les gourmets en archéologie militaire pouvaient et peuvent encore aussi bien consulter les estampes d'annonces anciennes, estampes qui ont été faites pour cela : la peinture, c'est autre chose. Sa destinée et sa mission ne sont pas de galvaniser les épopées mortes, celles de ce genre surtout.

Et je ne veux pas plus de Montauban que d'Horatius Coclès. Dans la peinture, comme dans le roman et au théâtre, l'école historique est morte et enterrée. Je n'irai pas prier M. Hume de la faire revenir.

Une bonne toile de M. Juglar. M. Couture, son maître, ne l'a pas tout à fait gâté : *les Pifferari* sont d'une couleur solide, bien qu'un peu terne. Je m'imagine que ces deux Italiens doivent bien se presser de gagner des sous pour faire élargir leur cadre. Je n'ai pas vu les deux portraits de M. Juglar, et j'en suis fâché, car on m'en a dit du bien.

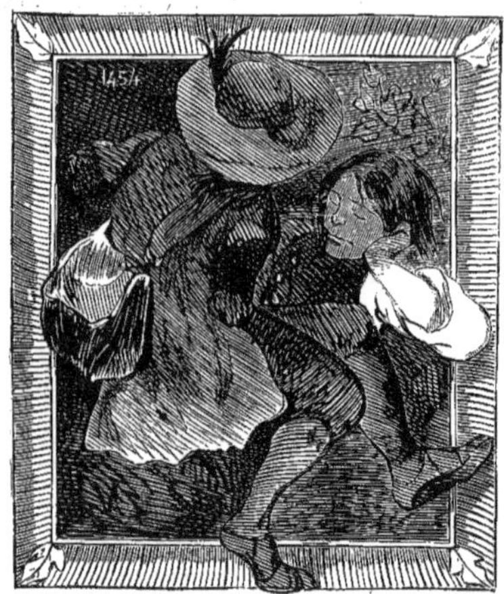


M. Cals. — Peinture sentimentale et venimeuse.

M. Galetti. — Deux grandes et très-remarquables toiles, *les Environs de Compiègne* surtout, quoique traitées dans une gamme un peu grise qui tombe trop dans une manière habituelle.

M. Geffroy. — *Molière et le caractère de ses comédies.* Une prétention peu justifiée, peinture froide et plate ; je n'aime pas plus la peinture de M. Geffroy que la sculpture de M. Mélingue.

M. Moreau. — Études de chiens excellentes. Large touche et facture essentiellement facile et savante.

Une forte dame remplit le cadre 1913, potelée, fraîche, brune et appétissante, ma foi, avec ses trois mentons : dame bien mise en vérité et qui ne ménage ni le velours ni la dentelle, mais ce à quoi elle tient le plus, c'est à la place qu'elle a payée dans le portrait de M. Merle. Et elle y tient tellement qu'à peine laisse-t-elle un tout petit coin à son fils qui passe, sans doute, après coup et par-dessus le marché. M. Merle a eu tort de se prêter ça. C'est vilain, Merle !

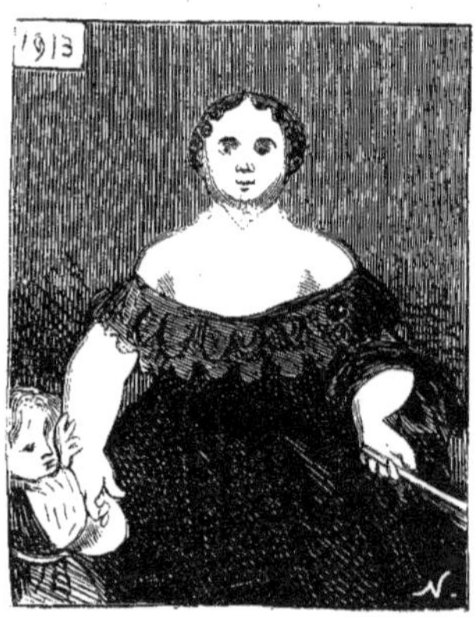


M. Veyrassat. — Très-bien, son *Berger* au soleil couchant.

Je m'imagine que M. de Montpezat est un homme du monde très-spirituel, qui se moque fort agréablement d'un entourage de jeunes gens bien gantés et porteurs de rigole sur la tête, en leur faisant prendre ce qu'il fait pour de la peintures.

M. Morain, auteur d'une excellente copie de la *Descente de croix*, de Rubens, n'a envoyé qu'un bon portrait. Ce n'est pas assez.

M. Jalabert. — *Roméo et Juliette*, ou le *Baiser frappé à la glace*. École fondée par feu Ingres. M. Wilhems en est aussi un peu, *savez-vous ?* — Son président de *Belleyme* est long comme une tringle à rideau.

M^me^ Bibron ne sait même pas ce qu'elle fait en appelant ses pattes de mouche à l'huile, de la miniature.

Un fort bon point au basset Ravageot de M. Jules Didiez.

M. Legros. — Un excellent portrait à la façon d'Holbein, un peu sourd de ton, ce qui n'était pas indispensable. Erreur d'archaïsme; le temps met son glacis au tableau des vieux maîtres et il faut voir au delà.

Appelez M. Hamon et le coquet Galimard; appelez tous les gracieux, les jolis, les raffinés de la palette et du ciseau, et jetez-leur hardiment le défi de rien faire de plus touchant que ceci. M. Paufard fait hésiter une jeune bossue entre un chat, un hanneton et sa bosse. Rien de plus émouvant que ce petit drame à quatre personnages (y compris la bosse de la malheureuse).

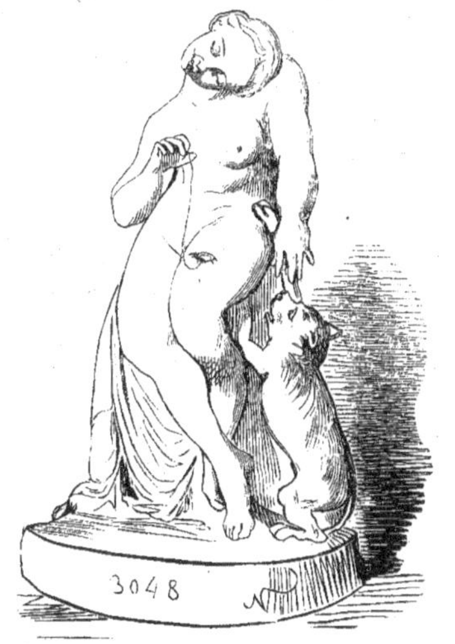


Ceci s'appelle *une Copie pour le Ministère* (Voir le Livret). — Si j'étais directeur des Beaux-Arts, cela ne m'encouragerait pas à en donner une à M. Melicourt-Lefebvre.

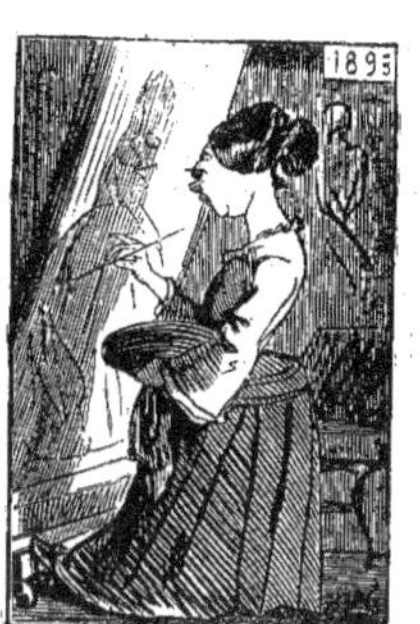


Je préfère la *Maison de Royat* (Auvergne), de M. de Varennes, à ses *Bords du Morin*, un peu pêle-mêle et confus. Son intérieur

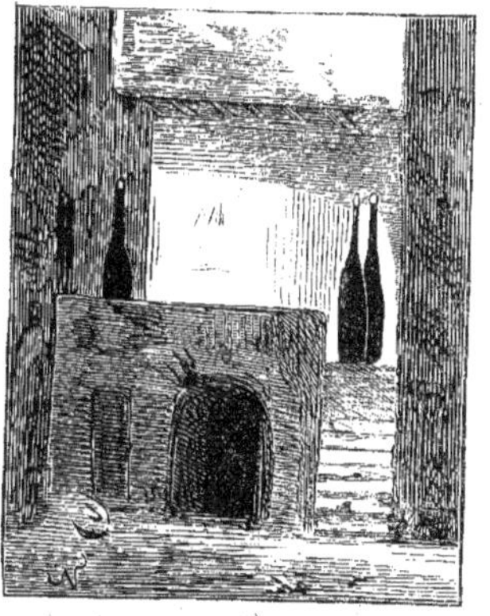

de cour a une physionomie singulièrement originale et individuelle : les trois étranges figures noires qu'il y a placées attirent l'œil, non pas seulement par l'exagération de leur dessin, mais par l'harmonie qu'elles apportent dans le tableau où elles arrivent hardiment en la note la plus élevée.

Les portraits de M. A. Bracquemond ont un charme singulier pour moi. Sobre de faire, poussant le respect de la forme jusqu'à la superstition, studieux et patient comme les graveurs au bon vieux temps, M. Bracquemond arrive nécessairement à obtenir de chacun de ses modèles la pensée profonde et le sentiment intime. On sent qu'il se met en communion avec l'être qu'il dessine, et par sa fervente ardeur de la vérité et la sainte obstination de son étude, il vous fait rêver devant la nature la plus vulgaire comme devant un Holbein. M. Bracquemond est un des trois ou quatre artistes les plus intéressants que je sache.

Entre les portraits de Mme et de Mlle Mamignard (*sic*), M. Lanzirotti nous offre le buste du docteur Lagneaux.

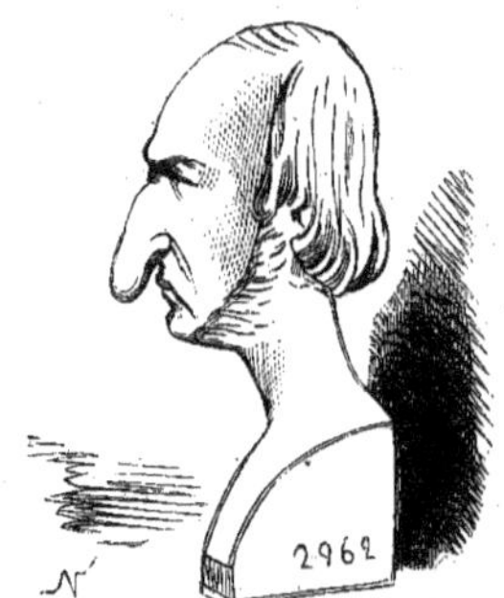


M. Lagneaux n'a pas l'air content, — et il y a de quoi.

Hugolin, dit l'histoire, dévora ses enfants pour leur conserver un père. — Si la même nécessité poussait le père de l'Enfant Prodigue, je l'excuse de dévorer son enfant au retour. Plaisanterie à part, il y a du mérite dans cette œuvre de M. Cumery.

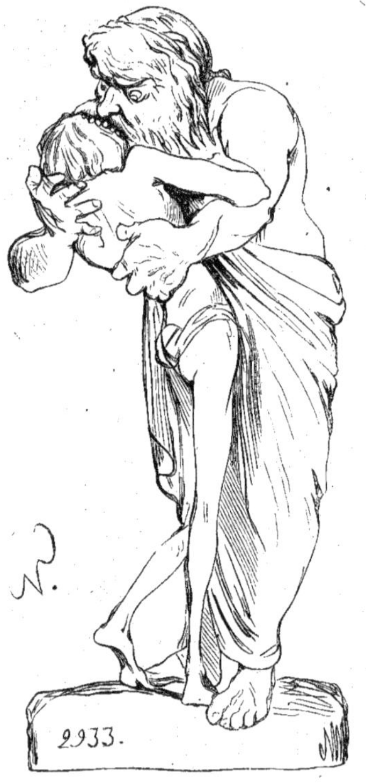

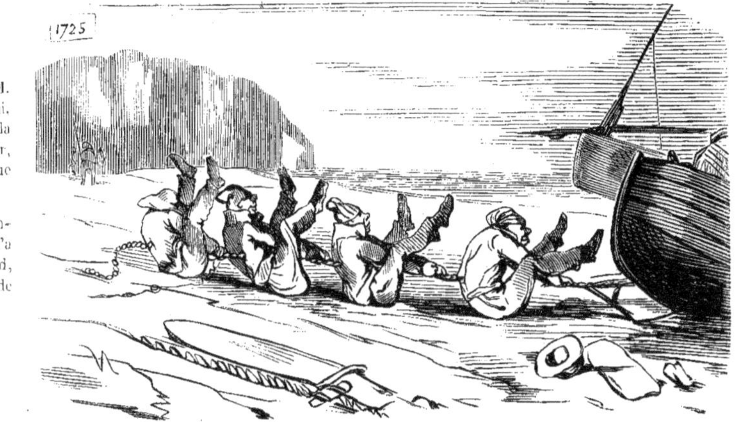


J'aime la peinture de M. Lépoittevin. C'est frais, gai, alerte · cela sent l'amer de la plage, — la plage de la mer, si vous voulez, pendant que nous y sommes.

L'habileté de cette peinture est énorme et elle n'a l'air de rien au premier abord, avec son allure tranquille de naïve bonhomie.

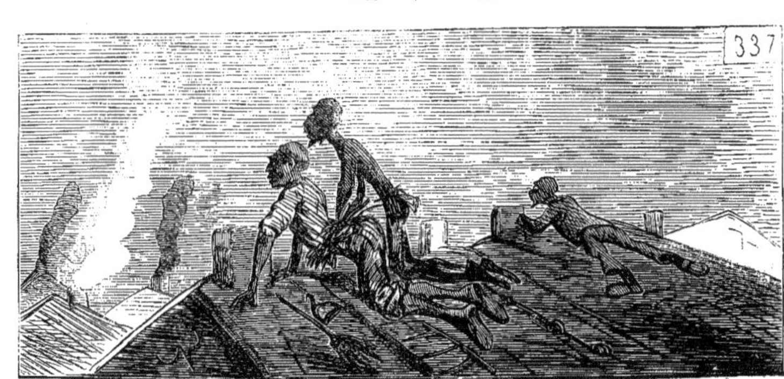


M. G. R. Boulanger a une exposition importante. Ses *Ramoneurs cherchant les cheminées à ramoner* est celui de ses tableaux que je préfère. Un vrai talent pour parler sérieusement.

*La Femme à queue de paon*, espèce nouvelle découverte par M. Picou (saint Gérôme, *ora pro nobis!*) Rien des Niam-Niams!

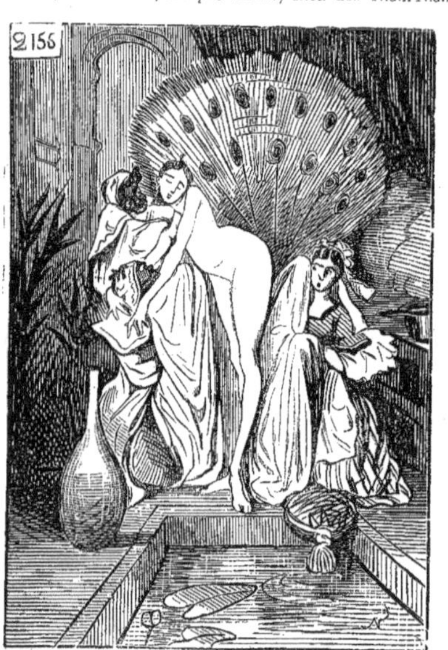


M. Saltzmann. — Haute école de paysage.

M. Bida. — Tout a été dit sur les dessins de M. Bida, qui a su épuiser les formules de l'éloge. Nous n'avons qu'à mettre, de grand cœur, notre « approuvé » au bas de ses envois.

M. de Saint-François. — Un vrai talent qui n'est pas encore classé, ce qui n'est pas justice. Vous rappelez-vous, de lui, un lever du soleil couchant dans les montagnes de l'Atlas?

M. Bin. — *Baptême de Clovis*. Un souvenir de Lesueur : éclat doux. Bon tableau.

*Curiosité de femme*, dit à son tour M. Loustau. Que M. Loustau sache donc que ces titres-là n'engagent guère la curiosité du spectateur. Quant au sujet, il est dérisoire et la peinture est pitoyable. Ah! la friponne et l'heureux coquin! — Les vilains bourgeois que cela fait et qu'ils sont désagréables!

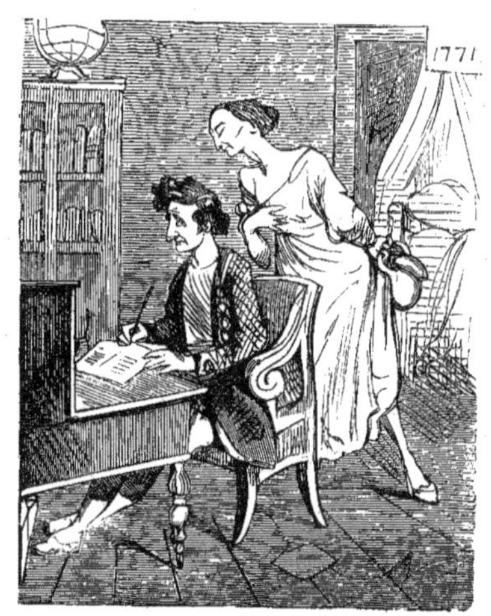


M. Descoffe. — Ses deux coupes d'agathe sont d'un rendu miraculeux. Mais quelle désagréable chose que son atelier, malgré le soin infini et la conscience de la peinture! Des types chargés jusqu'à l'abominable, d'allures triviales et presque repoussants...

M. Ronjat. — A mettre à côté de l'atelier de M. Desgoffe, non loin de l'atelier de feu Fontallard. Leurs types peuvent se donner la main, car ils doivent se connaître. Le modèle qu'on exécute est bourgeois jusqu'à en être bestial.

L'*Intérieur de forêt* (256), surtout, de M. Bodmer, est une admirable chose. Ficelle du diable. C'est limé, gratté, frotté, mais l'effet est forcément atteint!

Le tableau officiel de M. Bouguereau est assez exécrable; ses découpages à la cire ne sont que de grands dessins enluminés, sans intérêt d'aucune espèce. De bons garçons excusent ces choses-là en parlant *du style*. Il est fâcheux que le père Ingres ait gâté ce petit moyen-là.

---

Une *Madeleine* de Mme de Guizard; je préfère le crochet et le plumetis.

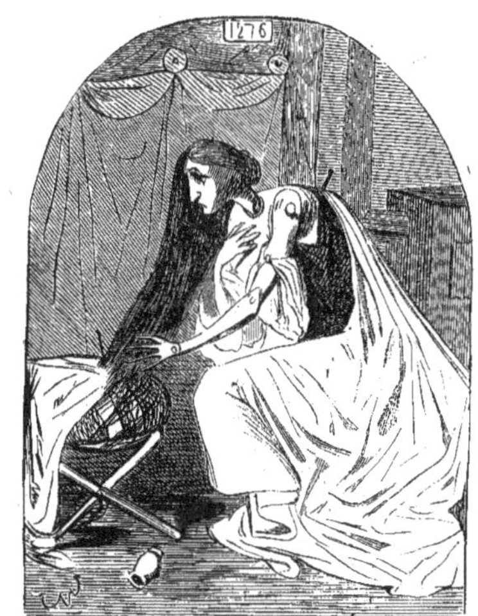


M. Vernet. — Le maréchal Canrobert pourrait être disposé en joujou comme les petits chiens *oua-oua* à soufflet. Il y avait autre chose à faire, assurément. — N'insistons pas sur le grand malheur de l'*Alma*, qui se trouve justement placé en pendant avec le *Débarquement* de M. Pils, qui lui donne un si gigantesque soufflet, — et évitons de trop rire devant le *Zouave trappiste*, — une idylle militaire, — l'école Hamon en pantalon garance.

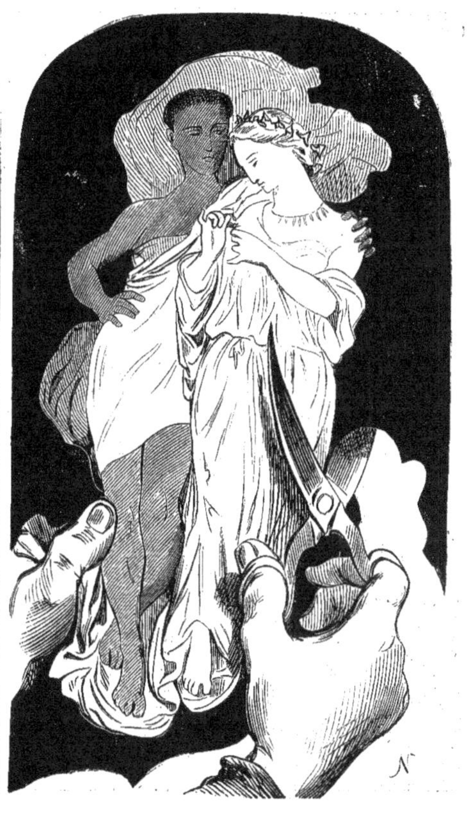

Ceci est une erreur assez complète de M. de Mercey pour que nous ne l'omettions pas. Qu'il nous donne des toiles comme son excellente *Etude de paysage*, à la bonne heure!

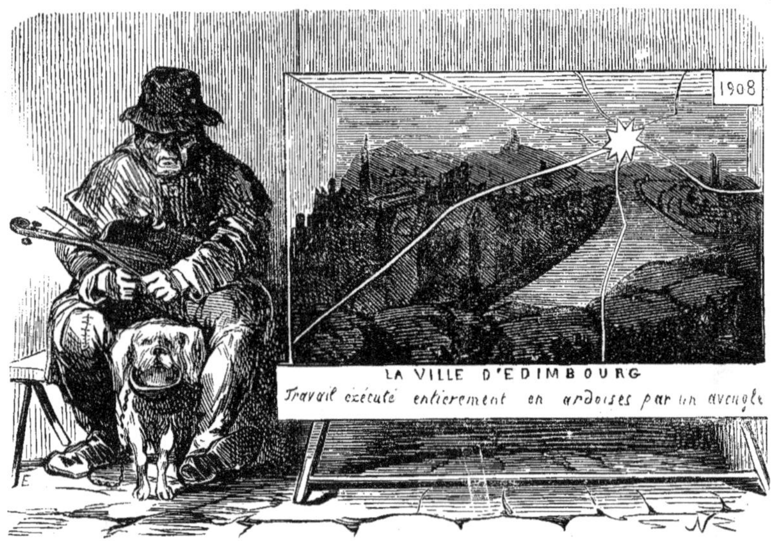


Je veux dire tout de suite que je trouve mauvais le tableau de *Léandre et Isabelle*, afin de n'avoir plus qu'à exprimer toute ma sympathie pour M. Maurice Sand et ses œuvres. J'aime d'autant plus M. Sand qu'il s'est donné la peine d'avoir un très-réel talent, lorsqu'il pouvait se contenter tout simplement de vivre protégé par le plus grand nom que je sache. Ceux qui m'ont reproché quelquefois de pousser jusqu'au fétichisme mon admiration pour ce nom glorieux, ne peuvent hésiter à reconnaître un sentiment profond et tout particulier dans les toiles et les dessins de M. M. Sand. Il s'est inféodé complétement le fantastique paysan, qui n'est pas plus le fantastique d'Hoffmann que le fantastique Allemand ne ressemble au fantastique de M. Paxton, traduisant Shakspeare sur la toile. *Le Grand Bissexte, le Loup garou, les Martes, les Trois Hommes de pierre, le Follet*, sont des légendes pleines de terreurs, et on dirait que M. Sand y croit, tant on éprouve devant ses œuvres le frémissement, l'*horror* du *lucus* et les épouvantes de la nuit noire dans les plaines.

Les Lupins sont d'une naïveté charmante « Ce sont des animaux qui ressemblent à des loups, nous apprend M. Sand. Ils sont très-peureux, se rassemblent d'ordinaire le long des murs des cimetières et, s'ils aperçoivent quelqu'un, ils s'enfuient en criant : Robert est mort! Robert est mort! — Qui était ce Robert? Là n'est pas, pour le moment, la question, et nous n'avons qu'à regarder ces fantastiques et poltrons Lupins adossés en effet contre le grand mur. Ils jouent entre eux : d'autres, plus graves, se tiennent immobiles et adossés comme à une *petite Provence*, et l'un halette, la langue pendante, aux rayons de la lune qui découpe leurs silhouettes sur le mur. Bien au fond du tableau, le spectateur aperçoit un voyageur qui s'avance : mais les Lupins ne l'ont point vu encore. Dans un moment, ils vont se sauver et disparaître dans les ténèbres.

M. Maurice Sand a le talent le plus sympathique qui soit au monde.

M. Berchère. — Section des Orientalistes. Serré comme Gérôme, brillant comme Fromentin, sympathique comme Frère, et lumineux comme... lui-même.

*Psyché abandonnée par l'Amour* devint si triste, s'il faut en croire M. Dubois, qu'elle en devint maigre à ce point que les dieux, prenant pitié de son sort, la changèrent en une tringle de rideau qui porte son nom.

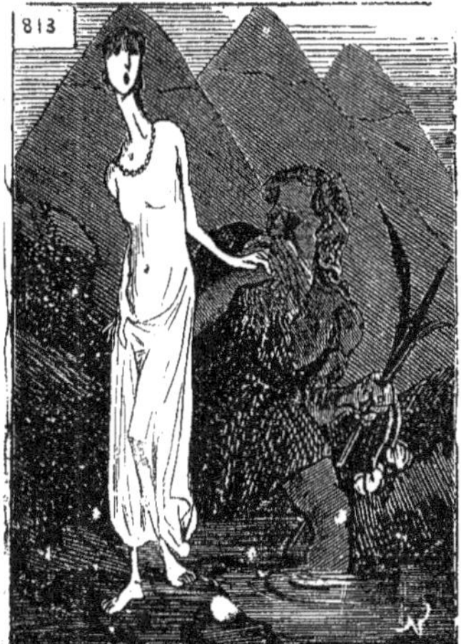


Pour en finir avec M. Hamon, une dernière esquisse :

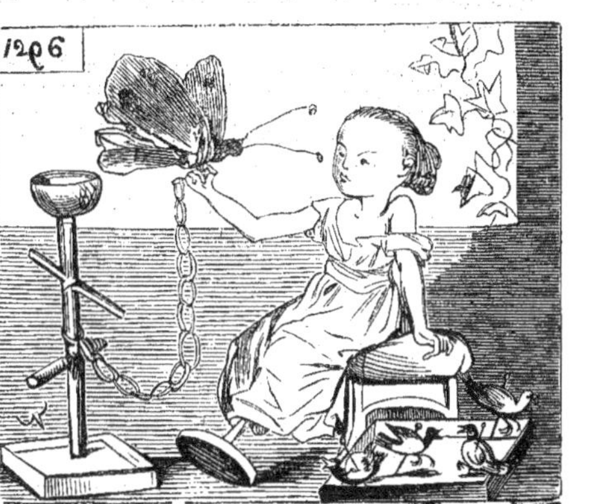


J'aime les tableaux de M. Servin. Il nous apprend que Leleux, Penguilly, Fortin, n'avaient pas encore tout dit sur la Bretagne et ses Bretons. Féval en serait jaloux, si sa grande âme n'était au-dessus de l'envie.

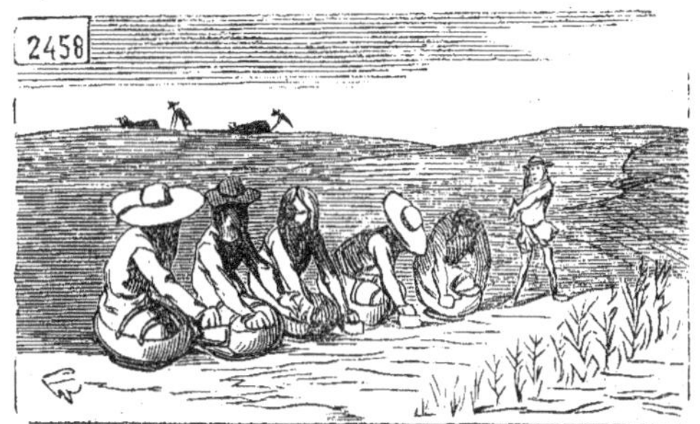

Il est certainement difficile de sauver plus spirituellement que ne l'a fait M. CAMBON un su et tant soit peu vieillot, traité par une main qui n'est pas complétement neuve. Un modele grec qui salue l'aurore avec sa lyre en l'air : — *Comment le soleil se levait autrefois*, dit M. Cambon, et vous voilà tout de suite raccommodé avec ce tableau, et y cherchant et y trouvant les excellentes qualités qui ont valu à M. Cambon sa réputation de grand décorateur.

Sculpture polychrome, la ΜΠΑΣΙΑ, par M. CAILLOUÉ. Les lauriers de M. Cordier empêchaient sans doute M. Cailloué de dormir, et il s'est jeté en bas du lit pour nous donner cette figure de charbonnière tragique. Ce n'est pas plus mauvais qu'autre chose, en vérité, mais ce n'est pas meilleur non plus. Je n'ai pas vu encore les deux autres sculptures de M. Cailloué, qui me raccommoderont peut-être avec lui.

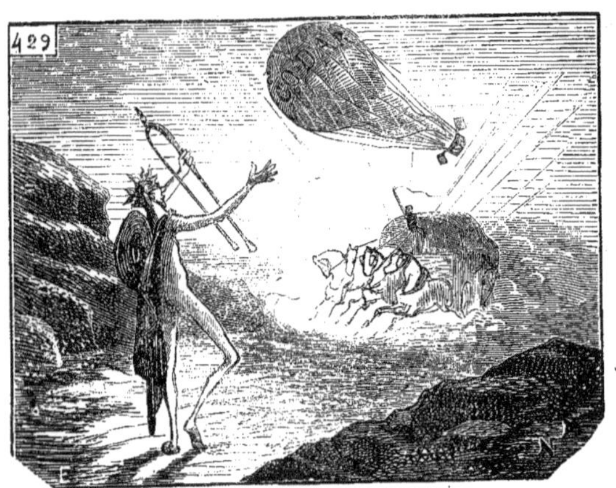


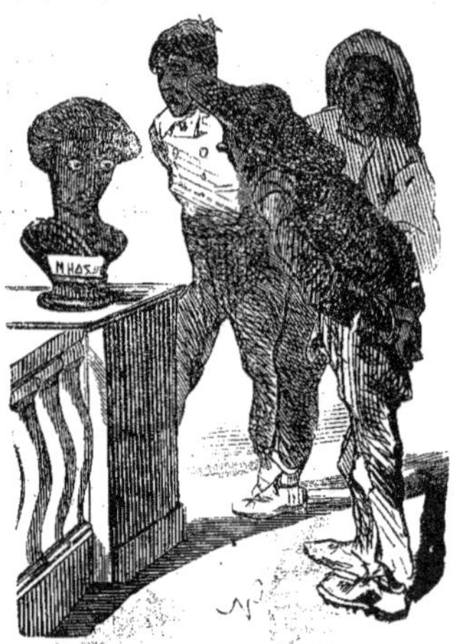

Il y a dans le monde des arts et dans cette génération ardente et généreuse qu'on groupa après 1830 sous la bannière du Romantisme, un homme, un grand artiste, coloriste-né tout autant que dessinateur plein de fougue et de puissance. Cet homme a prouvé bien des fois, toutes les fois qu'il a trouvé pour cela une heure dans son existence si bien remplie, qu'il était un de nos bons peintres. Chacune de ses toiles est d'un sentiment bien individuel et exquis, plein de fraîcheur et de charme. Mais ce ne fut là que le détail et comme l'appoint de son œuvre et une manière de gage qu'il nous donnait : cette autre forme de l'art qui s'appuie sur l'industrie, et, plus utile dès lors que la peinture, puisque, plus populaire, elle emprunte à la mécanique des moyens de vulgarisation presque infinie, la lithographie avait rencontré cet homme à son début, et l'ayant une fois essayé, elle ne le lâcha plus, désespérant de trouver jamais une science plus profonde de ses effets et de ses ressources, avec un génie plus brillant et une manière plus pittoresque.

Le martyr du crayon avait commencé dès ce jour la tâche sans trêve qu'à travers de longues années il a poursuivie jusqu'aujourd'hui, poussant courageusement devant lui, au soleil comme pendant la veillée, la pierre qui retombait toujours ; semant à gauche et à droite derrière lui les chefs-d'œuvre, amoncelant au fond du gouffre de la publicité les incalculables trésors de son imagination toujours inépuisable comme au premier jour. Vous l'avez vu partout et toujours, fantastique comme Hoffmann, délicat comme Sterne, sensible comme Michelet, passionné comme Sand, spirituel comme Beyle, sévère comme Lamennais, grandiose et terrible comme la Bible. Jamais une vie n'a été mieux remplie que celle-là, et c'est peut-être le seul exemple d'une semblable rencontre et d'une communion aussi complète et heureusement féconde entre une main et un cerveau. CÉLESTIN NANTEUIL, — je l'ai déjà nommé dix fois, — était, que je sache, le seul artiste qui pût ainsi se faire artisan sans déroger.

Si, maintenant, je regarde à côté de l'artiste, je trouve un homme profondément honorable et plus qu'estimé, — respecté de tous ses amis, — ignoré aux antichambres, n'obtenant rien parce qu'il ne saurait demander, doux, modeste, désintéressé, fraternel, silencieux, sans envie comme sans haine, si bon que j'ignore s'il sait seulement mépriser; caractère plein de fermeté, cependant, pour lui-même, et énergique aux devoirs qu'il s'impose ; dévouement infatigable et muet, rayonnant sur tout ce qui l'entoure ; vie de sacrifices et d'abnégation, au-dessus même des déceptions, fine et première fleur d'honnêteté et d'honneur. Je ne sais pas de plus véritable grandeur, pour ma part.

Maintenant, j'en atteste tous ceux qui aiment ce talent charmant et qui connaissent ce galant homme, viens-je de dire un seul mot au delà de la chose qui est ?

Un très-grand homme d'État et d'un caractère honoré me racontait qu'il s'était vu contraint une fois de monter à la tribune pour défendre un projet de loi contre lequel il s'était énergiquement prononcé dans le conseil. « Et votre conscience? lui dis-je. — Et la raison d'État? me répondit-il. Il y a des choses que vous ne comprenez pas, jeune homme ! »

Ma foi, non! et tant mieux. Ah ! oui, jeune et bien jeune suis-je et serai-je toujours pour ces choses, je le jure sur le souffle que j'ai en moi et mon amour fervent de la vérité. Et puisse mon dernier ami dire après moi et de moi comme unique éloge : « Un pas mauvais garçon, mais un pauvre homme en politique ! » j'aurai bien vécu.

Que je me gouverne moi-même, j'ai la vue tout juste assez longue, sans prendre autrement charge d'âmes, sans l'orgueil et l'opiniâtreté qui font le candidat, sans les autres vertus qui font l'élu, hors des fines marches et contre marches, loin des buts qui justifient les moyens, des morales *ad usum* et des nécessités de situation. A d'autres le soin de frapper, à d'autres même la charge plus douce de soulager et de bienfaire. Je resterai dans mon coin sans regrets, si je garde l'enthousiasme du bien, l'horreur et le mépris pour le mensonge, l'injustice et la violence.

Mais, mon bon et cher Nanteuil, il faut que tu en prennes ton parti: si je ne suis jamais Gouvernement, tu cours grand risque de n'avoir jamais, comme Gérard de Nerval, la croix que tu mérites depuis si longtemps.

Mes excuses aussi bien sincères à M. DAUBIGNY, que j'aurais eu, depuis cinq ans, l'occasion de faire déjà Commandeur. J'ai cherché encore vainement, cette fois, son nom à la première ligne des recompenses : je ne puis croire réellement, cette fois, qu'à une erreur du compositeur, car il est impossible de rien voir de plus merveilleux que ses quatre tableaux de cette année.

Décidément, je n'aime pas le tableau des *Deux Pigeons*, et je préfère de beaucoup *le Poussin* et les portraits de M. BÉNOUVILLE.

Le sujet, tout intime, ne se prêtait pas à ces développements épiques, et il est traité confusément, si bien qu'on ne sait trop si la colombe du logis n'est pas plutôt disposée à repousser le pigeon au retour qu'à lui ouvrir la porte. Le geste est beaucoup trop dramatique, la facture blaireautée et glaireuse, le ton général terne et froid.

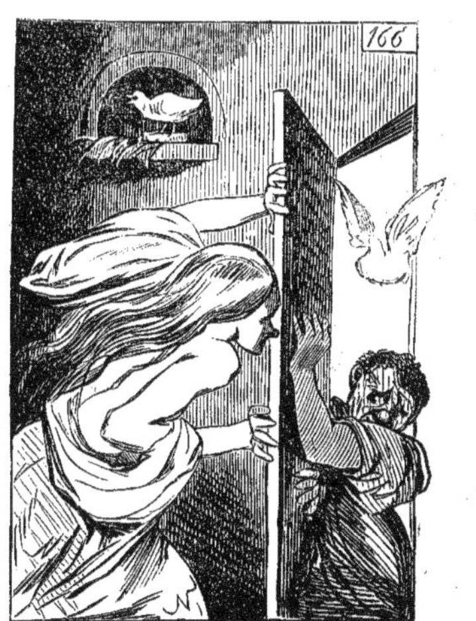

Louis Jourdan, exécuté entièrement en coquillages, par M. Etex. Je ne croyais pas Louis Jourdan aussi marin que cela. — Mais commençons le défilé grotesque d'une foule de têtes excentriques qui ont eu la funeste

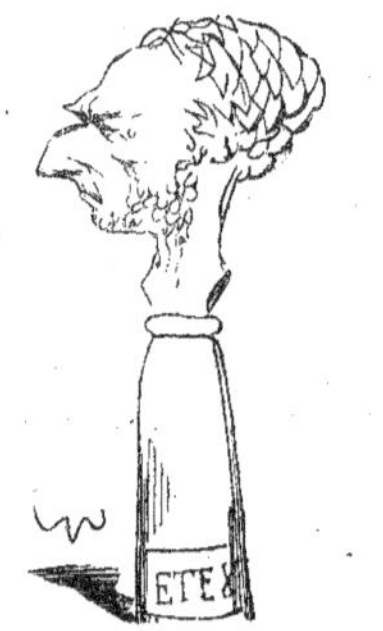


idée de demander leur reproduction à la sculpture, qui n'en peut mais. Qu'est-ce que M. Lequien, par exemple, pouvait faire de cette tête-là ?

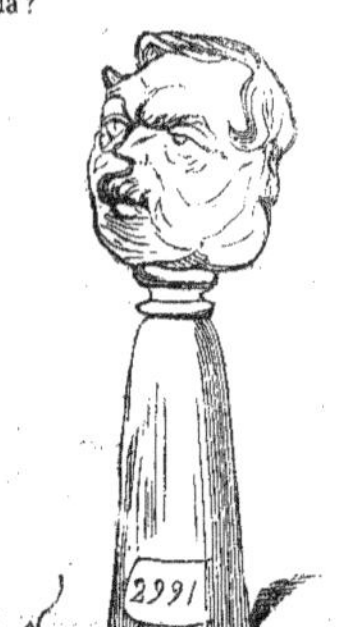


M. Louis Falconis, de celle-ci ?

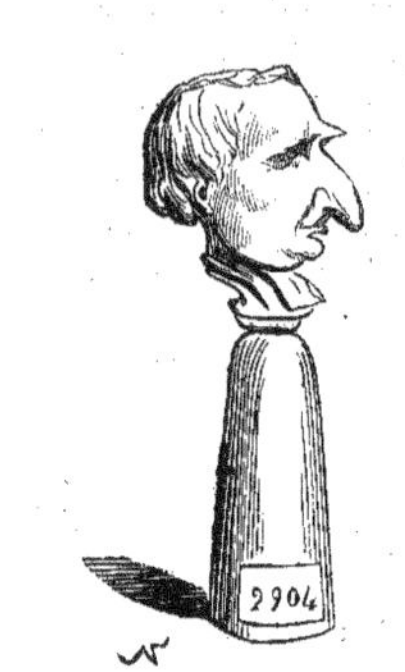


M. Lami, malgré tout son talent, de cette autre ?

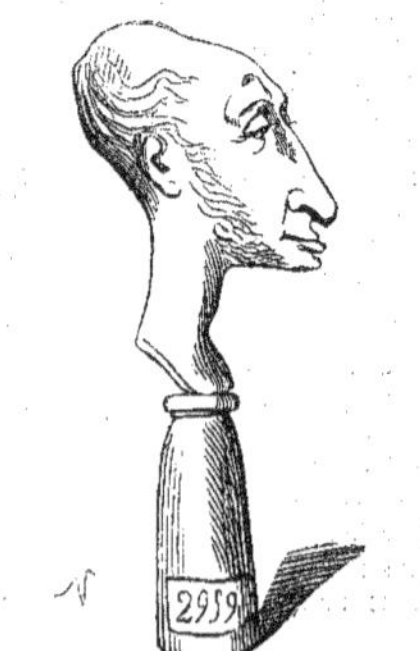


M. Jules Cambos, de cette autre encore ?

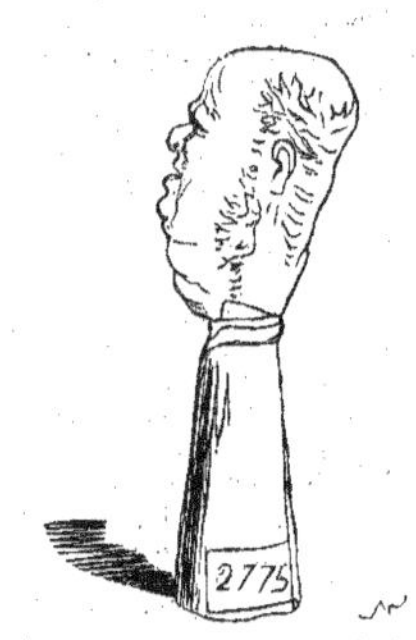


M. Jean Chardon, de celui-là ?

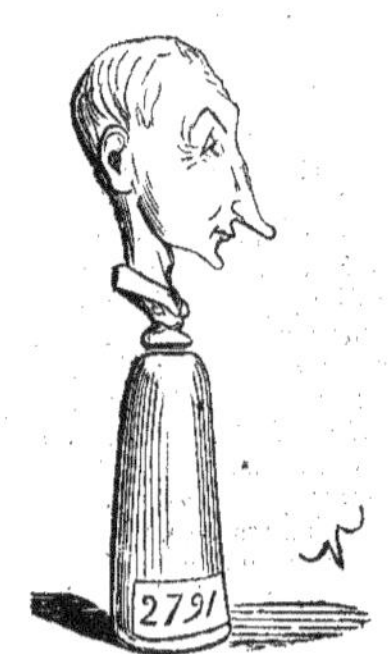

M. Léon Falconier, de celui-ci?

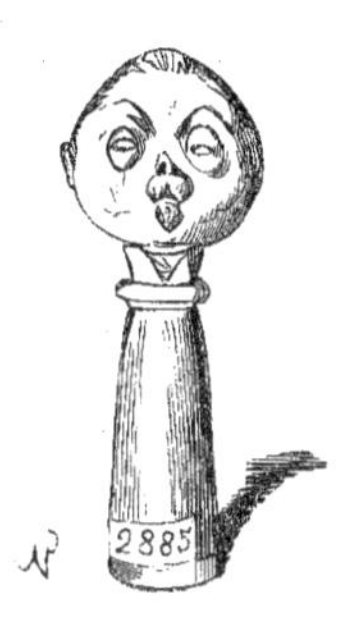


Pourquoi tous ces braves gens n'ont-ils pas aimé autant se faire peindre par M. Cesbron-Lavau, comme M. Dancla?

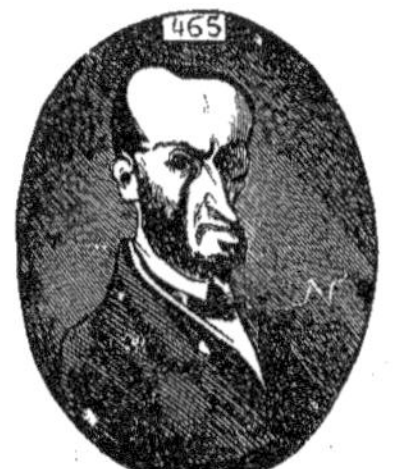


M. Auguste Legros est élève de l'École de Lyon. C'est un tort originel qu'il rachète, le plus qu'il peut, par la délicatesse de ses compositions et la distinction de ses lignes. Il envoie deux *pieta* favorables au développement des sentiments religieux pour les personnes qui pratiquent le jeu de la main chaude.

Autre *pieta* de M. Timbal, qui n'est, en vérité, pas plus mauvaise que les meilleurs tableaux de convention opérés sur le même sujet. M. Timbal ne m'en voudra pas si, pour la rapidité du récit, j'ai supprimé ici quelques accessoires.

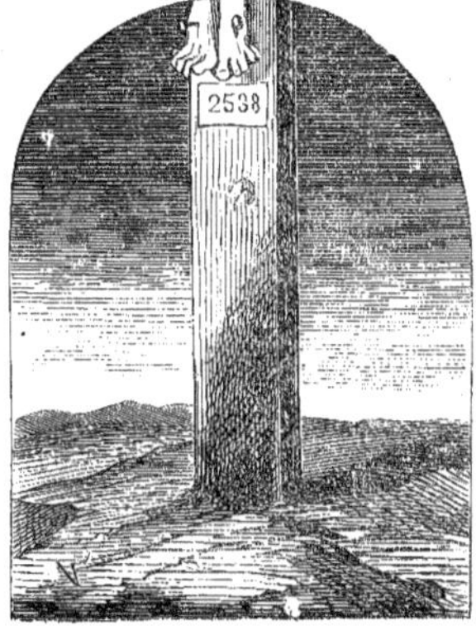


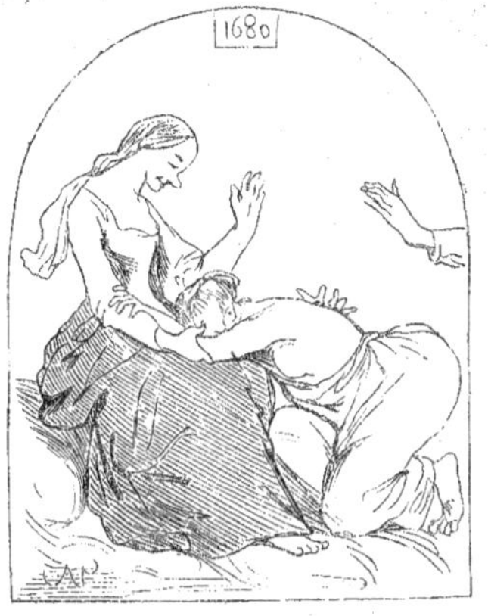


Les compositions de M. de Balleroy ne sont pas très-heureuses et ne sauraient être complétement rachetées par l'étude et le rendu de ses animaux. Ainsi, dans l'*Hallali de loup*, où l'ensemble manque. Dans l'*Hallali de cerf*, le chien — cavalier — seul est écrasé : celui de dos est inutile, puisqu'il ne fait rien. — Ses tableaux décoratifs de salle à manger présentent aussi de la confusion. Manque de parti pris dans les plans, la première qualité du décorateur.

Les Van Moer du Salon peuvent lutter avec *les Canaletti* de Manchester, sa *Porte d'entrée du Palais ducal à Venise*, surtout. M. Van Moer est l'honneur du pays belge.

Axenfeld. — Bons dessins, — le portrait de M. F... surtout.

J'ai presque envie d'être sévère pour M. HEILBUTH et, en vérité, je trouve que quelques peintres du Nord abusent un peu du sujet insignifiant : *Palestrina*, — *Etudiant*, — *Politesse*. Un contradicteur m'a soutenu qu'il y avait plutôt trop de sujet que pas assez dans cette dernière toile. Je ne serai pas de cet avis d'ici à quelque temps et je persiste à croire que M. Heilbuth a tort de faire de parti pris de la peinture qui ne veut rien dire. L'exécution, si distinguée qu'elle soit, ne saurait jamais, pour moi, prévaloir complétement contre ce défaut-là.

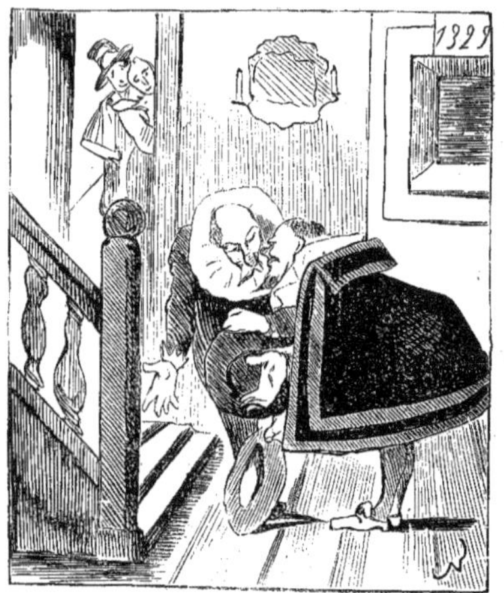


TABAR. — *La Horde des Barbares* serait un excellent tableau, si elle n'était pas restée un peu trop à l'esquisse.

Pour Dieu ! que M. BATTAILLE prenne bien vite M. Cibot bras dessus, bras dessous, et qu'ils s'en aillent ensemble étudier comment M. Baron, M. Nanteuil, M. Meissonnier et tout le monde peint les figures dans le paysage.

FEU ZIEGLER. — Passons !

Deux bons portraits de M. VOILLEMOT. C'est fin, printanier et charmant.

Deux bons peintres, ces STEVENS. *La Consolation* est la meilleure chose qu'Alfred ait encore faite, selon moi ; il y oublie le ton un peu sourd et charbonneux de sa manière habituelle et que son frère Joseph emploie aussi quelquefois. Pourvu que cela ne sorte pas de la famille ! Rien n'est joli et spirituel comme les chiens de M. Joseph Stevens et bien que je ne le mette pas à cent piques au-dessus de Jadin, comme l'ami Rousseau, — un orfévre belge ! — je donnerais bien quelque chose pour que M. Stevens me gardât un chien de toutes ses chiennes.

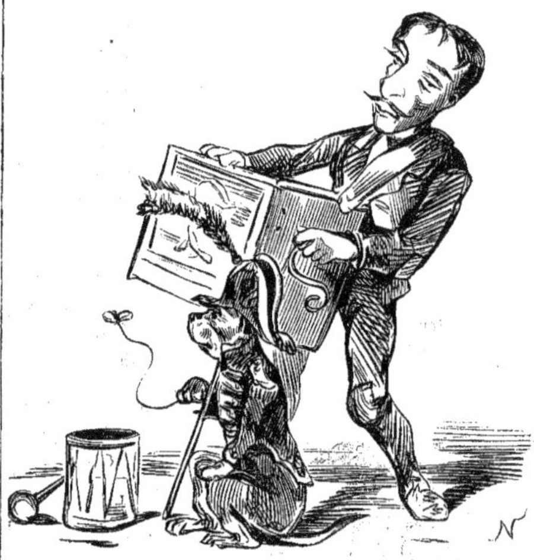

Mme ABEL DE PUJOL. — Un portrait sur porcelaine.

SUTTER. — Un admirable et magistral petit paysage italien.

J'ai peut-être été un peu sévère pour M. BOULARD et ses *Cuisinières*, et son *Règlement de compte* me raccommode avec lui. Spirituellement peint, un peu à la façon des Fortin, ce qui ne peut pas nuire.

M. SCHOPIN. — Hélas !

M. Blavier est petit, très-petit ; aussi se plaît-il à grandir et à idéaliser ses modèles, et à les draper majestueusement, si bien qu'il transforme un pauvre sot en Kléber et Mlle L. M... en belle femme, mais il ne faut pas s'y fier.

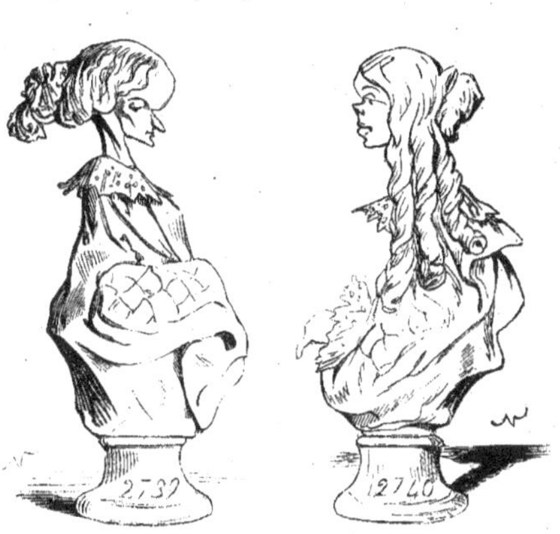


Les peintures indiennes et persanes, de M. Schoefft, ont un aspect sauvage et terrible de fascination. Vous oubliez que cette couleur est atroce, que la manière est pénible et ignorante jusqu'à être enfantine, pour trouver je ne sais quelle saveur étrange à ces peintures âcres et rancies. C'est curieux et attachant comme un dessin du prince Soltykoff ou une page de Cooper. Vous rappelez-vous les toiles de l'Américain Cattlin ?

Grand progrès dans M. Schlesinger, que je n'aimais pas autrefois.

— Est-ce qu'on ne pourrait pas attacher M. Biard ?...

M. Vidal a étonné bien des gens, cette année, en leur apprenant que ce crayon, si finement taillé pour les élégances de la nature parisienne, pouvait se changer entre ses mains en un pinceau de peintre *pour de vrai*. Ce n'est pas que je sois fou de son portrait, dont le parti pris est trop violent sans nécessité, et que les tons verdâtres me gâtent. Mais le portrait de Mme V..., ses *Paysans de Plouescat*, son *Braconnier* (un Fromentin), sont des œuvres que tout coloriste signerait bien vite.

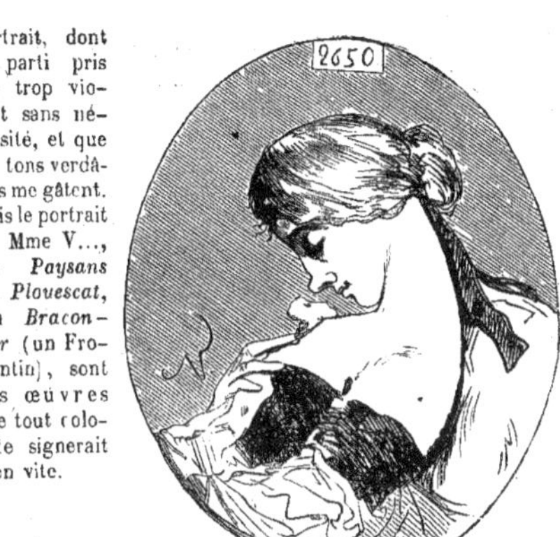


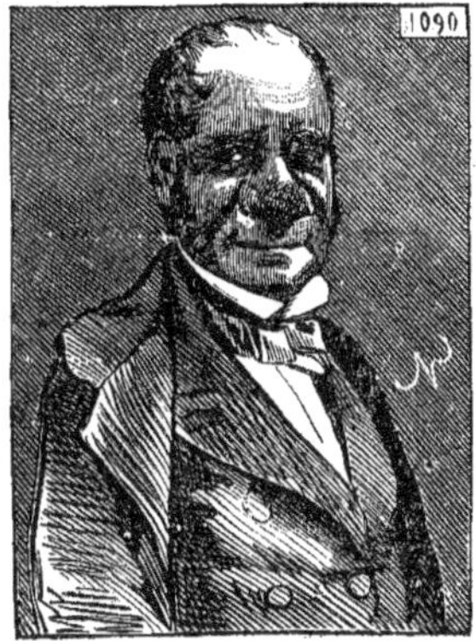


Autre trahison. M. Galbrund, auteur de tant de merveilleux pastels et, entre autres, du portrait de la belle Mme Bourdet, nous livre le spirituel et profond docteur Cabarrus avec un nez tant soit peu trop rose pour n'être pas un sycophante.

M. Benouville. — Étonnement bien légitime de Raphaël, en apercevant, pour la première fois, la Fornarina en tambour-major. J'aime mieux le tableau du *Poussin*.

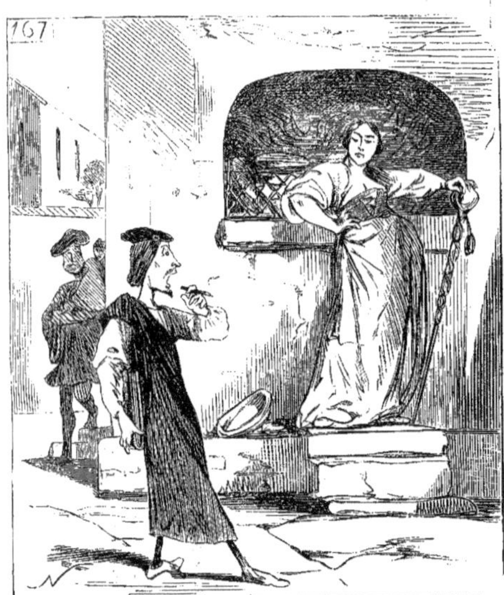


Mlle Bertaut. — Bonne élève d'un bon maître, qui a nom C. Nanteuil.

M. Faustin Besson. — Toujours frais, rose, charmant et Louis XV. L'Arsène Houssaye de la palette.

M. Seignac. — Petits sujets finement et heureusement traités.

Un enfant vient de dénicher un petit canard et il attend un coup de *cane*. M. Godin a allumé son imagination à ce sujet si heureusement trouvé, et il nous a donné une assez bonne étude.

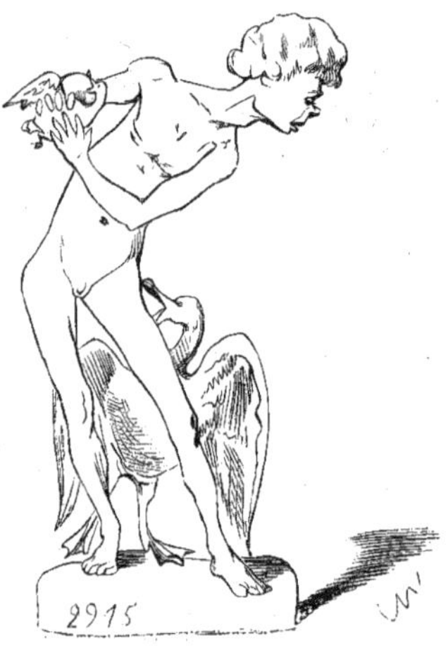


M. Barthélemy. — Un chef-d'œuvre, son *Naufrage*, sauf un chien qui ne me va pas tout à fait. Si j'achetais des tableaux, celui-là et un *Grain dans les dunes*, de M. Guillaume, seraient les deux premiers sur ma liste.

Un des plus sérieux talents de l'école française, je dis école à tort, car M. Millet est complétement original et de son école a lui. D'autres pourront reprocher parfois à ses figures un manque de souplesse dans le modelé qui leur donne quelque ressemblance avec des maquettes de glaise : je ne veux voir que le sentiment bien profond et intime de cette peinture essentiellement démo-

A tout cela mon père se contentait de répondre : — Ne craignez rien, monsieur, je connais les chemins ; je réponds de vous maintenant... ce n'est que de la neige!... mais il n'y a plus de danger par ici.

— Ce n'est que de la neige!... peste!... c'est bien assez, j'espère!... mes jambes sont gelées! mes mollets se resserrent tellement que je ne les sens plus!... Ah! l'horrible pays!... Champagne, prends garde à l'enfant, et suis-nous de près.

M. Champagne était probablement l'autre monsieur qui suivait mon père, enveloppé également dans un large manteau, mais sous lequel il paraissait tenir quelque chose avec beaucoup de soin.

— Nous voici arrivés, monsieur, dit mon père au moment où ils étaient devant la porte. — C'est bien heureux! dit le voyageur. Pendant qu'il se débarrasse de son manteau, nous courons nous jeter dans les bras de celui dont l'absence nous a tant inquiétés, sans faire attention aux personnes qui l'accompagnent. Peut-il y avoir, pour de simples Savoyards, quelqu'un qui mérite plus de soin qu'un père?

Le nôtre est le premier à nous faire songer aux étrangers. — Allons, mes enfants, nous dit-il, mettez du bois au feu; toi, Marie, vois ce que tu pourras offrir de mieux à ces messieurs... et cet enfant... tenez, vous pouvez le mettre sur notre lit... il y sera bien...

L'homme que l'on appelait Champagne, et qui portait un chapeau orné d'un large galon, ouvrit alors son manteau, et nous aperçûmes dans ses bras un enfant endormi. C'était une petite fille; elle paraissait avoir quatre ans tout au plus. Mais combien elle était jolie!... Jamais rien de si charmant n'avait frappé notre vue... Nous fîmes tous un cri d'admiration en l'apercevant; et nous entourâmes le monsieur dont l'habit était galonné comme le chapeau afin de voir la petite de plus près.

Une pelisse garnie de fourrure enveloppait son petit corps; un bonnet de velours noir, également fourré, couvrait sa tête charmante, et s'attachait sous son cou avec de beaux glands d'or. Des boucles de cheveux blond-cendré s'échappaient de dessous le bonnet et ombrageaient le front de la jolie fille. Sa petite bouche était entr'ouverte; une légère teinte rosée colorait ses joues; ses yeux étaient bordés de longs cils noirs comme le velours qui couvrait sa tête; elle dormait aussi paisiblement que si elle eût été bercée sur les genoux de sa mère.

La beauté, l'élégance de ses habits, son sommeil paisible après les dangers qu'elle venait de courir, tout se réunissait pour augmenter notre étonnement; chacun de nous s'était approché de M. Champagne; le petit Jacques lui-même avait quitté le souper, et, sa cuiller à la main, s'était glissé sous le manteau qui enveloppait l'enfant endormi.

— Oh! mon Dieu, la jolie petite fille! dit ma mère, c'est un ange!... — C'est-i une petite sœur? dit Jacques tandis que Pierre touchait légèrement avec sa main le large galon d'or qui bordait l'habit du monsieur. Pour moi, je ne pouvais rien dire, j'étais tellement frappé d'admiration, qu'il m'était impossible de détourner mes yeux de dessus la petite.

Mais, pendant que nous considérions l'enfant, l'autre monsieur s'était débarrassé de son manteau et approché de la cheminée. Impatienté sans doute par nos exclamations, il y mit un terme en s'écriant d'un ton impérieux :

— Allons donc, Champagne, allez-vous tenir cette enfant une heure comme cela!... posez-la sur un lit... si toutefois il y a un lit ici... Ensuite vous irez retrouver le postillon.

M. Champagne s'empresse d'exécuter les ordres de son maître : il suit ma mère qui le conduit vers son lit, placé dans le fond de la chambre. L'endroit où nous couchions mes frères et moi était situé à l'autre bout de la salle, et caché par un grand rideau de toile grise fixé sur une longue tringle de fer. L'enfoncement dans lequel était placée notre couchette formait un espace de quatre pieds carrés lorsque le rideau était tiré; cela composait tout notre appartement; mais nous y reposions paisiblement; et quoique le vent pénétrât quelquefois dans notre chambre à coucher mal close, les soucis et les insomnies ne s'y glissaient jamais : il faut bien que le pauvre ait quelques dédommagements.

Mes regards n'étant plus attachés sur la petite que l'on plaçait sur le lit de ma mère, je me retournai et j'examinai l'autre monsieur.

Il pouvait avoir cinquante-cinq ans; sa taille était petite, son corps maigre et fluet; quoique en voyage, il ne portait point de bottes, et le froid avait en effet tellement fait rentrer ses mollets, qu'on n'en apercevait aucun vestige. Sa figure était longue comme son nez, qui, de profil, était capable de garantir du vent la personne à laquelle il aurait donné le bras. Son teint était jaune ; un de ses yeux était couvert d'un morceau de taffetas noir fixé là par un ruban qui entourait la tête du monsieur, sans cependant lui donner aucune ressemblance avec l'Amour. L'œil qui lui restait était noir et assez vif; forcé de faire l'office de deux, son maître ne le laissait pas un moment en repos et le roulait continuellement de gauche à droite. Enfin, une expression de dédain et d'ironie semblait habituelle à la physionomie de ce monsieur, qui était coiffé en poudre avec une petite queue, qui, par-derrière, suivait tous les mouvements de son œil. En apercevant la figure de ce voyageur, il ne nous échappa aucun cri d'admiration.

L'étranger regardait d'un air mécontent l'intérieur de notre chambre. — Est-ce que vous n'avez pas une autre pièce que celle-ci où je puisse me reposer loin de tous ces marmots? dit-il à mon père en jetant sur moi et mes frères un regard d'impatience. — Non, monsieur; j'n'avons que cette grande chambre, qui fait tout notre logis... — Une chambre; ils appellent cela une chambre! murmure le monsieur en regardant son valet, qui venait de lui prendre son manteau et souriait d'un air respectueux à tout ce que disait son maître.

— Voyons... où vais-je me mettre? car il faut pourtant que je me mette quelque part... n'est-ce pas, Champagne? — Il est certain, monsieur le comte, que l'endroit est peu digne de vous!... mais enfin ce n'est pas la faute de ces pauvres gens... — Tu as raison, Champagne; l'endroit n'est pas digne de moi!... mais, puisqu'il n'y en a pas d'autre...

— Ah! si monsieur voulait être seul dit ma mère, nous avons encore là-haut un grenier où sont les provisions d'hiver... il y a de la paille fraîche...

— Un grenier!... de la paille! à moi?... Dis donc, Champagne, as-tu entendu cette Savoyarde? c'est vraiment trop fort!...

Et le monsieur roulait à droite et à gauche son petit œil qu'il voulait rendre perçant. Quoique placé derrière lui, je m'en apercevais par le mouvement qu'il faisait faire à sa queue.

— Ces paysans ne savent pas à qui ils ont l'honneur de parler, monsieur le comte. — Certainement ils ne le savent pas... Voyons, approchez-moi un fauteuil que je puisse m'asseoir.

— Je n'ai que cette grande chaise-là, monsieur, dit mon père en avançant le siége sur lequel il se reposait ordinairement, tandis que ma mère, le retenant par la veste, lui disait à demi-voix : — Mais c'est ta chaise, Georget! où donc te reposeras-tu?...

Mon père se retourna et lui fit signe de se taire; elle n'obéit qu'à regret, car le ton et les manières du voyageur ne la disposaient pas à se gêner pour lui.

— Point de fauteuil! dit celui-ci en s'étalant sur la chaise, étendant devant le feu ses petites jambes grêles et ses mains dont les doigts étaient chargés de bagues. Comme les routes sont mal tenues!... Il faudra que j'écrive au préfet de ce département. Ah çà! dites-moi, bonhomme, quand vous êtes venu près de ma voiture qui s'enfonçait dans ces maudites neiges, vous avez crié à mon postillon d'arrêter; pourquoi cela?... — Parce qu'il se dirigeait vers un précipice que la neige lui masquait; encore quelques tours de roue et vous périssiez tous!... — En vérité?... Comment, moi, le comte de Francornard, je serais mort comme cela en roulant dans un trou!... C'est une chose extraordinaire!... Dis donc, Champagne, conçois-tu cela?... Sens-tu à quoi j'étais exposé?... Et je dormais tranquillement dans ma voiture tandis que les périls les plus grands m'environnaient!... Par Dieu! si ce n'est pas là du courage je veux être un grand sot!... — Monsieur le comte n'en fait jamais d'autres! — Tu as raison, Champagne, je n'en fais pas d'autres; mais ce dernier trait sera, je l'espère, cité dans l'histoire de ma vie!... C'est que voilà au moins la dixième fois qu'il m'arrive de dormir au moment du danger... Te souviens-tu quand le feu prit à mon hôtel, il y a un an? c'était pendant la nuit... j'ai, ma foi, fait un somme pendant qu'une cheminée entière brûlait; et si l'on ne m'avait pas réveillé, j'étais capable de dormir comme cela jusqu'au matin pendant que chacun se sauvait. Dis donc, Champagne, c'est là du sang-froid!... — C'est ce que tout le monde admire en vous, monsieur le comte.

Pendant la conversation du maître et du valet, ma mère s'était approchée du lit sur lequel la petite fille continuait à sommeiller paisiblement. — Pauvre enfant! dit-elle, sans mon mari tu allais périr!... Ah! Georget, quel bonheur que tu aies sauvé cette charmante créature!... je suis sûre que ses yeux sont aussi doux que le reste de son visage... Oh! quelle différence auprès de ce vilain....

Mon père ne la laissa pas achever, et se hâta de lui imposer silence.

— A propos, dit alors le monsieur borgne en se tournant un peu vers ma mère, ma fille dort-elle toujours?

— V'tre fille! dit la bonne Marie en jetant sur l'étranger des regards étonnés, comment, monsieur!... c'te jolie enfant, c'est votre fille?

— Et qu'y a-t-il là de surprenant? dit le petit monsieur en relevant la tête. Si vous aviez plus de lumière dans cette chambre enfumée, vous verriez, bonne femme, que cette petite est en tout mon portrait.

M. Champagne, s'approchant du lit, dit à son maître : — Mademoiselle dort toujours!...

— Cette petite tiendra de moi en tout : le même sang-froid, le même calme dans le danger!... c'est dans le sang!... La famille des Francornard est connue pour cela depuis trois siècles!... Nous avons un de nos ancêtres qui s'est endormi sur un bélier au siége de Solyme... — La veille de l'assaut, monsieur le comte? — Non... le lendemain. Mon aïeul a eu deux fois un cheval abattu sous lui!... — A l'armée, monsieur le comte? — Non, au manége. Et mon père avait, quand il est mort, plus de deux cents cicatrices sur le corps... Dis donc, Champagne, deux cents cicatrices!... il n'y a pas beaucoup de gens qui pourraient en montrer autant!... — Peste! je le crois bien... c'étaient des coups d'épée, sans doute. — Non, c'étaient des piqûres de sangsues; il était extrêmement sanguin. Quant à moi, je porte sur mon visage des preuves de ma valeur!... — Il y a bien des personnes qui voudraient ressembler à monsieur le comte. — Oui, certes, Champagne; l'œil que je n'ai plus m'a fait faire bien des conquêtes... — Je crois que monsieur m'a dit que c'était en se disputant avec un Anglais qu'il l'avait perdu? — Oui, Champagne : pardieu! cette affaire-là fit assez

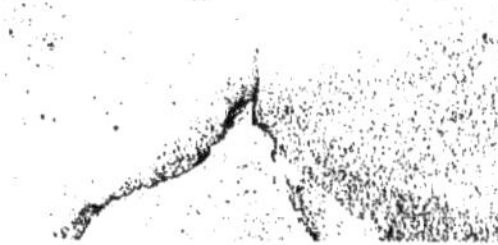

ce bruit!... nous nous disputions... à qui mangerait le plus vite... Je fus vainqueur, Champagne, et dans sa colère l'Anglais me lança à la tête un œuf dur qui fit sauter mon œil à dix pas!... — Ah! mon Dieu!... — Juge de ma fureur! si l'on ne m'avait retenu... je serais tombé sous la table!... Mais je suis bien vengé!... — Vous avez tué votre homme? — Oui, Champagne; un mois après nous avons recommencé le pari, et mon Anglais est mort d'indigestion.

La conversation du maître et du valet ne nous avait pas empêchés, mes frères et moi, de terminer notre souper. Ma mère allait à chaque instant considérer la petite fille; puis elle revenait près de mon père qui, debout au milieu de la chambre, son chapeau et son bâton à la main, attendait qu'il plût au voyageur de donner des ordres pour sa voiture et son postillon, qui devait geler sur la route pendant que M. le comte étendait ses jambes devant la flamme ardente de notre foyer.

— Sa fille! répétait ma mère à l'oreille de son mari toutes les fois qu'elle venait de regarder la petite dormeuse : comprends-tu cela, toi, Georget? — Oui, Marie, dans le grand monde on dit que l'on voit souvent de ces choses-là.

— Monsieur, dit enfin mon père en s'approchant de l'étranger, votre postillon est toujours sur la route... et... — Eh bien! c'est son état d'être sur les routes!... Ce drôle-là qui allait me jeter dans un précipice!... il mériterait que je le fisse sévèrement punir!... — Je crois bien qu'il se serait fait autant de mal que monsieur! — Ah! vous croyez cela, mon cher? Dis donc, Champagne, ce Savoyard qui se permet de comparer mon existence à celle d'un postillon!... — Monsieur le comte, ces gens-là ne sont pas en état de vous comprendre. — Tu as raison, cela vit et cela meurt comme des marmottes... sans avoir eu une pensée distinguée. Cependant, il faut que je reparte le plus tôt possible... je ne saurais rester longtemps en ces lieux... cela y sent la nature d'une force à vous asphyxier? Champagne, va avec ce Savoyard rejoindre la voiture; qu'on examine bien s'il n'y a rien de cassé... qu'on la mette dans le bon chemin; et, dès qu'il fera jour, nous partirons, je ne veux pas m'aventurer encore la nuit sur ces routes couvertes de neige. — Comptez sur ma prudence, monsieur.

M. Champagne sort avec mon père. M. le comte se rapproche du feu et ne paraît plus s'occuper de sa fille ni de nous. Au bout de quelques minutes un son prolongé nous apprit que notre hôte ronflait comme son aïeul après la prise de Solyme.

— Il faut vous coucher, enfants, nous dit ma mère. Votre vue ne paraît pas fort agréable à ce monsieur, qui sans doute n'aime pas les enfants; car, depuis son arrivée ici, il ne s'est pas approché une seule fois de sa fille. Avoir un bijou comme cela, et ne point l'adorer!... Ah! je n'y comprends rien!... Il faut que ces gens du grand monde aient la tête bien occupée pour oublier ainsi leurs enfants.

— Ah! ma mère, laisse-nous encore voir la petite fille, dis-je en courant près du lit. Pierre en fit autant, et notre mère prit le petit Jacques dans ses bras afin qu'il pût la bien voir aussi.

— Le beau bonnet! dit Pierre; les beaux habits!... — Comme elle dort!... dis-je à mon tour, ah! si elle pouvait ouvrir les yeux!... Je voudrais bien l'entendre parler, maman. — Elle a donc soupé? dit Jacques. — Probablement, mon garçon... ces gens riches ont de tout dans leur voiture. — Restera-t-elle avec nous? dit Pierre. — Non, mes enfants; elle repartira avec son père au point du jour. Que ferait dans notre pauvre chaumière cette enfant habituée à l'aisance, aux douceurs de la vie?... Et cependant, on l'aimerait bien, et peut-être plus que ce petit vilain monsieur, qui se dit son père!...

Dans ce moment, Jacques, en passant sa main sur la fourrure qui garnissait le bonnet de la petite fille, lui fit faire un léger mouvement; elle se retourna; sa pelisse s'entr'ouvrit et nous aperçûmes un médaillon pendu à son cou avec une chaîne d'or.

— Oh! le beau joujou! dit Jacques, et nous avançons tous la tête vers la dormeuse afin de voir de plus près le bijou.

— C'est un portrait de femme! dit ma mère. Les jolis traits! les beaux yeux!... ce doit être la maman de cette petite fille; oui, je le gagerais... elle lui ressemble déjà... Mais comment ce monsieur, qui n'a qu'un œil, a-t-il fait pour devenir l'époux d'une si jolie femme?... Georget a bien raison : dans le grand monde on voit des choses étonnantes, et qui sont toutes simples pour les gens riches. Allons, mes enfants, il faut aller vous coucher; vous pourriez réveiller cette petite... et ce monsieur vous gronderait... car il n'a pas l'air de se souvenir que mon mari lui a sauvé la vie ainsi qu'à sa fille; il ne l'a seulement pas remercié!... Ah! si Georget en eût fait autant pour un pauvre Savoyard!... Mais, si on n'obligeait que les gens reconnaissants, on ne ferait pas souvent le bien!...

Nous nous éloignons à regret du lit sur lequel repose la petite fille, que je ne puis me lasser de regarder. Mais il faut obéir à notre mère, et nous nous dirigeons vers notre petit coin. En courant à notre couchette, Jacques se jette étourdiment dans les jambes du monsieur qui dormait; il se réveille en sursaut et fait un bond sur sa chaise en criant à tue-tête : — A moi! Champagne!... à moi! on attaque ton maître...

La figure du voyageur était alors si comique, que nous éclatâmes de rire, mes frères et moi. — Ce n'est rien, monsieur, ce n'est rien, lui dit ma mère, c'est mon petit Jacques qui en courant a attrapé vos jambes; v'là tout?...

— Comment, ce n'est rien! dit l'étranger, qui se frotte l'œil et revient à lui... Je vous trouve plaisante, ma mie, avec votre voilà tout!... Me réveiller ainsi quand je dors!... Donnez le fouet à tous ces polissons, et envoyez-les coucher; que je ne les entende plus... Ce n'est rien!... Je rêvais que j'étais à la chasse; et j'allais forcer le cerf quand ce petit drôle m'a fait perdre sa piste.

Ma mère se hâte de nous faire rentrer dans notre petit appartement; elle tire le rideau sur nous et nous recommande le silence. Mes frères se déshabillent et ne tardent pas à s'endormir. Pour moi, je n'ai aucune envie de me livrer au sommeil; je ne sais qu'elle curiosité m'agite, mais je pense à la jolie petite fille; je voudrais la revoir encore, je voudrais surtout la voir éveillée. Je garde donc mes habits; le rideau qui cache notre couchette ne ferme pas assez bien pour qu'on ne puisse apercevoir dans la chambre; m'étendant sur notre lit, et plaçant ma tête contre le rideau, je m'arrange de manière à entendre et à voir tout ce qui se passera dans notre chaumière.

A peine étions-nous retirés, que mon père revient avec le domestique du voyageur.

— Eh bien! Champagne, ma voiture?... demande le petit monsieur sans regarder mon père. — Oh! il n'y a que peu de chose à réparer... un écrou de défait... le postillon dit que ce n'est presque rien... — Je ne remonterai certainement pas dans une voiture où il manque un écrou, pour que la roue se détache et que nous versions sur la route!... Le postillon se moque de cela, il est à cheval. Il faut faire sur-le-champ raccommoder ce qui est brisé... Est-ce qu'il n'y a pas de charron dans ce maudit pays?...

— Monsieur, dit mon père, il y a bien un homme qui ferre les chevaux et travaille aux voitures, mais il demeure de l'autre côté du village... — Qu'il demeure au diable si vous voulez, mais il me le faut... — C'est fort loin... et les chemins sont si mauvais cette nuit... — Vous devez être habitué à courir sur la neige comme moi à porter une épée. Avec un gros bâton comme celui que vous tenez, vous pouvez vous soutenir partout... Est-ce que vous auriez peur, par hasard?... — Non, monsieur, non... et j'en ai donné la preuve lorsqu'au péril de ma vie j'ai arrêté vos chevaux qui vous entraînaient vers un précipice... — C'est juste!... et certainement, mon cher, je vous en récompenserai... mais il me faut absolument un charron.

Mon père se dispose à partir; ma mère court à lui et se jette dans ses bras : — Mon cher Georget! ne sors pas cette nuit, lui dit-elle; tu es déjà malade, le chemin est dangereux... demain, au point du jour, il sera temps d'aller chercher du monde.

— Demain? dit l'étranger, vous n'y pensez pas, bonne femme! demain!... Et il faudrait que j'attendisse encore une partie de la journée ici! Non pas, il faut que je parte dès le point du jour... Ne retenez pas votre mari, ne craignez rien!... je vous réponds de lui... Et, pardieu! j'en ai fait bien d'autres, moi, quand je patinais pendant des heures entières sur des bassins qui avaient jusqu'à trois pieds d'eau!...

— Laisse-moi, ma chère Marie, dit mon père en se dégageant des bras de sa femme. C'est pour nos enfants, c'est pour toi que je cherche à gagner quelque chose... La Providence me guidera sur la route; confions-nous à elle... elle doit veiller sur un père de famille.

— En disant ces mots, mon père sort de notre demeure, et ma mère, dont les yeux sont pleins de larmes, va s'asseoir contre le lit, sur lequel elle repose sa tête.

Le vieux monsieur n'a vu qu'une chose : c'est que mon père est parti pour exécuter ses ordres. Satisfait de ce côté, il se rapproche du feu qu'il attise et dans lequel il jette quelques bourrées placées près du foyer.

Le domestique est allé visiter la table sur laquelle nous avons soupé; et je lui vois faire la grimace après avoir goûté de la soupe qui restait pour mon père.

— Triste cuisine! dit-il en jetant les yeux de tous côtés. — Est-ce que monsieur le comte n'a pas faim? — Non, Champagne; d'ailleurs crois-tu que je mangerais de ce dont se nourrissent ces paysans?... — Il est certain que cela ne me semble pas fort bien accommodé!... — Ces gens-là vivent comme des brutes... Cela n'a point de palais!... — Ah! quand je pense au cuisinier de monsieur le comte... c'est là un homme de mérite! — Oui, Champagne, c'est un garçon plein de talent! je le pousserai... je lui ferai de la réputation. — Je vois qu'il ne faut pas songer à souper ici. Heureusement que nous avons bien dîné, et que demain nous trouverons quelque bonne auberge... — As-tu dans ta poche le flacon de vin d'Alicante... — Oui, monsieur. — Donne-le-moi, que j'en boive une gorgée... cela me remettra... car le souper de ces Savoyards répand une odeur pestilentielle...

Le valet tire d'une poche de son habit un assez grand flacon recouvert de paille, sur lequel il porte un œil de convoitise, et qu'il présente à son maître; celui-ci boit à même la bouteille, puis la referme avec soin et la rend à son valet, qui soupire en la remettant dans sa poche.

— Assieds-toi, Champagne, dit l'étranger, je te le permets : ce paysan sera longtemps; d'ailleurs il faut ensuite qu'il conduise le charron à ma voiture. Chauffe-toi, et entretiens le feu, car il fait horriblement froid, et je sens le vent qui me glace de tous côtés... Comment fait-on pour vivre dans de sembables masures!

M. Champagne ne se l'est pas fait répéter : il prend une chaise, s'appro[illegible] feu en se mettant du côté opposé à son maître, et paraît jouir avec délices du plaisir de se chauffer et de se reposer. Ma mère est toujours assise contre le lit, et je présume qu'elle s'est endormie. Depuis longtemps mes frères goûtent un paisible repos; je reste donc seul éveillé avec M. le comte et son valet, dont je m'amuse à écouter la conversation en les regardant fort à mon aise par un trou de notre rideau.

— Sais-tu bien, Champagne, que j'ai eu une idée excellente, et que je suis enchanté d'avoir pris un parti aussi décisif?... — Certainement, monsieur le comte... De quel parti voulez-vous parler? — Eh! parbleu! de l'idée que j'ai eue d'enlever ma fille, de l'emmener avec moi à Paris... Comme madame la comtesse sera surprise lorsqu'en s'éveillant demain elle ne trouvera plus sa chère Adolphine!... — Ce ne sera pas une surprise agréable pour madame!... elle adore sa fille!... — Oui, Champagne; mais je veux qu'elle m'adore aussi, moi... car enfin je suis son époux... — Il n'y a pas de doute, monsieur le comte. — Cela n'a pas été sans peine, à la vérité; mademoiselle de Blémont ne voulait pas se marier... Oh! c'est bien le caractère le plus bizarre... de l'esprit... ah! Champagne, de l'esprit jusqu'au bout des doigts! — Et elle ne voulait pas de vous, monsieur le comte! — Je ne te dis pas cela, je dis elle ne voulait pas se marier. Pur caprice de jeune fille... idées romanesques ou mélancoliques! — Est-ce que madame la comtesse a un caractère triste? — Au contraire, elle est très-enjouée, très-vive, très-folle même... Depuis notre mariage cependant elle est un peu moins gaie. — N'ayant l'honneur d'être valet de chambre de monsieur le comte que depuis un an, je ne connais qu'à peine madame; car, pendant cet espace de temps, je crois qu'elle n'a point passé dix jours avec monsieur. — Non, Champagne, elle ne les a point passés... et depuis cinq années que nous sommes mariés, nous n'avons guère vécu plus de deux mois ensemble. — Vous devez faire un excellent ménage? — Oh! certainement!... et si je voulais laisser madame la comtessse maîtresse de voyager continuellement, d'être à la campagne quand je suis à Paris, et de revenir à Paris quand je vais à la campagne, nous serions fort bien ensemble. Mais tu entends, Champagne, qu'il y a des moments où je suis bien aise de trouver ma femme dans son appartement... — Oui, monsieur le comte, je comprends. — Je sais bien que notre manière de vivre est extrêmement distinguée : il n'y a rien de plus noble que des époux qui ne se voient que cinq ou six fois dans l'année; mais encore faut-il se rencontrer quelquefois... et pour rencontrer ma femme je suis toujours obligé de courir après elle. Encore si je l'attrapais!... mais au contraire... — Comment! est-ce que c'est madame qui attrape monsieur? — Non, Champagne; mais c'est un petit salpêtre qui ne peut rester en place... Est-elle à ma terre en Bourgogne, je me mets en route; j'arrive, je crois la trouver, la surprendre agréablement... pas du tout! Madame est partie il y a deux heures pour le château d'une de ses amies. Je me rends à ce château, elle vient de le quitter pour retourner à Paris... Je reviens à Paris... depuis la veille elle est partie pour prendre les eaux... Et toujours comme cela. Il n'y a pas de mois que je ne manque mon épouse. — Cela doit beaucoup fatiguer monsieur le comte! — Elle m'avait prévenu en m'épousant... Oh! elle a montré une franchise rare!... elle ne m'a caché aucun de ses défauts! Elle m'a dit qu'elle était coquette, volontaire, impérieuse, capricieuse... Tu sens bien que j'ai été enchanté de sa franchise. — Peste! je le crois bien, monsieur; c'est un trésor qu'une femme aussi franche! — Puis, comme je te l'ai dit, elle ne voulait pas se marier. — Mais quand elle a vu monsieur le comte, elle a changé de résolution? — Au contraire... elle est devenue tenace... Oh! c'est une femme à caractère... elle a été jusqu'à me menacer de me faire... — De vous faire?... — De me faire... tu sais bien... comme les petits bourgeois. — Ah! je comprends... et cela n'a pas effrayé monsieur le comte? — Fi donc! Champagne, est-ce qu'une demoiselle aussi distinguée peut faillir? est-ce que je ne connaissais pas les vertus de mademoiselle Caroline de Blémont et les principes dans lesquels on l'avait élevée? Son père, qui était mon ami, est un homme de mon genre, car il y avait beaucoup de rapport entre nous... — Est-ce qu'il n'avait qu'un œil comme monsieur le comte? — Je parle du moral et des sentiments. Son père, Champagne, m'a dit : Épousez ma fille, j'en serai bien aise, et elle finira par en être contente. Elle ne vous aime pas; mais si vous savez vous y prendre, avant quinze ans elle vous adorera. — Voilà un père qui parlait comme Mathieu Laensberg. — Il ne s'est pas trompé, Champagne; oh! je m'en aperçois chaque fois que je parviens à attraper ma femme. Madame la comtesse commence à avoir beaucoup de tendresse pour moi... et si ce n'était cette manie de courir sans cesse le monde... mais cela lui passera.

Ici, M. le comte se rapprocha du feu en bâillant; et M. Champagne, se trouvant derrière son maître, tira lestement le flacon de sa poche, y but à longs traits et le remit en place sans que l'on s'aperçût de rien.

— Te souviens-tu, Champagne, qu'il y a trois mois environ nous avons été dans le Berry, à la terre de madame de Rosange... où j'ai été assez heureux pour rencontrer ma femme? — Oui, monsieur, ainsi qu'un jeune artiste... nommé Dermilly, je crois?... — Dermilly, oui; c'est un peintre. — Il me semble que je l'ai aperçu aussi dans les environs du château que nous venons de quitter. — Tu ne t'es pas trompé, figure-toi, Champagne, que ce diable de Dermilly, qui certainement ne cherche pas ma femme, se rencontre toujours avec elle, tandis que moi qui la cherche sans cesse, j'ai beaucoup de peine à la rencontrer. C'est fort singulier, en effet. — Cela se conçoit cependant; Dermilly, comme peintre, aime beaucoup à voyager pour connaître les beaux sites, pour admirer la nature... que sais-je!... ces artistes sont enthousiastes, romantiques! Ma femme, de son côté, est en extase devant une chute d'eau, une montagne ou un ravin!... Alors, ils ne pouvaient pas manquer de se rencontrer!... — Assurément, M. Dermilly admire la nature avec madame la comtesse. — C'est cela même, Champagne; oh! ils sont vraiment uniques pour cela!... — Il est fort bien, ce M. Dermilly!... — Mais, oui... Pour un peintre, il n'est pas mal... ce ne sont pas de ces traits nobles... dans mon genre. — Oh! il ne ressemble nullement à monsieur le comte!... C'est un jeune homme? — Oui... vingt-huit à trente ans à peu près. — Il a donc l'honneur de connaître madame la comtesse! — Par Dieu! je crois bien! il la connaissait même avant moi : Dervilly était son maître de dessin. — Ah! je comprends. — Ma femme avait beaucoup de goût pour la peinture.... Dermilly lui montrait tout ce qu'elle voulait, mais principalement l'histoire... — Ah! c'est aussi un peintre d'histoire? — Lui! il peint tous les genres... portraits, paysages... antiques... que sais-je! il attrape parfaitement la ressemblance... il a fait le portrait de madame la comtesse; ma fille le porte à son cou... il m'a fait aussi... d'après la bosse... il m'a même fort bien attrapé... c'est surtout mon œil couvert de taffetas qui est frappant... Ma femme m'a fait sur-le-champ accrocher... — Dans son boudoir? — Non, dans le garde-meuble, à côté de mes aïeux. — Il me paraît que ce M. Dermilly a du talent... — Beaucoup de talent, Champagne, infiniment de talent... Je lui fais quelquefois l'honneur de l'inviter à dîner.... quand je n'ai personne... parce que tu entends bien que mon rang... mais il me refuse toujours; il n'y a qu'à la campagne que l'on peut le posséder. Il a fait aussi le portrait de ma fille... Il est d'une complaisance extrême... Je crois que ce garçon-là ferait le portrait de mon cheval si je l'en priais... car il m'a dit en me peignant qu'il faisait aussi les bêtes quand cela se rencontrait. Il faudra que je lui fasse faire ton portrait, Champagne... — Ah! monsieur le comte est trop bon!... — Non... je le mettrai dans ma salle à manger, en regard de celui de ce pauvre caniche qui rapportait si bien.

Champagne ne répond rien, mais je le vois se retourner et porter le flacon à ses lèvres, pendant que M. le comte se caresse le gras de ses jambes.

— Mais quand je pense à la surprise que je vais causer à madame la comtesse... Après tout, c'est sa faute... je voulais l'emmener à Paris... Je veux donner un bal, une fête à plusieurs personnages importants dont je puis avoir besoin... J'ai le tact fin, Champagne, et je prévois les choses de fort loin... il n'y a personne comme moi pour deviner une destitution, une mutation, une promotion, une élévation!... — Il est facile de voir que M. le comte n'est pas de ces hommes auxquels on en fait accroire, répond M. Champagne en replaçant dans sa poche le flacon qu'il vient encore de visiter.

— Or donc la présence de madame la comtesse est indispensable à Paris; elle est allée en Savoie passer quelque temps à la terre d'une de ses amies, qui l'aime beaucoup, dit-on, mais dont je n'avais jamais entendu parler. Aller en Savoie dans le cœur de l'hiver!... je reconnais bien là la tête folle de madame de Francornard. N'importe, rien ne m'arrête. Je fais mettre les chevaux à ma berline, nous partons... nous voyageons sans trop nous presser, parce que je ne veux pas fatiguer mes pauvres bêtes; nous arrivons chez madame de Melval, où certes on ne m'attendait pas... car tu as vu la surprise de ma femme! — Oui, monsieur... Oh! elle a fait une grimace épouvantable!... — Comment! une grimace?... — Je veux dire que l'étonnement que votre vue lui a causé... a tellement contracté ses nerfs... que sa physionomie!... car madame la comtesse a beaucoup de physionomie!... — Infiniment, Champagne. Ah! si tu avais été là quand je lui ai annoncé que je venais la chercher pour la ramener à Paris... oh! tu aurais ri de la colère... qu'elle feignait d'éprouver!... c'étaient des mouvemen de dépit!... des trépignements de pieds!... elle est vraiment gentil tout à fait!... — Oh! c'est une femme charmante que M. le comte possède là! — Oui, Champagne, c'est ce que me disent tous mes amis. Enfin, ma femme s'est calmée et elle m'a dit d'un ton extrêmement doux : — Vous pouvez retourner à Paris, si cela vous plaît, mais je ne vous y suivrai pas. — Ah! madame vous a dit cela? — Oui, Champagne, mais avec infiniment de grâces; il n'y avait pas moyen de se fâcher. Cependant, comme cela ne remplissait pas mon but, j'étais assez mécontent d'être venu pour rien en Savoie, lorsqu'en me promenant dans les environs du château j'ai rencontré Dermilly... ce jeune peintre dont nous parlions tout à l'heure; il se promenait avec ma fille, à laquelle il paraît porter le plus tendre attachement!... je voulus causer un moment avec lui, mais il me quitta bien vite en me disant : — Il faut que je ramène mademoiselle Adolphine à sa mère, car madame la comtesse aime tant sa fille qu'elle ne peut être une heure séparée d'elle, et elle me gronderait si je tardais plus longtemps.

— Par Dieu! me dis-je, puisque madame la comtesse ne peut être une heure sans sa fille, il me semble que si j'emmenais la petite à Paris, je forcerais par là sa mère à me suivre... hein, Champagne! que dis-tu de cette idée-là?... — Sublime, monsieur le comte. — Il m'a

vient comme cela trois ou quatre par jour. Je ne fis semblant de rien... je dissimulai pendant deux jours... il fallait attendre l'instant favorable et c'était difficile... On m'avait donné pour logement un pavillon superbe, mais qui était à une lieue de l'appartement de ma femme. Ce n'est que cette nuit que, me cachant dans un cabinet, je suis parvenu jusqu'auprès de ces dames. La petite dormait, je l'ai couverte à la hâte de cette pelisse et de ce bonnet; je t'avais prévenu de te tenir prêt, et nous sommes partis pendant qu'on me croyait bien endormi... Le tour est délicieux!... Nous avons pris des chemins de traverse, parce que je ne veux pas que madame la comtesse, qui certainement va courir après moi, puisse me rejoindre avant que nous soyons à Paris. Le mal, c'est que nous nous sommes perdus dans ces maudites neiges, et qu'il faut attendre pour repartir que ma voiture soit réparée.

— Elle sera en état au point du jour, monsieur, et madame la comtesse ne nous attrapera pas, parce qu'elle croira que nous avons suivi le droit chemin. — Allons, tout ira bien... grâce à mon excellente idée!... — Comme c'est heureux que vous ayez eu un enfant, monsieur le comte! — C'est vrai... Champagne, car me voilà sûr, maintenant, de faire aller ma femme partout où je voudrai... Ranime donc le feu, Champagne... qu'est-ce que tu fais donc derrière mon dos?... — Rien... monsieur le comte... je cherchais des fagots... — En voilà devant toi...

M. Champagne, à force de visiter le flacon, sentait ses jambes faiblir et sa langue s'épaissir; de son côté, M. le comte bâillait plus fréquemment, et ses paupières commençaient à se fermer.

— Champagne, sais-tu qu'elle est fort jolie, ma fille? — Magnifique, monsieur le comte... — Elle promet d'être très-bien tournée!... — Ça fera une fière femme... si elle vous ressemble... — Comment, si elle me ressemble! imbécile; mais c'est déjà frappant de profil. — Je veux dire qu'elle est déjà presque aussi grande que vous... — Oh! que moi... tu vas trop loin; moi, je suis de la vieille roche... j'ai le coffre solide!... — C'est fini... il n'y a plus rien dedans!... marmotte Champagne, qui vient de boire le restant du vin d'Alicante que contenait le flacon.

— Qu'est-ce que tu dis, Champagne? — Moi, monsieur le comte!... Est-ce que j'ai dit quelque chose?... — Je crois que ce maraud s'endort quand je lui parle. — Moi, monsieur, je suis éveillé comme une souris! — Ma fille a des yeux superbes! — C'est comme des perles!... — Et des dents!... — Noires comme du jais! — Un nez! — Bien fait... — Avec un petit trou au milieu... Et un menton!... — A la romaine... n'est-ce pas, monsieur le comte? — Ah! Champagne!... quel dommage que ma fille ne soit pas un garçon!... — Ah! c'est juste... quel dommage... que le flacon soit si petit... — Cela ferait un joli petit garçon, comme tu dis, Champagne; ce serait un Francornard, enfin, et il m'en faut un pour perpétuer mon nom... — Oui, monsieur, oui... il vous en faut... — C'est ce dont je vais m'occuper sérieusement... j'aurai un fils, Champagne... si ma femme... à moins que... comme à l'ordinaire.

— Oui, monsieur... ayez-en beaucoup... et du vieux, comme celui que j'ai bu tout à l'heure.

M. le comte venait de fermer les yeux; M. Champagne bredouillait et s'assoupissait à côté de son maître; las d'écouter et de regarder par le trou du rideau, je m'étendis auprès de mes frères, et ne tardai pas à imiter les voyageurs.

CHAPITRE III. — Elle s'éveille. — Départ des voyageurs.

Je ne sais quelle heure il était, lorsque des coups frappés à la porte de notre chaumière me réveillèrent brusquement; j'entendis en même temps le vieux monsieur qui criait : — A moi, Champagne! quel est l'insolent qui ose me troubler?... j'ai quarante mille livres de rente... et le premier cuisinier de Paris.

De son côté, M. Champagne, à moitié endormi, marmottait en se frottant les yeux : — Que me veut-on?... qui est-ce qui m'appelle?... est-ce ce vieux fou qui court après sa femme... qui se moque de lui?... j'ai tout bu... c'est dommage...

Heureusement pour M. Champagne que son maître, moitié endormi, n'entendit pas ces paroles. Ma mère s'empressa d'ouvrir. C'était mon père qui venait annoncer au voyageur que sa voiture était réparée. La lampe, qui brûlait encore, éclairait tristement notre chaumière; à peine mon père est-il entré que j'entends ma mère jeter un grand cri.

Le vieux monsieur fait un saut sur sa chaise; Champagne se précipite en avant, pour se lever plus promptement; mais, dans ce mouvement, sa chaise glisse, et comme les fumées du vin d'Alicante ne sont pas encore entièrement dissipées, il perd l'équilibre et va tomber sur les genoux de son maître, qui pousse des cris terribles, croyant qu'une bande de voleurs est entrée dans la chaumière.

Une entaille assez profonde, que mon père s'était faite au-dessus de l'œil gauche, et de laquelle s'échappaient de grosses gouttes de sang, avait été cause du cri que ma mère venait de pousser et qui avait répandu l'alarme dans notre habitation.

— O mon Dieu! tu es blessé, mon pauvre Georget!... ah! j'avais un pressentiment qu'il t'arriverait quelque malheur!... mais tu n'as pas voulu m'écouter!... — Ce n'est rien, ce n'est rien, ma bonne Marie, dit mon père en portant son mouchoir sur sa blessure, — en voulant gravir la colline pour arriver lus vite à l'autr out du village, mon pied a glissé sur la neige, je suis tombé... une pierre m'a légèrement blessé à la tête... — Mais ton sang coule, tu dois souffrir... — Non, te dis-je, ce ne sera rien; ne nous occupons pas de cela maintenant.

Au cri de ma mère, j'avais aussi quitté notre couchette. Je m'approche de mon père, la vue du sang qui coule de sa blessure me fait mal; je me mets à pleurer. A mon âge, c'était pardonnable; d'ailleurs, je n'ai jamais eu ce courage qui consiste à voir, sans en être troublé, les souffrances de ses semblables. Dans le monde on appelle cela de la fermeté; dans nos montagnes c'eût été de l'égoïsme.

Pendant que mon père me console et rassure ma mère, M. le comte s'éveille entièrement et s'aperçoit enfin qu'il tient M. Champagne sur ses genoux; celui-ci s'était rendormi sur son maître, qui, se croyant attaqué, était resté plusieurs minutes sans oser remuer.

— Comment maraud!... C'est toi qui es sur mes genoux? dit M. le comte en se débarrassant de son valet. — Comment, monsieur?... J'étais assis sur vous! voyez ce que c'est que le sommeil! j'aurai eu le cauchemar probablement... mais aussi, on fait un bruit dans cette bicoque... Il n'y a pas moyen de dormir : on crie... on pleure... on ne s'entend pas.

— Pardon de vous avoir réveillé, monsieur, dit mon père; — mais je croyais que vous seriez bien aise d'apprendre que votre voiture est en bon état. — Ah! ah! c'est vous, bonhomme... diable! déjà de retour?... — Mais il y a plus de cinq heures que je suis parti. Il m'a fallu du temps pour aller chez le charron, pour l'éveiller et pour le décider à venir par le temps qu'il fait... Je l'ai ensuite conduit à votre voiture... Il n'y avait presque rien à faire... Cependant il est encore auprès... Il attend sans doute qu'on le paye... — Cinq heures... Comme le temps passe quand on cause! n'est-ce pas, Champagne? car je n'ai pas dormi une minute. — Ni moi non plus, monsieur, j'avais les yeux aussi ouverts que vous. — Quelle heure est-il? — Le jour va bientôt paraître, monsieur, il est près de six heures... — Champagne, va payer cet ouvrier; il faudra qu'il te réponde qu'il n'y a plus de danger pour moi. — Oui, monsieur... — Ah!... donne-moi auparavant le flacon d'Alicante : le froid m'a saisi.... cela me remettra un peu.

M. Champage, après avoir hésité un moment, fouille enfin dans sa poche et en tire la bouteille d'osier, qu'il présente à son maître avec beaucoup de respect. Celui-ci, après l'avoir débouchée, la porte à ses lèvres et s'écrie bientôt :

— Qu'est-ce que cela veut dire... Champagne? — Quoi donc, monsieur? — La bouteille est vide! — Vous croyez, monsieur? — Comment, je crois... j'en suis, par Dieu, bien sûr... — C'est singulier! elle était aux trois quarts pleine quand vous me l'avez rendue ce soir! — Je le sais fort bien, drôle!... Comment m'expliqueras-tu cela? — Ah! je vois ce que c'est, monsieur; tout à l'heure en me jetant brusquement sur vous pensant que l'on vous attaquait, j'aurai cogné ce flacon et il aura fui... ma poche est encore toute mouillée... — Comment, maraud... vous osez dire... — M. le comte sait bien qu'il n'a pas fermé l'œil de la nuit et que j'ai toujours été près de lui... Il m'eût été impossible de tromper monsieur, alors même que j'en aurais été capable... — Au fait, ta réflexion est judicieuse.

M. Champagne s'esquive, enchanté de s'en être si bien tiré. Ma mère lavait avec de l'eau fraîche la blessure de mon père, que je venais de débarrasser de son chapeau et de son bâton; mes frères dormaient encore et notre hôte se fourrait presque dans le foyer en se plaignant du froid. Il n'avait pas aperçu le mal que le bon Georget s'était fait en courant pour lui, la nuit, au milieu de nos montagnes : cet homme-là ne voyait que ce qui lui était personnel; pour la peine que l'on se donnait à son service, les souffrances des malheureux, les larmes de l'infortune, les pleurs de l'orphelin, l'œil qui lui restait semblait aussi recouvert d'un épais bandeau.

Une petite voix bien douce attira notre attention. C'était la petite fille qui s'éveillait; la blessure de mon père nous avait fait oublier la jolie dormeuse.

— Maman... maman... dit la jolie petite. Puis elle soulève sa tête et promène autour d'elle des regards surpris. Nous apercevons alors ses yeux : ils sont noirs, mais si doux, si bons!... A son premier cri, j'avais couru près du lit, et là, je restais à la regarder. — Maman, dit-elle de nouveau; et sa voix n'est plus aussi calme; le chagrin l'altère déjà; elle ne voit pas sa mère, ses jolis yeux se remplissent de larmes.

Ma mère s'était aussi approchée de la petite qu'elle admirait répétant à chaque minute : — Bon Dieu! la belle petite fille!... Chacun de nous lui souriait; mais la pauvre enfant nous regardait avec étonnement, avec crainte et répétait : — Maman... je veux voir maman!...

— Monsieur, dit ma mère à l'étranger, votre demoiselle est éveillée; elle demande sa maman. — Eh bien... donnez-lui à boire... les enfants se calment toujours en buvant... on les berce avec cela...

Ma mère présente un verre à la petite, mais elle le repousse et continue d'appeler sa maman; ses larmes coulent, elle sanglote; ses beaux cheveux retombent sur ses yeux, qu'elle frotte avec ses petites mains, tout en répétant sans cesse : — Je veux qu'on me mène chez maman.

Nous étions tous attendris de la douleur de la petite fille; le vieux monsieur, seul, ne paraissait pas y faire attention et murmurait en se frottant les jambes : — Mes pauvres chevaux auront eu bien froid. Je voudrais déjà être de retour à Paris. Je suis sûr que César s'ennuie après son maître... Comme il va faire le saut du cerceau à mon retour... Cet animal-là est plein d'intelligence... Il faut que je lui apprenne à jouer aux dominos, comme le fameux *Munito*.

— Monsieur, dit ma mère, votre petite pleure toujours... La pauvre enfant ne peut pas se consoler... — Annoncez-lui que je vais lui donner le fouet. — Ah! monsieur... battre un enfant aussi petit... une si jolie fille... Ah!... c'est pour rire que monsieur dit cela... je ne battons pas les nôtres, nous... et cependant ils ne sont pas aussi délicats que ce petit amour-là.

Le vieux monsieur se retourne en faisant la grimace et fixant sur ma mère son petit œil gris : — Est-ce que cette Savoyarde prétendrait me montrer comment je dois élever ma fille?... Amenez-moi mademoiselle Adolphine...

Ma mère prend la petite dans ses bras et se dispose à la porter sur les genoux de son père; mais celui-ci lui fait signe de mettre l'enfant à terre devant lui, et la petite, après avoir envisagé M. le comte, fait une moue qui la rend encore plus gentille.

— Mademoiselle, dit gravement le vieux monsieur après avoir pris du tabac dans une belle boîte d'or, votre conduite est au moins inconvenante, pour ne point dire plus; vous demandez madame la comtesse, c'est fort bien; mais parce que vous ne la voyez point, vous vous mettez à pleurer!... Je n'entends pas que ma fille se conduise avec autant de légèreté. Vous êtes avec moi... je crois vous avoir déjà dit que je suis votre père... D'ailleurs vous devez me reconnaître : et un père ou une mère, c'est absolument la même chose, si ce n'est que l'une vous gâte, et que l'autre vous donnera des chiquenaudes si vous n'êtes pas sage.

Pour toute réponse à cette mercuriale, dont la petite fille n'a sans doute pas compris un mot, elle se met à taper des pieds avec violence, en répétant : Je veux voir maman, moi!

— Voyez un peu quel caractère! s'écrie M. le comte, elle n'en démordra pas... elle aura de la tête... beaucoup de tête... Cela n'est pas étonnant, c'est une Francornard, et c'est par la tête qu'on nous reconnaît tous.

Dans ce moment, M. Champagne revient. — Voilà le jour, monsieur le comte, dit-il en entrant, quand vous voudrez vous remettre en route... — Sur-le-champ... La voiture est parfaitement raccommodée? — Oui, monsieur, il n'y a plus de danger... — Allons, donne-moi mon manteau, que je m'entortille bien...

Pendant que le domestique enveloppe son maître aussi hermétiquement qu'une bouteille d'esprit-de-vin, je me rapproche de la petite fille; elle ne pleure plus, elle est immobile devant le feu... mais ses beaux yeux sont si tristes!... de gros soupirs sortent de sa poitrine; on voit qu'elle retient avec peine ses sanglots.

Je l'entoure de mes bras... je l'enlève... — Que fais-tu donc, André? me dit mon père. — Je vais la porter, papa. Oh! je suis bien assez fort... Vous êtes blessé; vous pourriez tomber encore...

Je me disposais à porter la petite jusqu'à la voiture (car j'étais en effet déjà fort pour mon âge); mais M. Champagne m'arrête, et s'empare de l'enfant. Oh! si j'avais pu résister... que j'aurais eu de plaisir à battre cet homme, qui me privait du bonheur de porter la petite demoiselle, dont les mains blanches comme la neige s'étaient déjà posées sur ma tête, et dont les petits doigts avaient jeté mon bonnet de laine, qui sans doute lui semblait une vilaine coiffure.

Les voyageurs vont partir; M. Champagne tient dans ses bras la jolie dormeuse, qui me regarde et veut me sourire, quoique l'on s'aperçoive qu'elle a le cœur bien gros!... mais il est un âge où la peine et le plaisir se succèdent si rapidement!... la joie se fait jour sous les larmes, qui sèchent aussi vite qu'elles ont coulé. Déjà l'on ne voit que le bout du nez de M. le comte, qui prend pour regagner sa voiture autant de précaution que s'il devait gravir à pied le Mont-Blanc. Mon père est toujours dans un coin de la chambre, trop fier pour demander une récompense que cependant il a bien méritée. Mais en passant devant lui M. Champagne s'arrête. — Oh! vous êtes blessé? lui dit-il. — Oui, dit ma mère, c'est en courant cette nuit pour votre maître qu'il s'est mis dans cet état.

— Comment!... il est blessé!... dit M. le comte, dont la voix étouffée par son manteau ressemble alors au son d'un cornet à bouquin. Il s'arrête devant mon père, puis se décide à dégager une de ses mains de dessous son manteau, ce qu'il ne fait qu'avec bien du regret, et il cherche pendant longtemps dans son gousset en murmurant :

— Ah! diable... au fait... j'allais oublier... il faut que je lui donne quelque chose... n'est-ce pas, Champagne? — Il le mérite bien, monsieur le comte. — Oui... oui... sans doute; c'est pourtant désagréable, en voyage, d'être toujours obligé d'avoir la main à la poche... on n'en finit jamais!... Allons... tenez, mon cher, je veux que vous vous souveniez que vous avez reçu dans votre chaumière le comte Nestor de Francornard.

En disant ces mots, M. le comte met un petit écu dans la main de mon père; puis, disparaissant de nouveau sous son manteau, il sort de notre habitation, suivi de son valet, qui porte la petite fille dans ses bras. Ils ont bientôt rejoint la voiture qui les attend, et ils s'éloignent de notre pays.

— Un petit écu!... dit ma mère lorsque l'étranger est parti; donnez-vous donc bien de la peine, privez-vous de sommeil, exposez votre vie, pour être récompensé ainsi!

— Marie, dit mon père, on doit toujours obliger sans s'inquiéter si l'on en sera ou non récompensé; ne l'est-on pas toujours, d'ailleurs, par le plaisir d'avoir fait son devoir? Sans doute cet étranger aurait pu se montrer plus généreux... Tant pis pour lui, s'il ne sait pas donner, c'est une jouissance dont il se prive. Notre chaumière est ouverte à tout le monde : les riches doivent pouvoir y entrer comme les malheureux. — Mais cette blessure... c'est pour lui que tu as gagné cela... — Ça ne sera rien... va, les soins et les caresses de nos enfants la guériront bien plus vite que tout l'or de ce voyageur.

Ma mère ne dit plus rien à son mari, mais en allant et venant, je l'entends murmurer encore : — Un petit écu!... et il a manqué périr!

En effet, pour un seigneur, M. le comte n'avait pas agi noblement; mais il y a beaucoup de roturiers qui ont l'âme noble, et cela fait compensation.

## CHAPITRE IV. — La Mort d'un bon père. — Séparation nécessaire.

Depuis plus d'une heure les voyageurs étaient partis; mon père se reposait devant le feu, en mangeant la soupe que l'arrivée de M. le comte ne lui avait pas permis de prendre la veille. Ma mère s'occupait de son ménage; mes frères étaient déjà sur le seuil de notre porte, mordant chacun dans un gros morceau de pain bis. Je ne les avais pas suivis; je restai dans la maison, j'y cherchais encore la jolie petite fille; et j'étais triste de ne plus l'y trouver.

En portant mes regards du côté du lit sur lequel elle s'est reposée, quelque chose de brillant frappe ma vue; je cours et je ramasse au pied du lit le médaillon que nous avons admiré la veille.

Je pousse un cri de joie. — Qu'as-tu donc, André? me dit mon père. — Oh! j'ai trouvé un trésor... tenez... tenez...

Je cours lui montrer le portrait. — C'est celui que la petite fille portait à son cou, dit ma mère; il se sera détaché de la chaîne. Regarde donc, Georget, la jolie femme! Oh! c'est la mère de ce petit ange qui dormait sur notre lit... — Oui... elle est très-bien; mais, morgué! comment faire pour rendre ce portrait à ce monsieur?... Diable!... si on avait vu cela plus tôt... Marie, sais-tu si l'on pourrait encore rejoindre la voiture?... — Non certainement, on ne le peut plus; ils ont près de deux heures d'avance... D'ailleurs, savons-nous où ils vont? Ne veux-tu pas encore courir et te blesser pour ce vieux vilain monsieur, qui ne vous remercie seulement pas?... — Ah! Marie... faut-il se montrer intéressée?... et quand il s'agit d'être honnête, de faire son devoir... — Pardi; j'espère que nous le sommes, honnêtes; Dieu merci, quoique pauvres, je n'en sommes pas moins estimés dans le pays. Mais, écoute, Georget; ce portrait n'est pas entouré de pierres précieuses... oh! s'il y avait des diamants, des bijoux alentour, je serais la première à courir après la voiture, dussé-je faire dix lieues, de peur qu'on ne nous crût capables de l'avoir gardé exprès; mais tu vois bien qu'il n'y a qu'un petit cercle d'or tout simple autour de cette figure... Ce n'est pas notre faute si la petite l'a perdu. D'ailleurs, dès que ce monsieur s'en apercevra, il se doutera sans doute que c'est ici que sa fille l'a laissé, et il l'enverra chercher par un de ses valets. En attendant, gardons ce portrait, puisque le hasard nous en rend dépositaires, et ne te tourmente plus pour cela. Si cet étranger y tient beaucoup, sois sûr qu'il ne manquera pas de nous l'envoyer demander. — Allons, je crois que tu as raison, Marie; d'ailleurs, la voiture est trop loin... Mais bientôt, je pense, quelqu'un viendra réclamer ce médaillon.

Mon père se trompait dans ses conjectures : les jours s'écoulèrent après celui où nous avions reçu les voyageurs, et personne ne vint chercher le portrait.

Cependant la santé de mon père ne s'améliorait pas. Chaque jour, au contraire, ses forces diminuaient. Sa blessure à la tête était cicatrisée; mais il éprouvait par tout le corps des douleurs qu'il voulait en vain nous cacher. Notre indigence augmentait son mal, en lui donnant pour l'avenir de vives inquiétudes. Ma mère s'efforçait de le tranquilliser; mais depuis longtemps il ne pouvait plus se livrer à aucun travail. C'était en servant de guide aux voyageurs, aux curieux qui venaient souvent admirer nos montagnes et l'âpreté de nos sites que mon père avait jusqu'alors trouvé le moyen de soutenir sa famille : cette ressource lui était ravie.

Chaque jour je m'offrais pour remplacer mon père; je brûlais du désir d'être utile à mes parents et de soulager leur misère, mais ils me trouvaient trop jeune encore pour gravir les glaciers et m'exposer sur des chemins bordés de précipices; ils tremblaient pour mes jours; si je tardais à rentrer, lorsque j'allais dans le village, leur inquiétude était extrême; ils me croyaient blessé, et, à mon retour, après m'avoir grondé, ils se dédommageaient en m'accablant de caresses. Les pauvres gens apprennent souvent aux riches comment on doit aimer ses enfants.

Un jour cependant, revenant seul du village, je rencontre un voyageur qui me prie de lui indiquer un chemin pour atteindre une hauteur d'où l'on découvre fort loin dans les environs. La route était difficile et bordée de précipices; mais plusieurs fois je l'avais parcourue à l'insu de mes parents. J'offre au voyageur de lui servir de guide, il accepte : nous gravissons les rochers. Après avoir admiré quelque temps le magnifique tableau qui s'offre à ses regards, l'étranger redescend, puis continue sa route; mais auparavant, il me met dans la main une petite pièce d'argent, en me disant : — Tiens, mon petit homme, voilà pour ta peine.

Jamais je n'avais éprouvé un plaisir aussi grand; je cours... je vole vers notre demeure; mes pieds ne marquent point sur la neige, que je ne fais qu'effleurer; j'arrive enfin, respirant à peine, et je vais donner à ma mère la pièce de monnaie que j'ai reçue du voyageur.

— D'où te vient cela? me dit mon père. Je raconte ce que j'ai fait; sans doute je parais alors bien fier, bien satisfait, car je vois mon père sourire, quoiqu'il veuille d'abord me gronder.

Pierre et Jacques ouvrent de grands yeux, et disent qu'ils veulent aussi gagner de l'argent; mais Jacques est si petit! et Pierre si timide!...

Malheureusement de telles occasions sont rares : on veille à ce que je ne m'éloigne pas. Nous restons près de mon père; ses souffrances paraissent augmenter; ce n'est qu'entouré de ses enfants qu'il se sent mieux. Nous passons les longues soirées d'hiver assis à ses côtés. Hélas! il n'a plus la force de nous tenir sur ses genoux! Ma mère travaille sans cesse. — Mon rouet suffira, dit-elle, pour nous soutenir tous. —

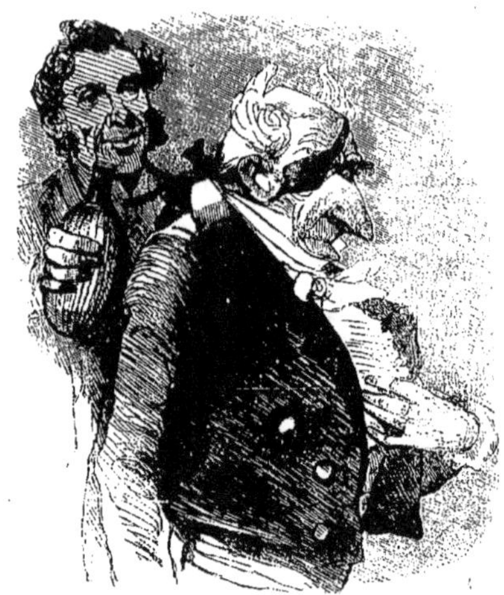

M. le comte de Francornard et son fidèle Champagne.

Pauvre mère! elle ne dit pas qu'elle pleure la nuit, pendant que mon père repose!... Seul je m'en suis aperçu, car souvent aussi je ne dors point.

Pour nous distraire de nos peines, souvent nous prions mon père de nous montrer le portrait de la belle dame. Nous aimons à le regarder. Pour moi, il me rappelle toujours la jolie petite fille qui a dormi dans notre chaumière. — Ne point avoir fait chercher ce portrait, dit mon père, c'est bien singulier!... Le mari de cette dame doit cependant bien l'aimer... — Son mari? dit ma mère. Ah! si c'est ce vilain borgne au petit écu, comment veux-tu qu'il aime sa femme?... Quand je lui parlais de sa fille, il ne songeait qu'à un chien qu'il allait revoir et faire passer dans un cerceau. Ce petit ange pleurait et demandait sa mère... c'était bien naturel! Au lieu de l'embrasser, de la consoler, il voulait la fouetter!... Enfin, il lui a débité, pendant une heure, de grandes phrases auxquelles cette pauvre petite ne pouvait rien comprendre!... Va! cet homme-là n'est pas capable d'aimer d'amour.... Mais si c'était le portrait de son chien qu'il eût laissé ici, je gage bien qu'il aurait mis tous ses *Champagnes* en route pour le retrouver.

Quelques amis de mon père, en venant dans notre chaumière, avaient aperçu le portrait que nous considérions, et appris par quelle circonstance il était entre nos mains. Un vieil Italien, qui se trouvait depuis quelques jours en Savoie, propose un jour à mon père de vendre pour lui le portrait à la ville voisine, assurant que l'on peut retirer au moins trente francs de l'or qui l'entoure. Trente francs! c'était une somme considérable pour nous. Cependant, bien loin d'y consentir, mon père rejeta avec mépris cette proposition. — Ce bijou ne nous appartient pas, dit-il. Tôt ou tard celui qui le possédait peut venir le réclamer; et vous me proposez de le vendre! Non, Georget mourrait de besoin, qu'il ne toucherait point à ce dépôt.

J'étais auprès de mon père comme il achevait ces mots. Il me prend par la main, m'attire près de lui et me dit :

— Mon cher André, n'oublie jamais ce que tu viens d'entendre : un jour peut-être tu voyageras, tu iras à Paris... Qui sait si, plus heureux que moi, tu ne parviendras pas à t'enrichir? Mais que ce ne soit jamais par des moyens dont tu pourrais avoir à rougir! La probité des grandes villes est plus facile, plus accommodante que celle de nos montagnes; mais il faut conserver celle de ton père, du pays où tu es né : c'est la bonne, mon garçon : avec elle tu marcheras toujours tête levée; et, grâce au ciel, celui qui me conseillait de vendre ce bijou n'est pas né dans nos climats.

— Je ferai comme vous, mon père, lui dis-je en l'embrassant. Et puis, si je vais à Paris, j'emporterai le bijou avec moi, car je rencontrerai sans doute ce monsieur qui est venu chez nous... Je le reconnaîtrai bien; il est si laid! Je reconnaîtrai aussi la petite fille... elle est si jolie! et je leur rendrai ce portrait.

— Si tu vas à Paris, André, n'oublie point ta mère, que tu laisseras dans sa chaumière...

— Oh! non, mon père; je lui enverrai tout l'argent que j'aurai amassé... et puis à vous aussi...

— A moi!...

Mon père sourit tristement; il sait bien qu'il ne doit plus être longtemps près de nous, mais il fait tout ce qu'il peut pour le cacher. La gaîté a fui de notre chaumière, où jadis elle habitait constamment. Mais la vue de notre père malade nous ôte même l'envie de nous livrer à nos jeux : plus de parties sur la montagne, plus de glissades, de boules de neige! Nous restons auprès de lui, car nous voyons que cela lui fait plaisir. Nous nous asseyons à ses pieds, où nous nous tenons bien tranquilles. Lorsqu'il peut goûter un moment de sommeil, du moins ses yeux, en se fermant, se reposent sur ses enfants, et à son réveil nous avons encore son premier regard.

Mais, hélas! depuis longtemps il ne goûte plus ces moments de repos, pendant lesquels, assis à ses pieds, nous observions le plus grand silence, de crainte de l'éveiller. A peine a-t-il la force de se lever et de gagner sa grande chaise.—Comment te sens-tu? lui demande souvent ma mère. — Bien... bien... répond-il en souriant encore. Mais ce sourire ne la rassure plus; tandis que moi et mes frères ne connaissant pas l'état de notre père, tous les matins nous espérons le voir guéri.

Un jour, ma mère pleurait sur son rouet, notre père ne nous avait pas parlé depuis longtemps. Tout à coup il nous appelle, il étend ses bras vers nous, il nous enlace plus fortement; je l'entends qui dit adieu à ma mère, accourue près de lui... il nous nomme ses chers enfants... puis il ferme les yeux en poussant un profond soupir.

Ma mère tombe sur une chaise en pleurant plus fort; elle ne peut arrêter ses sanglots. — Chut... ne fais pas de bruit, lui disons-nous mes frères et moi; notre père vient de s'endormir... tu vas le réveiller. — Et déjà nous avons pris notre place accoutumée; nous nous asseyons à ses pieds... nous observons le plus grand silence, mais notre mère pleure toujours... Enfin, elle s'écrie : Hélas! mes enfants, votre père est mort!... vous l'avez perdu. Mon bon Georget n'est plus!...

Mort!... ce mot nous frappe, mais nous ne pouvons pas bien le comprendre... — Mort! répétons-nous, cela veut donc dire qu'il ne s'éveillera plus? Nous ne pouvons le croire... Nous nous levons doucement pour considérer notre père. Il semble dormir, et ses traits si bons, si doux, ne sont nullement changés. Petit Jacques l'appelle... Non, mes enfants, il ne vous entend plus, dit ma mère. Elle s'approche de nous, et elle nous fait mettre à genoux, comme elle, devant notre père. — Priez le bon Dieu, nous dit-elle, pour que du haut des cieux votre père veille toujours sur vous.

Nous prions pendant bien longtemps; et plus le temps s'écoule, plus notre douleur devient vive : car notre père ne s'éveille pas, et nous commençons à comprendre ce que c'est que la mort.

Des gens du village sont entrés dans notre chaumière, ils tâchent de consoler ma mère; mais ils ne l'arrachent point de sa demeure : car chez nous on ne fuit pas ceux qu'on aime dès qu'ils ont cessé d'exister, et on ne craint pas d'avoir du chagrin en les voyant encore.

Quelle triste journée s'écoule!... Ma mère pleure toujours... elle ne répond pas à ceux qui essaient de la consoler; elle ne paraît pas les écouter! Nous ne lui disons rien, moi et mes frères; mais nous allons nous mettre tout près d'elle. Nous l'entourons de nos bras; nous posons notre tête sur son sein... et alors elle pleure moins fort.

Le lendemain matin, des hommes emportent mon père; on nous fait signe de les suivre, mes frères et moi, tandis que ma mère continue de se livrer à sa douleur. Nous n'étions pas seuls à suivre mon père; presque tous les hommes du village nous accompagnaient, et marchaient derrière nous. On allait bien doucement, on ne parlait presque pas, et tout le monde avait l'air triste. J'entendais dire parfois : — Il était bien doux... Il n'avait point de défaut... Pauvre Georget!...

Personne ne disait : Il était bien honnête homme! car dans nos montagnes on ne trouve cela que naturel.

On plante une croix sur la tombe de mon père, et on écrit dessus cratique. Devant cet aride tableau des glaneuses, cette détresse laborieuse et muette, je me suis rappelé ce magnifique chapitre qui commence la *Mare au Diable*, en paraphrase du dicton d'Holbein :

« A la sueur de ton visaige... »

*Vue de Fribourg* ou *Vue d'Unteersen*. M. Grandjean nous donne là le plus joli tableau à horloge que puissent fournir tous les cantons suisses réunis. Peinture facile et trop facile.

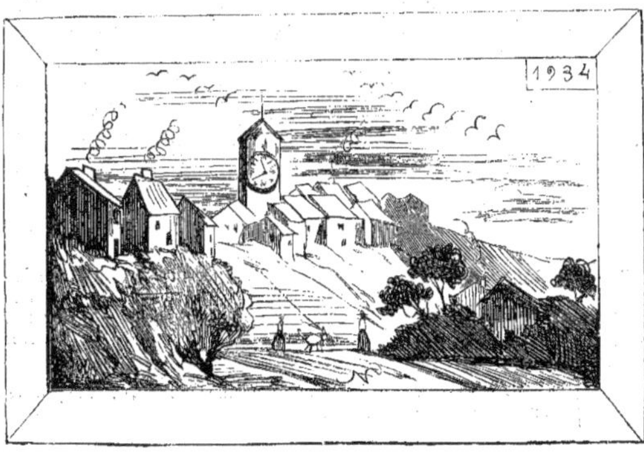


1976. — *L'Empereur visitant les carrières d'ardoises de Trélazé (Maine-et-Loire). Inondation de juin* 1856. — « Au centre du vaste lac formé par les eaux, les buttes de la carrière des Grands-Carreaux sont seules à découvert. C'est là que l'Empereur, arrivé à Angers le 9 juin, se fait conduire à sept heures du soir. Il s'avance seul au milieu de la foule des ouvriers, qui l'accueillent par un cri immense et prolongé. L'Empereur prodigue à tous des consolations, relève le courage abattu et rend l'espérance aux naufragés. — Derrière un tue-vent, quatre ouvriers fendeurs *répartissent* une pierre épaisse. L'ardoise terminée, un d'eux la présente à Sa Majesté, qui l'examine, admire le travail, mais semble douter de la solidité. L'ouvrier se méprend sur ce geste : « Faites excuse, mon Empereur, dit-il, je vais vous la rendre légère comme une plume et même comme une dentelle. » En un instant, l'habile ciseau a opéré la transformation. L'Empereur sourit, donne une large gratification à ces travailleurs, et continue sa visite au milieu de la foule enthousiaste.

« Trelazé, les carrières de Monthiber de la Porée, du Buisson, la maison Montrieux, le village de la Pyramide apparaissent submergés à l'horizon. » — Peint par M. Louis Moullin. — Antigna manqué. — Tirez, tirez, tirez! comme on dit dans les *Plaideurs*.

Th. Gautier a eu raison de dire que l'Exposition universelle avait exercé une influence évidente sur le Salon de cette année. Nos souvenirs de Leys et de l'école anglaise nous suivent, et il y a souvent lieu de s'en applaudir. Ainsi, pour M. Dumarest, son *Faust au soleil couchant* est d'un excellent effet et réellement

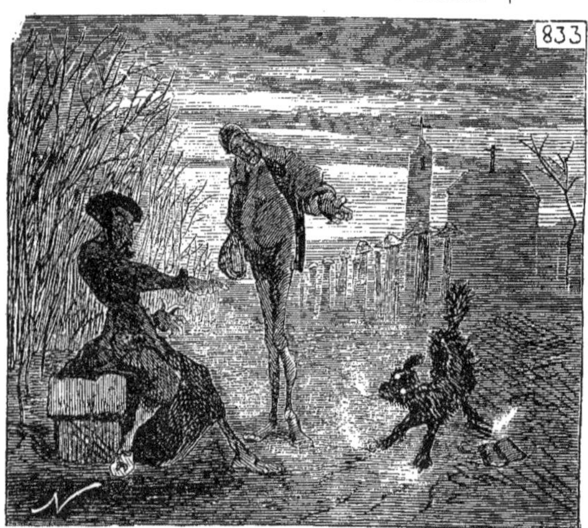


dramatique, malgré ce chien cocasse qui allume des chimiques avec ses pattes.

L'observation de Gautier sur l'influence très-remarquable de l'Exposition universelle, trouve presque à chaque pas sa vérification. Ainsi, pour M. Bellet du Poisat, il est bien certain que le souvenir charmant de Leys se ressent dans sa *Conduite de compagnons charpentiers*. Voilà de l'archaïsme bien compris, à la bonne heure. Mais où M. Bellet du Poisat est complétement lui, c'est dans ce ravissant portrait de Marguerite, une des meilleures études de clair-obscur que j'aie jamais vues. A la bonne heure! voilà un Lyonnais peintre de talent. Il est vrai que M. Bellet du Poisat est de l'Isère.

M. Béranger (Ant.) a eu une médaille en 1839, comme peintre sur verre. Ça se voit bien encore.

*La Trovatelle*, étude de Mme Doux. La pose est un peu affaissée peut-être, et il faut le dire. Mme Doux *trova-t-elle* notre critique un peu sévère. Trois portraits de bonne venue complètent l'envoi de Mme Doux.

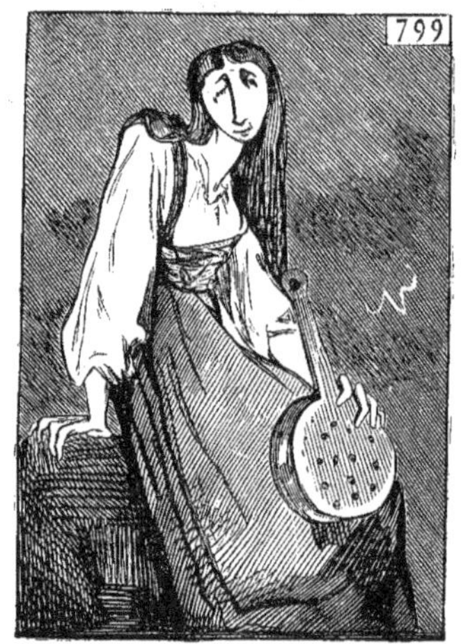

Je sais bien que M. Wilhems a du talent et beaucoup de talent, quoi qu'en dise ce pauvre M. Thomas Couture (de la *Société du doigt dans l'œil*). Tout ce qu'il fait est fin, cherché, précieux comme un Terburg ou un Metzu, et il a surtout une robe de satin blanc qui lui va à merveille : mais il devrait la réserver un peu plus pour les dimanches, car il l'usera bientôt depuis le temps qu'il la met tous les jours. — Peinture coquette d'ailleurs, s'il en fut, qui va tout droit, à petits pas, son chemin devant elle, et ne s'inquiète guère de remonter jusqu'au déluge pour savoir ce qu'elle a à dire, si sûre d'elle-même et de plaire à tous et quand même, tant elle est jolie, qu'elle ne s'occupe que de sa figure et de sa toilette.

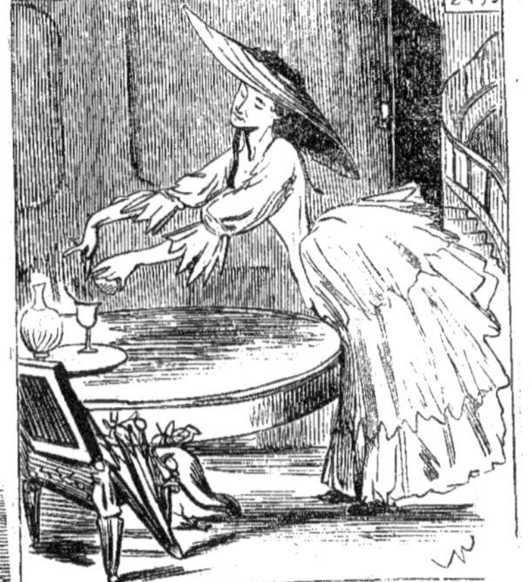


M. Gislain. — *Une Descente de croix.* — M. Gislain est, m'a-t-on dit, un jeune paysan qui, presque sans maître et poussé par une vocation impérieuse, s'est mis un beau jour à peindre. Telle est du moins la légende intéressante qui court sur M. Gislain. Je ne pourrai apprécier si la vocation s'est trompée que lorsque M. Gislain nous donnera quelque chose d'un peu plus personnel. Quant à son énorme toile de cette année, elle se borne à recommencer *la Descente* de Rubens, et la vérité me force à dire qu'il n'y a pas de progrès.

Impossible de me rappeler le nom de l'ingénieux auteur de la *première colique*... non de la *première sensation*. Mais il n'y perd rien.

J'ai bien envie de la faire signer par M. Barré, qui a fait, à peu près en pendant, la *Graziella*. Qu'est-ce que ça lui ferait ?...

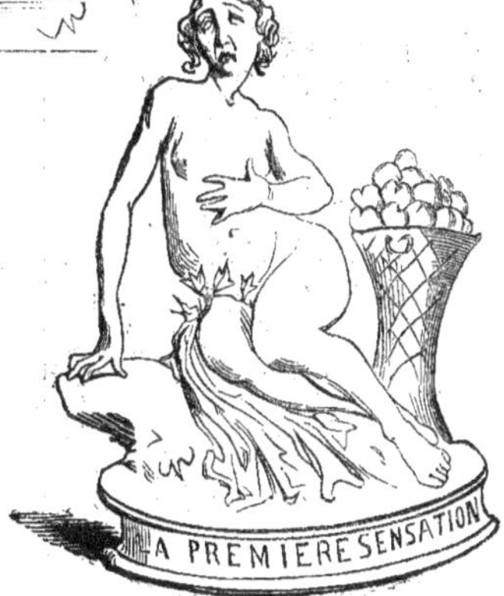

M. Foulongne. — Des qualités dans son *Enterrement de trappiste*, malgré le ton général café au lait. — Quant à *Melœnis et Staphyla*, c'est absolument un mauvais tableau.

*Prends garde, tu vas le réveiller!* par M. Henault. — Quand un enfant est aussi laid que cela, on n'a pas peur de le réveiller, on l'étouffe ou on l'asphyxie en le campant devant la peinture de M. Henault.

M. Hamman. — *Le Commencement de la fin.* Encore un souvenir de Leys! bien, quoique ou parce que l'idée philosophique ne gâte rien.

Une calomnie de M. Rivoulon, qui voudrait nous faire croire que Mme Cambardi est aussi laide qu'elle a de talent.

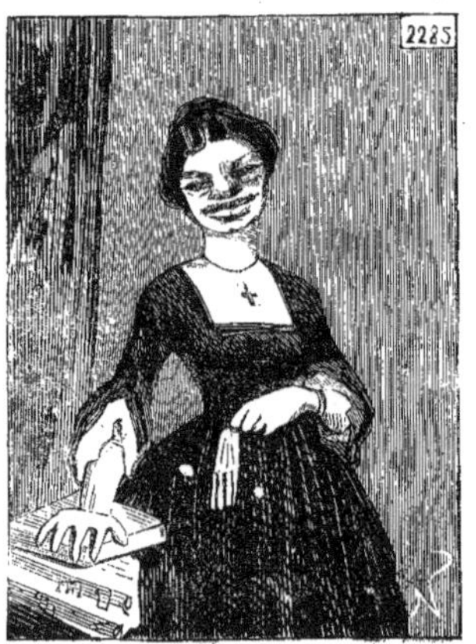


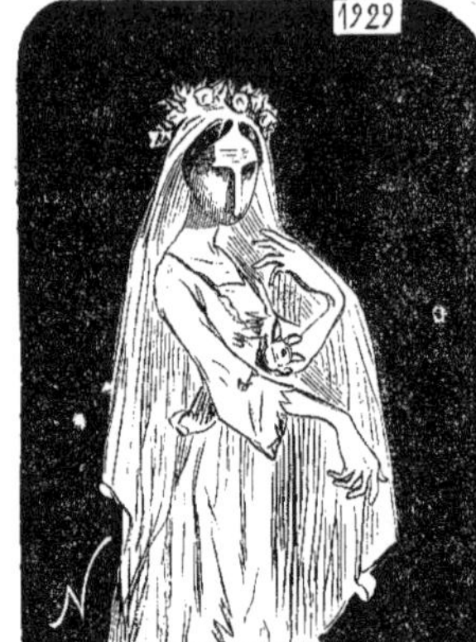


M. Emile Lecomte, neveu de M. Horace Vernet; il a, me dit-on, en conséquence son appartement à l'Institut et des commandes. Cet homme heureux peut donc se passer de ma critique ou de mes éloges, et comme il se trouve être l'ami de mon ami, je ne peux avoir que du bien à dire de ses tableaux et du portrait de mon joli petit Nadaud, que voici.

M. Larson, qui s'était déjà fait remarquer à l'Exposition universelle, où il avait obtenu une médaille méritée, envoie cette fois quatre toiles, dont une surtout — *la Cascade de Suède* — présente de grandes qualités.

M. Michel. — *Une Mariée*, — de ces femmes de trente ans qui en ont quarante, — et hydropique par-dessus le marché. Peint chez Tonnellier, barrière du Maine, un samedi. — Avec les mains, trente francs!

M. Guillaume. — *Le Grain dans les dunes* est un tableau du premier ordre. *Les Pierres druidiques* sont d'un effet assez grandiose pour que le cadavre n'y ajoute rien et soit inutile. Je regrette vivement de n'avoir pas trouvé le troisième tableau de M. Guillaume, qui m'intéresse beaucoup.

M. Guilbert Danelle. — Trois bonnes toiles militaires et un portrait bien peint.

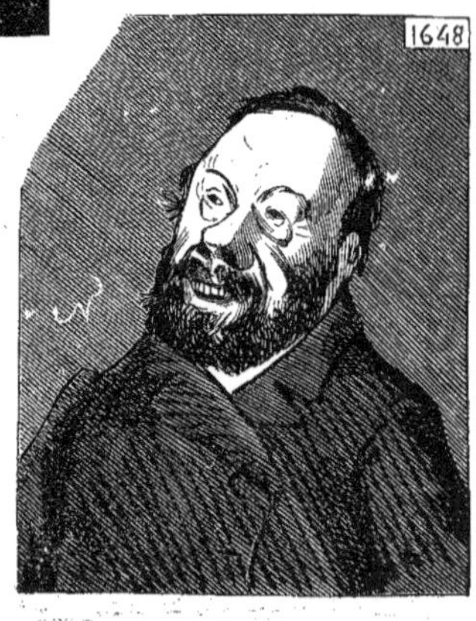

M. Haffner. Des qualités du premier ordre, une séve inouïe, un sentiment extraordinaire de la couleur. Tout cela, il faut bien le dire aussi, un peu compromis par le papillotage, le bigarré et l'arlequinage des tons. Mais voyez comme M. Haffner sait peindre un reflet dans l'eau !

Les enfants de Noé découvrirent la nudité de leur père.

Mlle Fayolle apprend à tout le monde que M. son papa est affligé de cette tête-là. Ce n'est pas gentil de la part de Mlle Fayolle.

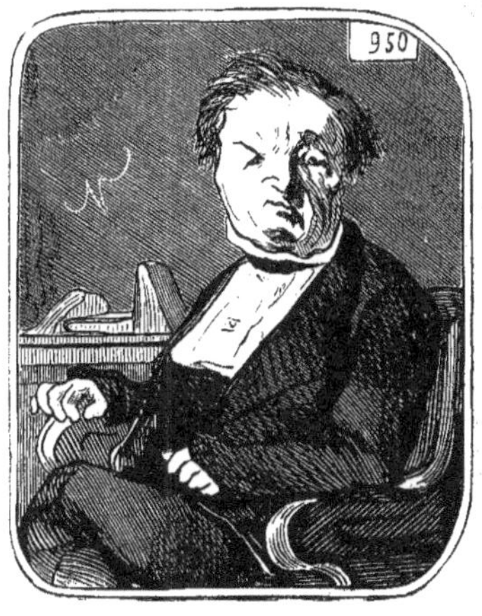


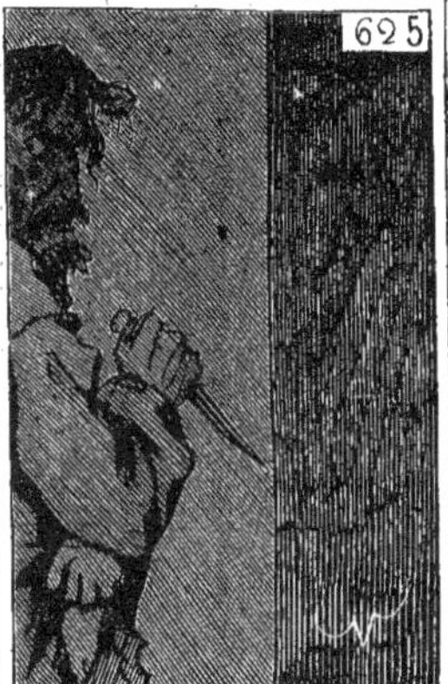


Le *Saint François de Sales en prison*, de M. Maillot a des aspirations bien véhémentes à sortir de sa boîte. D'un bon style d'ailleurs et d'une facture très-honorable.

M. Henneberg. — *Une Chasse féodale*, tableau plein d'une fougue féroce. Couleur magistrale. Le jeune piqueur ne court pas, malgré l'écartement et la longueur de ses jambes. Un peu de confusion dans le groupe de la femme, un des cavaliers le sent si bien qu'il en détourne autant qu'il peut son cheval, mais pas encore assez vite. La *Chasse* et les deux autres tableaux de M. Henneberg attestent un peintre de grand avenir.

Portrait de M. A. P....., par M. Courbet. — La peinture de M. Courbet est, comme on sait, achetée par ses amis, car il faut réellement avoir un sentiment particulier et une prédestination pour aimer à avoir cette peinture-là toujours devant soi. Mias si M. Courbet traite ses amis comme il a traite M. A. P....., que fera-t-il donc à ses ennemis ?

J'aime beaucoup le tableau de M. Armand Gautier, *Cour des agitées à la Salpêtrière*. Il y a là dedans tout l'art du peintre et toute l'observation du médecin. M. Gautier est psychologue et il l'avait déjà prouvé dans son tableau si remarqué de *la Promenade du soir*.

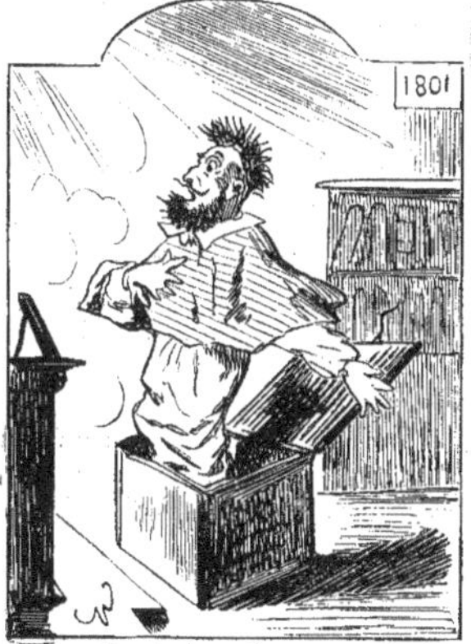

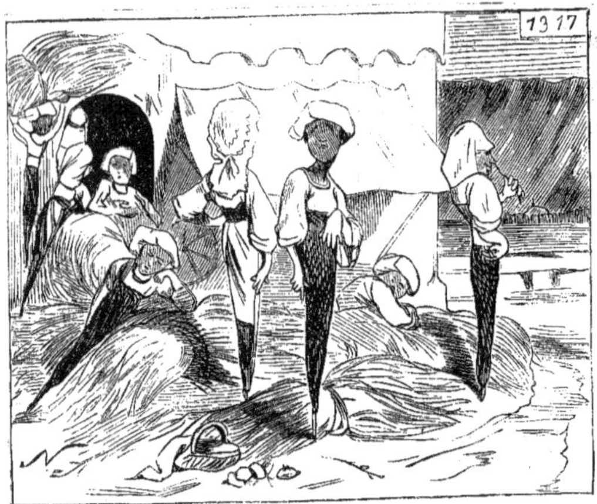


Je trouve que vous ne faites pas assez grand, Flandrin!

Sujet tiré de Shakspeare, dit M. CHAPLIN. Je n'y mets pas d'obstacle, mais je déclare que, l'eût-il tiré de Xavier de Montépin, je n'aurais non plus aucune raison de m'y opposer. Quant à la peinture, c'est toujours l'aisance admirable de M. Chaplin devant les arpéges de sa palette dont il joue comme M^me^ Cabel chante.

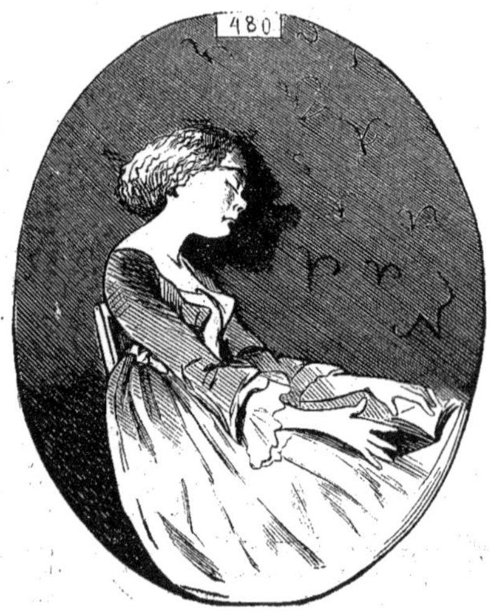


Les *Fienarolles*, de M. HÉBERT, ont la malaria, comme ses deux portraits. Un talent sympathique néanmoins, quoique, ou parce que...

M. LOUIS SIMIL. Trois portraits d'excellentes qualités, un dessin exact et cherché, une couleur brillante sans prétention.

M. MOREL FATIO. Feu le comte de Forbin eût été jaloux!

Les paysages de M. LEGENTILE ont un grand charme. Observation attentive et respectueuse de la nature, exécution facile et sincère. On sent que l'artiste aime son sujet à la façon dont il le rend.

Hélas ! trois fois hélas !... M. BIENNOURY a été premier grand prix de Rome en 1842, et voilà ce qu'il nous produit aujourd'hui. Médiocrité n'est pas vice, mais c'est bien pis. Quelle belle occasion M. Biennoury me donne là, — et je la laisse, — de redire une fois de plus, tout ce qu'on a déjà tant dit de fois sur l'Académie et les grands prix !...

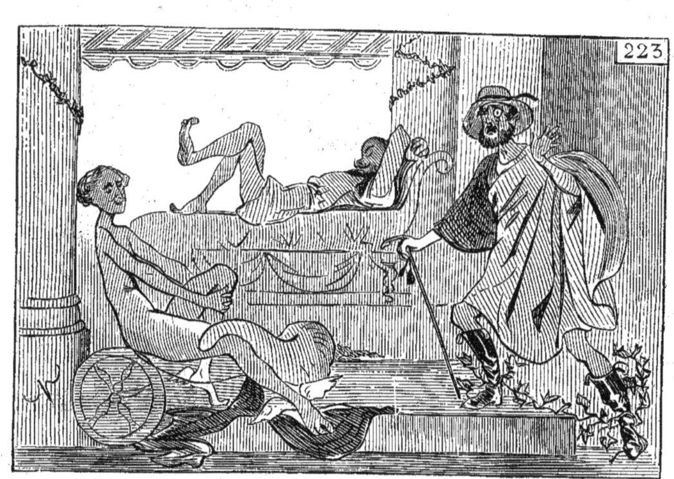


De bons portraits de M. SELLIER, celui de la mère de l'auteur surtout.

M. LUDOVIC DURAND est un portraitiste du premier ordre. L'exposition de sculpture nous fournit peu de bustes qui puissent rivaliser avec les siens pour la largeur de touche et la maestria de l'arrangement.

ROMÉO ET JULIETTE. — *Effet de nuit*, dit naïvement le livret. M. GOLDSCHMIDT, auteur de cette mauvaise plaisanterie, est élève de M. Cornélius, l'Ingres allemand. Je le crois parbleu bien !...

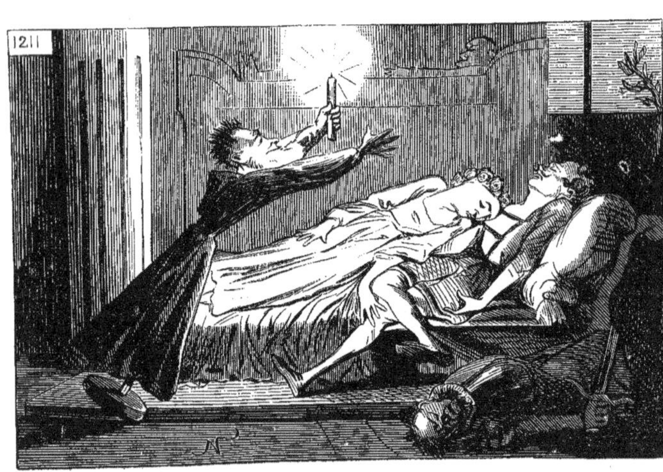


J'avais, pour rester dans mon titre et compléter mon œuvre, l'intention de terminer ce *Nadar-Jury* par une distribution de punitions, l'autre jury, le jury *pour de vrai*, s'étant chargé des récompenses. Je condamnais, par exemple, l'*Alma* de M. Vernet à rester à côté du *Débarquement* de M. Pils ; M. Hamon à attacher tous les matins sa croix devant la boutonnière de M. Célestin Nanteuil ; je condamnais M. Meissonnier à faire plus petit que M. Houssot, M. Hamon à prendre la place de M. Courbet et M. Courbet à garder la sienne.

Je condamnais M. Bellangé à deux ans de Lassagne, et toute l'école du pseudo-dessin de M. Ingres au cours d'anatomie à perpétuité. J'exilais M. Couture en Belgique.

Je classais nécessairement les délits et les crimes de mes justiciables, depuis les attentats de lèse-couleur jusqu'aux tentatives sur mineurs, car les peintres assassins d'enfants ne manquent pas.

J'ai dû renoncer à ce projet devant quelques raisons sérieuses qui m'ont été objectées, et si je le regrette en un point, c'est en ce qu'il m'aurait donné lieu de frapper toute une classe de peintres très-dangereux. Je veux parler de ces peintres qui, sous prétexte de peintures officielles ou à peu près telles, semblent prendre à tâche, comme dirait un réquisitoire : « de saper le respect dû au » trône et au souverain, bases naturelles de notre édifice social, » en se faisant un jeu coupable de cacher sous le masque même » de la louange la plus exagérée, les attaques les plus perfides et » la calomnie la plus dangereuse. » Je crois qu'il peut s'en trouver dans le nombre quelques-uns qui ne soient point positivement malintentionnés, mais alors de ceux-ci la maladresse est telle que l'intervention d'une censure toute spéciale me paraîtrait plus que suffisamment motivée. Ainsi, voilà dix tableaux représentant des scènes d'inondation où la personne du souverain actuel de France est tellement maltraitée, qu'on est tenté de croire, si invraisemblable que soit la chose, à une intention dérisoire.

Là, c'est M. Bouguereau, dont la peinture me fait l'effet de Scarron traduisant l'*Énéide* ; ici, c'est un M. Lassale qui fait de Napoléon III je ne sais quel type qu'en vérité je n'ose dire... Le ministre qui est dans le bateau n'a pas non plus lieu d'être content. — On le sait : la figure la plus régulière, les traits les plus nobles peuvent prêter à la caricature la plus grotesque, et c'est ce qui me paraît arriver un peu trop souvent à l'exposition de cette année. Les exagérations de certaines toiles ne vous font-elles réellement pas l'effet d'*outrage à l'Empereur et de provocation à la haine et au mépris du gouvernement?* M. Lassale est un des plus coupables parmi ceux qui lancent ainsi le pavé du peintre ; MM. Antigna, Janet Lange, le sieur Genod viennent ensuite ; M. Lazerges est un peu plus honnête.

Quant à M. Plattel, il n'est lui au moins que puéril et ridicule. — Le seul de tous qui n'ait pas, comme à plaisir, enlaidi ou plutôt défiguré son modèle, c'est le sculpteur Debray, qui a fait de l'impératrice Joséphine une des plus belles œuvres que nous connaissions dans la sculpture moderne.

Il me reste à signaler une classe encore digne de pitié peut-être, s'il est vrai, comme ne le voulait pas je ne sais plus quel ministre, qu'il faille que tout le monde vive. — Ce sont ceux qui prennent un épisode quelconque, voire le plus insignifiant et banal, dans la vie de l'empereur ou du roi de l'année, et en font un tableautin de deux liards, que le jury d'admission laisse passer, bien qu'attentatoire par sa niaiserie, à cause de l'intention. Ceci est l'escopette du mendiant de Gil Blas, accommodée aux mœurs plus douces de notre âge.

Contre ceux-là que la honte d'eux-mêmes ne saurait jamais retenir, — et il n'est que temps d'y aviser, — le moyen est simple. Il ne s'agit que d'imiter les maires jaloux de la dignité de leur localité, et de planter dorénavant, bien en vue, sur un poteau, à l'entrée de nos expositions prochaines, l'inscription suivante :

LA MENDICITÉ

EST

INTERDITE DANS CETTE COMMUNE.

*Amen !*

**NADAR.**

# UN SOUVENIR DE L'EXPOSITION UNIVERSELLE.

## M. INGRES.

Je trouve quelquefois que chacun de nos sens a son organisme complet où il exploite les autres sens ses confrères, à la charge de leur rendre la pareille. Ne vous est-il pas arrivé de voir par les oreilles et de percevoir par le flair les sensations du goût? Pour moi, sans revenir à ces tableaux anglais dont les tons verts métalliques donnent encore à ma vue comme des tranchées, et sans pousser non plus les choses jusqu'à retrouver le goût — *des fraises* — dans un air de M. Ad. Adam, il est assuré que ma vue trouve souvent son compte lorsque j'écoute certaines musiques, les yeux fermés.

C'est entre mes sens et pour la perfection de leurs claviers réciproques comme un concours mutuel, de telle sorte que la somme de sensations fournie par un seul se trouve multipliée par le carré des autres. Cet accord à l'amiable a été tacite, puisque quelques personnes auxquelles j'en ai touché un mot n'en savaient rien (il est vrai de dire que je m'adressais à des personnes de la Bourse), mais, sans qu'il se soit crié sur les toits, il existe pour moi à l'état de certitude. J'ai même remarqué que tels de ces sens mettaient plus ou moins de bonne volonté à exercer leur partie de l'ensemble, que par tels jours ils se faisaient plus ou moins tirer l'oreille, et qu'ils avaient parfois besoin, pour s'exécuter, d'être exaspérés jusqu'à l'éréthisme, qui me semblait alors être comme l'huissier de la chose. Ainsi l'odorat et l'ouïe sont trop voisins pour que leur intimité et leurs bons rapports ne s'en soient point ressentis; la vue et l'ouïe sont encore d'excellents camarades. Le toucher banal, qui demeure partout, est celui qui resterait volontiers en arrière dans la communauté : mais les autres sens, qui savent depuis longtemps à quoi s'en tenir sur son compte, n'en sont pas dupes et ils ont pris le parti de ne s'avancer que tout juste avec lui. — Quant à ce dernier sens que je ne sais plus quelle madame appelait le sixième, je me plais à croire que devant tout à tous les autres, sans exception, dont il procède, il doit leur rendre une équivalence; mais quand on en est à causer avec ce gaillard-là, il est bien difficile de garder assez de tête pour se retrouver avec lui, et de fait je n'ai jamais pu bien voir si le compte y est.

Lorsque je suis entré pour la première fois dans la salle que M. Ingres a obtenu qu'on lui réservât, j'ai dû marquer un fort bon point à mon nez qui travaillait de toutes ses forces à compléter la besogne de ma vue. Devant cette peinture antique et non solennelle, mes narines ont été envahies des bouffées de cet air tiède, aigrelet et écœurant qui sort des cellules de Sainte-Perrine ou de l'hôpital des Petits-Ménages, — quelque chose comme... — tant pis pour les lecteurs délicats! — comme un goût de mouchoir d'invalide!...

En trouvant réunies d'un coup, comme les têtes dans le vœu de l'empereur romain, toutes ces œuvres sèches et rancies qui composent à peu près l'Œuvre de M. Ingres, en passant cette revue funèbre que César passe dans la ballade allemande, la nuit, aux Champs-Élysées, en traversant cette glacière et en m'arrêtant devant chacune de ces toiles où il me semblait qu'on me coulât une clef dans le dos, j'ai senti se réveiller en moi ces bonnes haines vigoureuses que me donne le mépris de toute grande fortune atteinte par un homme médiocre, et je me suis trouvé heureux de cette occasion de dire enfin ma pensée et toute ma pensée sur ce peintre et sa détestable école.

Je vois d'ici bien des gens tressaillir. « Ce peuple, disait Clément XIV, que je citais l'autre jour, dans sa pseudo-correspondance à l'arlequin Carlo Bertinazzi, — ce peuple qui passe pour le plus gai et le plus impatient, est le plus intrépide de tous à s'ennuyer. » Les caricaturistes anglais persistent à symboliser généralement la nation française en la personnification d'un maître à danser. Hélas! nous ne dansons plus, nous n'apprenons rien aux autres ni à nous-mêmes, et je ne vois guère de cett malice a faux que le violon qui puisse rester, puisque nous sommes toujours d'accord pour le payer. Nous acceptons volontiers les jugements tout faits pour nous épargner de la peine, et une fois accroupis dans une admiration, nous voilà plus difficiles à déranger qu'une dinde sur ses œufs. — De là les cris et le *tolle* contre le malavisé qui vient troubler ces moites quiétudes et leur tirer brusquement la couverture, et c'est un méchant métier que d'attacher le grelot. Je veux l'attacher tout de même.

— A ceux qui me diront que nulle renommée ne s'acquiert sans mérite, je répondrai qu'avec le moindre talent tout homme peut, avec la patience et le temps, s'imposer comme grand homme, s'il a cette précieuse qualité, et si rare chez nous, de se prendre au sérieux. L'homme qui se prend au sérieux trouve en lui-même, comme Antée touchant la terre, la vraie force et n'a besoin d'aucune autre. Il y aurait cent pages à écrire à cet endroit. Celui qui trace des mots grecs sur ses tableaux et met au bas : *Ingres* PINGEBAT, *Româ*, etc.—celui-là est un homme fort. Si MM. Heim et Picot, qui ont tout autant de valeur que M. Ingres, lui avaient pris seulement son*** FACIEBAT, ils auraient exigé et obtenu, comme M. Ingres, leur salle réservée à la glorieuse Exposition de 1855.

— A ceux qui me parleront avec des yeux ronds du dessin de M. Ingres, je répondrai que le dessin n'est pas la reproduction froide et pénible des lignes inertes, mais le sentiment du mouvement, qu'il n'est ni la mort ni la momification, mais le mouvement même et la vie. Et même, si Panurge me garantit que ces bonnes gens ont au moins quelque bonne foi, je les renverrai tout simplement regarder le bras gauche et le train de derrière du *Henri IV aux enfants*, le mari et le cou de l'amant de la *Françoise de Rimini*, la main droite de la petite *Baigneuse* (3355), celle de M. de Pastoret, la gauche du Tintoret et, mon Dieu! tout simplement et uniment celles, tant vantées, de M. Bertin. Voyez cette droite surtout, ô Ingristes que vous êtes! regardez ce fantastique paquet de peaux, justice divine! sous lesquelles, au lieu d'os et de muscles, il ne peut y avoir que des intestins, cette main qui a des flatuosités et dont j'entends les borborygmes! J'en ai rêvé, de votre horrible main!

— A ceux enfin qui s'indigneront de mon audace de donner du pied dans le tabernacle, je dirai que je ne connais pas du tout M. Ingres et que je n'ai dans tout ceci qu'un intérêt, mais qui m'est cher : — de me venger de la souffrance réelle que me causent depuis trop d'années ce peintre, cette peinture, cette école et les niais qui lui chantent *Hosanna!* dans mes oreilles. Le chien auquel on marche sur la patte a le droit de crier : je crie.

Aux tableaux!

L'impuissance de la composition éclate et resplendit dans cette grande toile terne et triste et si proclamée, de l'*Apothéose*. Au milieu, un char jaune dans le vide : quatre chevaux dits isabelle, et auxquels M. Ingres a fourni des robes d'un ton de café au lait à donner la chlorose, restent suspendus imperturbablement et de travers, comme les éléphants en baudruche des marchands de jouets du passage de l'Opéra. Le char ni les chevaux ne portent, mais sont entourés de certains nuages bleus qui n'ont ni forme ni profondeur. J'admets la tradition, puisque tradition il y a, mais dans ces terrains olympiens que la convention découpait dans l'éther, je vois que le sens commun avait gardé jusqu'ici et des plans et une épaisseur. Hé! M. Ingres, regardez donc seulement les deux gravures des *Heures* de Raphaël.

Des quatre chevaux, je me demande encore, et j'ai pourtant bien regardé, si les deux premiers tiennent au char qu'ils ont à tirer; mais ceci n'est qu'un détail. Sur le char une académie quelconque, sans noblesse et poncive, représente la grande figure impériale, au-dessous d'un aigle qui tient, sous prétexte de foudre, un fort porte-crayon. Devant le char, une Victoire fait le digne pendant (sans calembour) du char et des chevaux, et est censée conduire le tout vers un petit temple peint en jaune sale et qui est bien maigre pour s'appeler le temple de la Gloire et de l'Immortalité. Au bas, une moitié de Némésis lourdaude, rougeaude et brutale semble sortir de derrière une manière de meuble qui n'est positivement ni un autel, ni un trône, ni tout à fait non plus un fauteuil, et qui ressemble bien plutôt à quelque chose que je n'ose pas dire. Elle chasse devant elle deux pantins dont on n'aperçoit de l'un que des pattes de grenouille, — complétement ridicules tous deux.

Une confusion inextricable de têtes, de bras et de jambes, peints dans un ton terreux, voilà ce qui apparaît d'abord dans le *Saint Symphorien* auquel M. Ingres doit une partie de sa gloire. Il y a dans les expressions des contre sens absolus : la mère du saint ne trouve pas de meilleur moyen pour encourager, du haut du rempart, son fils martyr que de lui montrer le poing. Puis, comme toujours, des développements de musculatures absurdes et inutiles. Je recommande aux amateurs de ce prétendu dessin le jeune homme tordu qui se baisse pour jeter une pierre, et s'ankylose pour faire plaisir à M. Ingres et tenir tout juste dans l'espace à remplir. Le mauvais goût essentiel au peintre éclate comme partout dans les détails, dans cette tête de chien à gauche, qu'on ne s'attendait guère à voir en cette affaire, dans ces feuilles symétriquement éparpillées à terre comme des pions sur un damier, — de même que la prédilection de M. Ingres pour la ligne se retrouve dans le choix heureux de cette petite colonne surmontée d'une boule, et qui est le plus exact et le plus rigoureux modèle des petits monuments qui jalonnent nos boulevards. M. Ingres les avait devinés avant que l'édilité y songeât.

Dans l'*Homère déifié*, je trouve au moins ce mérite, que rien ne me choque au premier aspect, et j'en tiens compte. Avant et après l'hémicycle de M. Delaroche, tout le monde s'était servi de cette composition *ad usum scholarum*. Une figure, l'Iliade, accroupie au pied du trône d'Homère, a quelque originalité de physionomie et de mouvement : aussi semble-t-elle tout étonnée de se rencontrer au milieu de ces visages de bois.

Par la façon dont son projet du *Vœu de Louis XIII* se trouvait éclairé, M. Ingres s'est vu forcé, cette fois, de soupçonner qu'il existe quelque chose qui s'appelle la perspective aérienne. J'admets encore que la vilaine figure du roi en profil perdu puisse se réfugier derrière l'excuse du portrait historique. Cette ressource manque aux deux affreux petits anges qui tiennent la pancarte, et que je ne conseillerai à aucune femme enceinte de regarder ; les deux types semblent choisis à plaisir dans l'indifférent et le laid. O petits anges de Murillo ! voilà deux vilains galopins qui ne seront jamais de votre famille ! — Toujours est-il qu'il y a dans cette toile un ensemble ; le manteau du roi est bien peint, et le mauvais goût de M. Ingres ne se révèle guère que dans ces deux anges en confitures, et la décoration de l'hôtel à faire pâmer un sacristain de banlieue.

Le *Jésus donnant les clefs à saint Pierre* est une *pieta* quelconque, complétement indifférente ; de même que la *Vierge à l'Hostie*, qui ne peut attirer l'œil, malgré les oppositions criardes de bleu, de rouge et de blanc, et ses deux abominables chandeliers de cuivre.

Le *Sphynx* a au moins la valeur d'une académie correctement peinte et dessinée, bien que dans une couleur désagréable et vieillotte. Et pourquoi aller prendre tout juste ce type si déplaisant et antipathique de la tête de l'Œdipe?

Je mentionne pour mémoire le grand enluminage qui représente Jeanne d'Arc. M. Maclise et les plus intrépides porcelainiers anglais se refuseraient à signer cela.

Le *Persée* est un mannequin doré qui a les carnations et la raideur d'un joujou ; le monstre, plus rococo que celui qui fit du chagrin à Théramène, est traditionnel, et tire une langue de drap rouge, selon le rite, comme les diables des boîtes à surprise ; quant aux vagues et à cette imitation de rocher en terre glaise, cela prouve que M. Ingres n'a jamais regardé la mer. Le type assez doux de l'Andromède, mais vague et sans portée, est toujours le type de la Vénus Anadyomène (que je lui préfère), comme il est celui de la trop célèbre Odalisque et des Baigneuses.

Dans les tableaux de chevalet, quand M. Ingres s'en tient à l'archaïsme pur, ces élaborations patientes arrivent à un résultat qui n'est pas plus désagréable qu'autre chose. Deux de ces toiles méritent même que j'en dise mieux que cela : ce sont les *Deux Papes tenant chapelle*. C'est, à dire vrai, absolument le même tableau, mais au moins, dans ce tableau, je trouve une perspective et une harmonie remarquables, tout à fait inattendues. Pour cette toile, et pour la tête d'étude (n° 3375), je donnerais bien vite toutes les Apothéoses et autres Homères de M. Ingres, et du retour avec.

Je crois que bien des étrangers, que la renommée européenne de M. Ingres comme portraitiste attirait devant ses toiles, ont dû faire comme moi, et après s'être braqués obstinément devant le *Chérubini*, le *Molé*, le *Bonaparte*, se demander le pourquoi de cette vieille plaisanterie. Le véritable talent de M. Ingres est, dit-on, dans le portrait. Je veux bien me déplaire à le croire. Cette méthode lente, sobre, patiente jusqu'à l'énervement, qui pousse l'avarice jusqu'à la prodigalité, ne pouvait manquer d'amener un résultat au moins curieux. Il est certain qu'en obtenant de Cherubini quatre-vingt-dix — j'ai même entendu dire cent quatre-vingt-dix séances — pour son portrait, nous pouvions être assez certains d'obtenir une ressemblance matérielle exacte ; mais alors votre petite galerie de portraits devient un martyrologe. Chérubini, qui était tout juste à la musique ce que M. Ingres est à la peinture, put faire cet effort, qui n'a été à la portée que d'un bien petit nombre d'autres personnes singulièrement entêtées, selon moi, et même maniaques, et je suis sûr que le docteur Brierre de Boismont, le grand spécialiste, doit hocher significativement la tête devant ces portraits-là. Pour moi, la question du talent des portraits de M. Ingres a été tranchée le matin où Daguerre fit sa merveilleuse découverte, et la photographie nous donne aujourd'hui un dessin que M. Ingres ne nous aurait pas livré en cent séances, et une couleur qu'il n'aurait pu nous donner en cent ans.

S'il est utile d'ajouter quelques mots sur le faire de ces portraits, nous trouvons deux périodes bien tranchées, — la première et la seconde, — simplement, dans ce côté de l'œuvre de M. Ingres. Ses premiers portraits, le sien, daté de 1804, et les autres de cette époque, ont des qualités sérieuses, comme on dit, et je trouve même dans celui de madame D... (1807), un charme d'intimité réel que je reconnais. Nous passons ensuite par l'époque intermédiaire, et les chairs sous le crêpe, le cachemire de madame L. B... (1825) n'annoncent pas encore la décadence de la dernière manière. Mais les portraits de madame M... (1851), de madame G... (1852), de la princesse de B... (1853), — M. Ingres n'a pas envoyé le portrait du duc d'Orléans. (?... — !...) — tombent tout à fait dans les procédés et dans les horreurs de MM. Dubuffe et Court. Jusqu'au diable genevois qui est venu tenter le vieillard éperdu, et, en exécution du pacte, c'est M. Hornung, redouté des dieux eux-mêmes, qui réclame aujourd'hui à

M. Ingres ses clous de fauteuil et sa garniture de cheminée, retrouvés dans le portrait de madame d'H... (1845).

Il aurait manqué quelque chose encore à l'explosion de cet immense et, j'espère, définitif avortement de M. Ingres. M. Ingres a voulu qu'il n'y manquât rien, et il a complété sa stérile moisson en glanant ses cartons de vitraux. Quelle idée a donc de lui et de nous l'homme qui va réclamer au vitrier, et nous étaler en pompe, des croquis d'une insignifiance si complète? Est-ce folie d'orgueil ou comble d'insolence? J'en appellerais aux pensionnaires des Quinze-Vingts même!

Maintenant, que M. Amaury-Duval appelle les gladiateurs et que M. Gérôme me livre aux Flandrin!

On doit des égards aux vivants; je ne devais que la vérité à M. Ingres.

---

Ces lignes, publiées dans un journal, ont produit, me dit-on, quelque émotion dans un certain monde, et j'ai pu même m'en apercevoir autour de moi. Je ne croyais pas que ma pierre pût faire ce bruit en tombant dans la mare des Ingristes.

On aurait dit que je venais d'annoncer la faillite d'un notaire qui avait l'habitude de ne pas manquer la messe. Les personnes vraiment pieuses refusent d'abord de croire à ces nouvelles-là; celles ensuite qui ont pour peu ou pour quelques intérêts dans la maison, — et nos paresseuses admirations par habitude en sont un, — se trouvent naturellement peu disposées à admettre qu'elles perdent.

D'autres, qui ne se prononçaient pas encore sur le mérite de ma nouvelle, se montraient sévères sur la question de forme :

Avec quelle irrévérence
Parle des dieux ce maraud!

— et on aurait même posé la question : Si un caricaturiste a le droit de regarder un évêque?

J'étais resté pourtant, si irrité que je fusse, dans les limites strictes de la critique du peintre, sans toucher par allusion à l'homme. Jamais on ne m'a pu reprocher de faire entrer le public dans les endroits où il n'a que faire, et je n'ai pas pour habitude de prêter mon mur à la balle des sycophantes. Quels cris aurait-on donc poussés, si j'avais mis la main dans ce sac aux histoires que la vérité et la calomnie remplissent toujours sans le vider jamais?

J'ai dû prendre, depuis quelques années, le parti de ne m'étonner de rien ; mais je viens pourtant de trouver des M. Prudhomme tellement gigantesques qu'ils dépassaient toutes prévisions et tout sentiment des probabilités. Les plus modérés m'ont parlé « de certains égards »..... vous entendez le reste. Pour ceux-là, sans leur rappeler comment Boileau appelle un chat, je me mettais derrière Diderot : on lui reprochait d'avoir maltraité un mauvais peintre qui était pauvre avec beaucoup d'enfants; Diderot déclara qu'il fallait supprimer les tableaux ou la famille. Le cas ici est beaucoup moins intéressant, et la peinture n'a pas plus d'âge qu'elle n'a de sexe. Ni vieillards, ni femmes : tous peintres!

Un brave homme, mais graveur en taille-douce au demeurant, m'a prédit que je mourrais sur l'échafaud.

Bref, sur sept lettres que m'a valu l'article en question, trois étaient non signées, et deux sur ces trois contenaient les injures familières à l'anonyme, — mais l'anonyme est mort sous cette belle parole du grand Calino : « Moi, quand j'écris une lettre anonyme, je la signe toujours! »

La troisième me reproche, en termes des plus convenables, une exagération de violence qui fait tort à mon opinion.

Trois autres, dont deux signées de noms qui ne sont pas chers à moi seul, me donnent l'assurance chaleureuse de toute sympathie et communion en cette affaire.

Voici enfin la dernière de ces lettres : je me bornerai à dire qu'elle est d'un ami que je tutoyais depuis vingt ans!

« Paris, 18 septembre 1855.

» Monsieur Nadar, à Paris,

» Je viens de lire dans le *Figaro* votre article sur M. Ingres. Je suis encore sous l'indignation que m'ont causée votre mollesse et votre scandaleuse indulgence. Au reste, cette douceur mucilagineuse ne m'étonne pas de vous.

» Monsieur, quand on a une bonne occasion de taper sur ces moisissures, sur cette peinture en pomme de canne, et qu'on se trouve n'avoir pas la main plus ferme, on ne dit rien et on reste chez soi.

» C'est ce que je vous serai obligé de faire à mon égard en oubliant les quelques rapports qui ont pu exister entre nous. Je vous salue,

» Ch. Bataille.

» (*Pas de l'Opéra-Comique!*) »

---

## EUGÈNE DELACROIX.

Ici, ne rions plus et découvrons-nous en entrant.

« Je veux essayer, disais-je en 1853, d'écrire ce que beaucoup de gens pensent de M. E. Delacroix sans oser le dire tout haut.

Je ne sais s'il est nécessaire de faire ici une profession de foi et de déclarer mon admiration respectueusement sympathique et fervente pour ce grand génie. Il n'y aurait que la difficulté de ne pas tomber dans les redites, après tant de magnifiques appréciations qui en ont été faites et qui resteront toujours, resplendissants *ex-voto* des premiers pèlerins qui ont ouvert la route [1]. Ici, on ne peut rester en arrière de personne et ce n'est pas en cherchant à exagérer des formules qu'il faut témoigner de sa foi au maître, mais en se tournant contre ses ennemis. Parmi ses ennemis, il y a ses défauts d'abord. Il y a ensuite les menteurs, les fanatiques, puis les niais et les braillards à la suite.

Plus j'aime Delacroix, plus je souffre quand je ne le trouve pas parfait, plus je suis irrité quand je le trouve en faute. C'est pour ceux qui vous sont le plus chers, c'est pour l'épouse ou le frère criminel que l'on est plus impitoyable. Or il n'y a pas à mentir ici pour les menteurs, il n'y pas à dire en haussant les épaules que cette querelle est bien ancienne, que les défauts de Delacroix n'importent pas, ni à se retrancher dans le silence dédaigneux ou l'extase jouée.

La variété du mensonge qui comprend ces avocats-là a dû prendre un nom tant elle est montée en force, tant elle a envahi comme une mauvaise plante qu'elle est : elle s'appelle la *pose*. C'est le grand parti des gens qui veulent étonner : ils descendent en ligne droite de ces romantiques fatals de 1830 qu'ils font semblant de dédaigner si fort de peur qu'on les y reconnaisse. Leurs cheveux ne sont si bien coupés au rez du cuir que parce que leur signalement portait hier cheveux longs. Leur habit noir tout droit aujourd'hui a bien l'air de n'avoir l'air que d'un vilain habit, n'est-ce pas? C'est pour éviter toute ressemblance avec le fameux pourpoint de velours qu'ils viennent de quitter et qui fournissait les effets de hanche. Les nôtres posent en doctrinaires dans la Bohême des lettres; ils s'appellent chercheurs, essayistes ou autres; ils ont des airs fins et rentrés; l'allure est digne, la parole suffisante, lente et pesée au plus juste, comme il appartient à des gens si fiers de contempler leur nombril. Généralement ils n'ont pas d'esprit, petit mal, et ils nient le cœur encore plus qu'il ne leur manque. Ils ont remplacé les airs penchés par la figure à claques. C'est bien eux, allez! Seulement je ne sais pas s'ils ne valaient pas mieux auparavant. Il y avait au moins encore quelque naïveté dans la simplicité du jeu et des ficelles et généralement aussi peut être un peu plus d'honnêteté. Entre eux ils se reconnaissent, et, comme certains animaux, s'attroupent et font semblant de s'entrecomprendre et défendre, trop faibles qu'ils sont pour se passer les uns des autres; mais au fond ils s'exècrent et se déchirent, et s'estiment au peu qu'ils valent : les uns ne produisent pas, les petits des autres sont des mulets. Ils n'aiment pas les coups.

Il y a des coquins parmi ces farceurs-là, il y en a d'autres qui ne sont que malades; il y en a même parmi, ceci est plus curieux, qui sont de bonne foi. Je hais vigoureusement les uns, je plains les autres, et les derniers m'égayent quelquefois.

Je ne sais pas ce que M. E. Delacroix, — non plus que Balzac, qu'on devrait cependant respecter, aujourd'hui surtout, — et un ou deux autres encore, ont fait de mal à ces gens-là, mais ces gens-là se sont constitués les amis et gardiens de Balzac et de Delacroix. Ils ne parlent guère de Sand en revanche, et Béranger leur prête beaucoup à rire; mais quant à Balzac et à Delacroix, ils affirment être les seuls à s'y connaître, revendiquent exclusivement ces pauvres grands hommes là, s'essayent à marcher dans leurs vieux souliers, écartent les coudes quand on en approche, et en garantissent leur impertinence, comme ces mâtins si hargneux en apparence et d'élan si terrible quand ils tirent sur leur chaîne, et qui, le cadenas ouvert, cherchent un coin au plus vite et tout piteux. Ce n'est pas leur faute s'ils ne peuvent parvenir à faire détester leur maître. A force de préconiser surtout les côtés faibles, où ils font semblant de découvrir des perfections qui ne se révèlent qu'à eux, ils effarouchent et exaspèrent les admirations sincères, — ce serait le moindre danger, — et peut-être leurs cris et leurs louanges perfides sont-ils pour quelque chose dans les erreurs du maître. On serait étourdi à moins. »

Voilà bien des paroles qui me semblent aujourd'hui assez inutiles. J'ai beaucoup regardé, depuis l'époque où j'écrivais ceci, et si j'y trouve à redire en un point, c'est qu'il m'a été donné, — le point important, comme aux plus humbles — quand ils sont de bonne volonté, de mieux comprendre à mesure que je voyais davantage. Aujourd'hui les défauts de Delacroix ne m'arrêtent pas, et je ne les vois même plus, dans les éblouissements de cette admirable peinture, toute d'impression et de sentiment.

L'œuvre de Delacroix veut — presque généralement — une initiation qui est plus ou moins lente selon la maturité de chacun. — Je suppose un homme jeune, intelligent et complétement nouveau à toutes ces choses : tout d'abord, la première fois, il pourra

1 Thiers, Ph. Haussard, Michiels, Thoré, et surtout un des plus beaux livres d'art qui aient été écrits : *Salon de 1846*, par Charles Baudelaire.

être arrêté brutalement comme d'un coup en travers de l'estomac, par l'inattendu de l'aspect général d'un tableau de Delacroix, et par les détails que le maître abandonne souvent dans sa préoccupation et au bénéfice de l'ensemble. A mesure qu'il reverra et qu'il se rendra compte de la pensée de l'œuvre, il se sentira peu à peu envahi et dominé par le sentiment profond que le peintre y met toujours ; si différentes ou même antipathiques que puissent être les deux personnalités spirituelles du spectateur et du peintre, il s'établira plus ou moins vite, mais à coup sûr, entre elles l'intimité et la chaude correspondance des courants magnétiques, et arrivera l'heure où l'illumination sera complète, l'heure du rayon qui donna la foi à saint Paul. Il embrassera alors toute entière, quoique sans pouvoir la mesurer, l'immensité et la profondeur de ce génie; il jouira de cette originalité incessante et absolue qui n'a pu avoir de maître, comme elle ne saurait faire d'élèves. Une petite toile de Delacroix perdue dans un coin d'une galerie de deux cents tableaux, m'attirerait tout droit vers elle, le dos tourné.

Ce n'est plus ici cette école qui implore la couleur et va la chercher, ne sachant mieux faire, dans des heurts de coloriage discordants, qu'elle abrite sous l'invocation d'un archaïsme qui a toujours été démodé, ou qui encore, à défaut de cette harmonie charivarique, se réfugie dans l'unité de tons gris et froids. D'abord ici nous n'avons pas d'école, mais une individualité complète et puissante, qui ne saurait faire partager son omnipotence à personne. Le soleil ne fait pas de petits.

## LES ANGLAIS ET LA CARICATURE.

Trois choses frappent aux premiers coups d'œil le visiteur de la galerie anglaise : — l'absence presque absolue de grandes toiles, par suite la prédominence presqu'exclusive du tableau de chevalet, puis le papillottage effréné de cette peinture prismatique, porcelainée, luisante et ruisselante de vernis.

Une première visite à une galerie me cause toujours une fatigue identique à celle de la première audition d'un opéra, et je n'ai jamais trouvé qu'une fois, en ceci, mon siége fait, jouissance complète et de prime abord conquise, encore n'y avait-il que deux actes et non cinq. Il faut que l'œil comme l'oreille se retrouvent, se reconnaissent, fassent leur tri et prennent leur temps pour s'assimiler ce qu'il regarde et ce qu'elle écoute : jusque-là il y a trouble, fatigue et souffrance réelle, et je parierais pour dix-neuf migraines sur vingt têtes sortant à quatre heures, le jour de l'ouverture du salon.

Cette fatigue ordinaire, qu'il faut accepter d'avance comme la rançon de toutes nos jouissances, et qui en est comme la consécration, s'est trouvée decuplée pour moi chaque fois que je me suis trouvé au milieu de peintures anglaises, et j'y comptais bien cette fois. Je crois que je l'éprouverai toujours, et que mon œil ne pourra jamais se naturaliser en Angleterre, parmi tous ces petits tableaux criards, lustrés, peignés et vernissés, au milieu de ce clapotement de couleurs crues et aigres pêle mêlées, sans tons rompus qui en adoucissent les heurts.

Il y a pourtant des œuvres de premier ordre dans cette exposition anglaise, et nous les verrons bien, mais sa force réelle est dans les aquarelles, et je me suis demandé pourquoi et comment l'Anglais trouvait dans les ressources bien moins complètes et profondes du lavis, la couleur qui lui manque dans la peinture à l'huile.

Disons-le d'abord : avant d'être peintre, ce peuple-là est caricaturiste, et malgré ma respectueuse admiration pour tels de nos maîtres en ce genre, selon moi la caricature anglaise l'emporte absolument sur la nôtre. Outre qu'ils se croient peut-être moins que chez nous forcés de toujours rire, il y a de cette supériorité une grosse raison.

La caricature politique et philosophique est pour eux un moyen d'action et un moyen puissant. C'est une arme, en effet, d'autant plus terrible qu'elle transperce quand elle atteint, sans qu'il y ait bouclier qui pare, et c'est aussi une forme des plus considérables en argumentation. Mais elle n'a cette puissance, elle ne peut accomplir ces grandes fonctions qu'à la condition d'être libre, de ne se préoccuper que d'elle-même et de ne dire que ce qu'elle pense, tout ce qu'elle pense, et comme elle le pense. Ne craignez rien, d'ailleurs ; elle sait que de cet immense et absolu pouvoir l'abus est le suicide, comme pour tous les pouvoirs, et si elle a eu le temps de l'oublier, elle l'apprendra bien vite. Laissez-la donc toucher à tout, rieuse et railleuse parce qu'elle est née telle et que caricature est son nom ; mais aussi sérieuse, sévère et mélancolique à ses heures, sans qu'elle ait à s'inquiéter de personne ni de son public, comme le misérable comédien obligé de gagner la coulisse s'il lui prend envie de pleurer. Il faut, avant tout, qu'elle joue la comédie pour elle-même et qu'elle se satisfasse, soit qu'elle froisse, qu'elle choque ou qu'elle renverse, soit qu'elle boude ou qu'elle se lamente, impertinente si cela lui convient, insolente quand il lui plaira, violente jusqu'à la brutalité parfois. Qu'elle puisse maudire.

J'ai vu, enfant — et j'ai là, encore en ce moment, sous les yeux de ma pensée, — une grande page coloriée publiée dans le journal la *Caricature*, à propos des tueries du pont d'Arcole, en 1832 ou 33. C'est une vue du pont; à terre quelques cadavres d'étudiants et de bourgeois; d'autres hommes à figures sinistres, debout, essuient leurs épées. Il n'y avait pas, ou je l'ai oubliée, de légende au bas de ce dessin; mais il était si terrible, ces cadavres étaient si bien morts, les faces de ces assassins étaient si hideuses, ce sang qu'ils essuyaient éclatait si rouge sur le linge blanc, que cette image m'a fait frissonner bien des soirs sur mon oreiller, et serrer de rage impuissante mes poings de douze ans. Je ne doute pas aujourd'hui qu'à cette lithographie je doive bonne part de toute l'horreur que je sens en moi contre la force brutale et mon indignation contre l'injuste.

Voilà la caricature anglaise, telle qu'elle combat et qu'elle brille. Mais ces chefs-d'œuvre ne poussent pas en espaliers de serre chaude, il leur faut le plein vent de la liberté, et vo là pourquoi la caricature anglaise, sinon les caricaturistes, est supérieure à la nôtre. Ces gens-là ne sont pas bégueules : elles dessinent un porc, s'il est nécessaire, et une potence, s'il la faut. Je voyais à tous les carreaux de marchands d'images de Londres, au temps de l'Exposition, une allégorie représentant un personnage en costume de cardinal qui se cache sous le masque douloureux, saignant et vénérable, du Christ couronné d'épines : derrière le masque ricane une trogne rougie, sensuelle, œil faux, bouche venimeuse. C'est le papisme qui veut rentrer, criait de tous les coups de son crayon le caricaturiste lu hérien; défiez-vous! — et à tous ceux qui regardaient, de voir s'ils avaient à se défier en effet. Voilà qui est net, voilà qui se voit et se comprend, voilà l'idée vulgarisée du coup, bien claire, précise et populaire, et le puissant privilége de l'image est une mnémotechnie bien supérieure à celle de vingt volumes et de cent articles de journaux.

Je ne m'arrêterai pas sur la caricature anglaise. A cette même époque de l'Exposition, le *Punch* publiait un dessin représentant une salle garnie de rayons. Sur ces rayons sont disposés, chacun sous un globe de verre, de petits personnages hâves, décharnés, cadavériques, lamentables comme la faim et le froid, et sur chacun son étiquette : — LABOUREUR, *âgé de soixante-quinze ans*, — COUTURIÈRE *pour chemises*, etc., etc.

Un grand jeune homme *spectator gentleman* est au milieu de ce charnier de l'industrie. A son côté le bonhomme *Punch* cicerone. — Au bas, on lit : THE GREAT EXHIBITION OF INDUSTRY.

Mais ce que ma plume ne peut rendre, c'est l'expression de la tête de *Punch*. Ce gai polichinelle que les caricaturistes anglais nous offrent toujours rieur, narquois et bouffon, est, pour cette fois, grave et triste. Le casse-noisette s'est transfiguré, il est plein de douleur et de pitié; son gros œil rond, en même temps qu'il laisse deviner sourdissants tous les pleurs de la charité chrétienne, est plein d'enseignement profond et sévère. Il gémit à la fois et juge; il constate, il implore, il reproche, il donne, il prie, il accuse, il condamne, il fait appel... Cette caricature, hachée à grands coups de crayon comme les dessinateurs anglais les sabrent si bien, est une admirable chose, aussi émouvante, pieuse et sainte que le plus beau tableau d'église, et je donnerais bien vingt toiles de M. Holbins et quarante de M. Hook pour vous la représenter ici : vous verriez si j'exagère dans mon admiration respectueuse pour ce chef-d'œuvre, jeté au milieu des mille et un croquis d'un journal comique hebdomadaire. — Que le jeune gentleman regarde la figure de son digne compagnon; s'il peut la comprendre et ne pas l'oublier, je le défie de devenir un méchant homme.

. . . . . . . . . . . . . . . . . . . . . . . . . . . . . .

Comme pour justifier ce que je disais tout à l'heure, M. Leech a envoyé aux gravures quelques croquis de son œuvre, extraits tout simplement de la *collection de* M. PUNCH. M. Leech est le spirituel caricaturiste du *Punch*, et il n'a eu qu'un tort, c'est de ne pas nous envoyer davantage, et de ne pas se faire accompagner de M. Richard Deel, qui a créé le dessin au trait. Voilà au moins des gens conséquents qui proclament ce qu'ils acceptent, qui admettent la caricature comme un genre, après Hogarth, Goya, Jules Romain et Michel-Ange.

Mais voyez donc chez nous Daumier ou Gavarni, mes maîtres vénérés, envoyer quelques-uns de leurs admirables croquis au jury d'admission, et écoutez-moi d'ici le rire strident de M. Duban et du père Picot!

ETC., ETC., ETC.....

**Feu NADAR,**

*présentement photographe.*

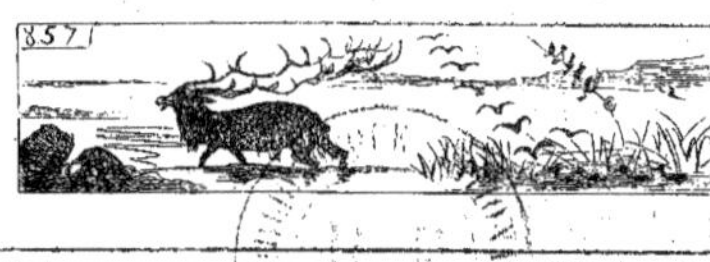

Paris. — IMP. DE LA LIBRAIRIE NOUVELLE. — Bourdilliat, 15, rue Breda.

# RÉAPPARITION

DU

# PANTHÉON NADAR

250 PORTRAITS-CHARGES

EN PIED

DE NOS PRINCIPALES ILLUSTRATIONS CONTEMPORAINES

Poëtes — Historiens — Publicistes — Romanciers — Journalistes

IMMENSE FEUILLE IMPRIMÉE A DEUX TEINTES

**PRIX : 12 FRANCS.**

---

Arrêté par un procès lors de sa publication, le PANTHÉON NADAR reparaît aujourd'hui chez son auteur,

**A la Photographie artistique, RUE SAINT-LAZARE, 113, au rez-de-chaussée.**

Paris. — Imprimerie de la LIBRAIRIE NOUVELLE, Bourdilliat, 15, rue Breda.

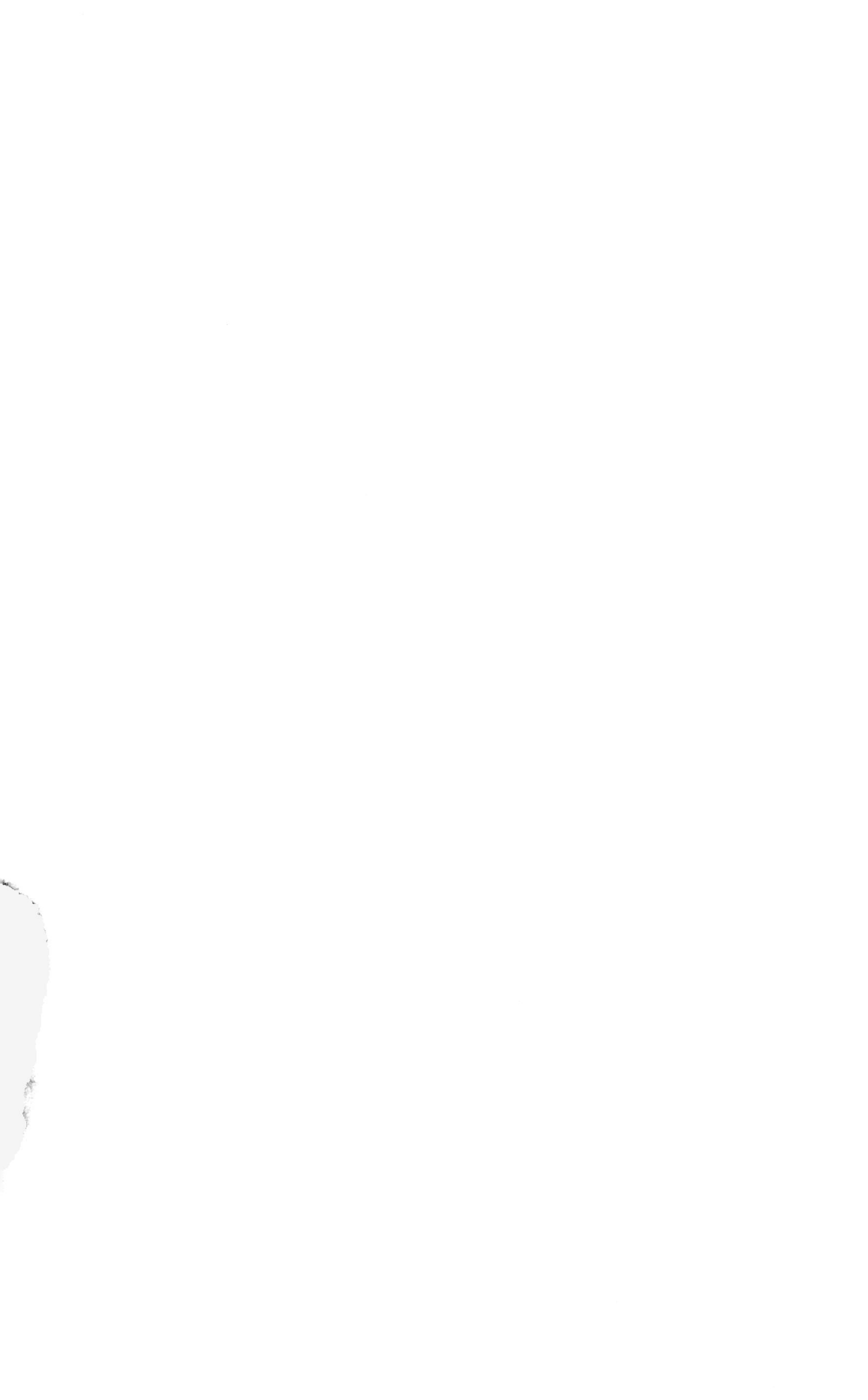

www.ingramcontent.com/pod-product-compliance
Lightning Source LLC
LaVergne TN
LVHW010612110826
845149LV00003B/872

* 9 7 8 2 0 1 1 3 4 5 2 9 5 *